FUNDAMENTOS DE DIREITO
PARA NEGÓCIOS

O GEN | Grupo Editorial Nacional – maior plataforma editorial brasileira no segmento científico, técnico e profissional – publica conteúdos nas áreas de ciências sociais aplicadas, exatas, humanas, jurídicas e da saúde, além de prover serviços direcionados à educação continuada e à preparação para concursos.

As editoras que integram o GEN, das mais respeitadas no mercado editorial, construíram catálogos inigualáveis, com obras decisivas para a formação acadêmica e o aperfeiçoamento de várias gerações de profissionais e estudantes, tendo se tornado sinônimo de qualidade e seriedade.

A missão do GEN e dos núcleos de conteúdo que o compõem é prover a melhor informação científica e distribuí-la de maneira flexível e conveniente, a preços justos, gerando benefícios e servindo a autores, docentes, livreiros, funcionários, colaboradores e acionistas.

Nosso comportamento ético incondicional e nossa responsabilidade social e ambiental são reforçados pela natureza educacional de nossa atividade e dão sustentabilidade ao crescimento contínuo e à rentabilidade do grupo.

EDMAR OLIVEIRA ANDRADE FILHO

FUNDAMENTOS DE DIREITO PARA **NEGÓCIOS**

Instituições de Direito Público e Direito Privado

- O autor deste livro e a editora empenharam seus melhores esforços para assegurar que as informações e os procedimentos apresentados no texto estejam em acordo com os padrões aceitos à época da publicação, *e todos os dados foram atualizados pelo autor até a data de fechamento do livro.* Entretanto, tendo em conta a evolução das ciências, as atualizações legislativas, as mudanças regulamentares governamentais e o constante fluxo de novas informações sobre os temas que constam do livro, recomendamos enfaticamente que os leitores consultem sempre outras fontes fidedignas, de modo a se certificarem de que as informações contidas no texto estão corretas e de que não houve alterações nas recomendações ou na legislação regulamentadora.

- Data do fechamento do livro: 13/01/2020

- O autor e a editora se empenharam para citar adequadamente e dar o devido crédito a todos os detentores de direitos autorais de qualquer material utilizado neste livro, dispondo-se a possíveis acertos posteriores caso, inadvertida e involuntariamente, a identificação de algum deles tenha sido omitida.

- **Atendimento ao cliente: (11) 5080-0751 | faleconosco@grupogen.com.br**

- Direitos exclusivos para a língua portuguesa
  Copyright © 2020 by
  Editora Atlas Ltda.
  Uma editora integrante do GEN | Grupo Editorial Nacional

- Rua Conselheiro Nébias, 1.384
  São Paulo – SP – 01203-904
  www.grupogen.com.br

- Reservados todos os direitos. É proibida a duplicação ou reprodução deste volume, no todo ou em parte, em quaisquer formas ou por quaisquer meios (eletrônico, mecânico, gravação, fotocópia, distribuição pela Internet ou outros), sem permissão, por escrito, da Editora Atlas Ltda.

- Capa: Caio Cardoso

- Editoração eletrônica: Karen Ameomo

- Ficha catalográfica

A567f

Andrade Filho, Edmar de Oliveira
Fundamentos de direito para negócios : instituições de direito público e direito privado / Edmar de Oliveira Andrade Filho. São Paulo: Atlas, 2020.

ISBN 978-85-97-02304-6

1. Direito. I. Título.

19-61409   CDU: 34

Meri Gleice Rodrigues de Souza – Bibliotecária CRB-7/6439

SOBRE O AUTOR

Edmar Oliveira Andrade Filho é advogado, parecerista, contador e consultor tributário. Mestre e Doutor em Direito Tributário pela Pontifícia Universidade Católica de São Paulo (PUC-SP) e professor de Planejamento Tributário. É autor dos livros *Direito penal tributário: crimes contra a ordem tributária e contra a Previdência Social* e *Imposto de Renda das empresas*, publicados pelo GEN | Atlas.

edmar@arlaw.com.br

APRESENTAÇÃO

O surgimento da rede mundial de computadores e o desenvolvimento e a oferta de inteligência artificial criaram novas formas de se fazer negócios; com isso, surgiram desafios para a criação de marcos jurídicos abrangentes e capazes de prover mecanismos de proteção dos direitos de empreendedores e consumidores. O propósito desta obra é apresentar e discutir os principais temas jurídicos que afetam os negócios em geral e a vida das pessoas. Para tanto, são apresentados capítulos com discussões sobre as matérias fundamentais do direito público e do direito privado que constituem um guia de referência para os estudantes das áreas de ciências exatas, econômicas, administrativas, contábeis e comércio exterior.

A apresentação dos temas levou em consideração a importância deles para que as pessoas decidam sobre o formato e a configuração jurídica de seus negócios sob o ponto de vista das regras e dos princípios que disciplinam as relações e o direito civil, trabalhista, empresarial, tributário e do consumidor. Além disso, o estudante poderá se familiarizar com as principais normas do direito constitucional que regulam o funcionamento das instituições e estabelecem diretrizes, direitos e deveres dos agentes econômicos e das pessoas em geral que empreendem ou desejam empreender. O leitor também conhecerá as mais relevantes normas que regem sua vida privada, como as constantes do direito civil, além dos temas fundamentais do direito penal aplicáveis aos negócios e à vida em sociedade. O livro contém comentários sobre temas essenciais de direito ambiental, administrativo, econômico e da concorrência, que são abordados de maneira simples, mas com a profundidade necessária.

A abordagem adotada para a formação do conteúdo e da exposição das matérias foge dos padrões dos livros jurídicos em geral. Em vez de fazer longas citações de doutrina e se prender a discussões de caráter eminentemente teórico, optou-se por apresentar os temas de modo direto, com pouquíssimas notas de rodapé, mas com indicação de farta e atualizada jurisprudência dos tribunais superiores. Assim, o leitor tem em mãos um material organizado e devidamente atualizado com as principais decisões judiciais que afetam os negócios e a vida das pessoas. Trata-se de uma fonte de consulta atualizada e abrangente, de modo a permitir que o estudante tenha condições de conhecer as mais importantes regras e instituições fundamentais do direito público e do direito privado; tudo em linguagem acessível sem prejuízo do rigor científico.

Para verificação de aprendizagem, são apresentados exercícios de fixação que possibilitam um estudo dirigido dos temas abordados em cada capítulo, e, por fim, um glossário com as principais palavras e expressões utilizadas ao longo do texto, que serve de fonte de consulta para entendimento da matéria e resolução dos exercícios propostos.

RECURSOS DIDÁTICOS

Os recursos didáticos complementam o conteúdo do livro e tornam as informações mais acessíveis, facilitando o aprendizado. Esta obra conta com os seguintes recursos:

- **Vídeos do autor,** indicados no início de cada capítulo com o ícone:

 Assista ao vídeo do autor sobre este Capítulo.

O acesso aos vídeos é gratuito. Basta que o leitor se cadastre e faça seu *login* em nosso *site* (www.grupogen.com.br), clique no menu superior do lado direito e, após, em GEN-IO. Em seguida, clique no menu retrátil e insira o código (PIN) de acesso localizado na orelha deste livro.

Caso haja alguma mudança no sistema ou dificuldade de acesso, entre em contato conosco (gendigital@grupogen.com.br).

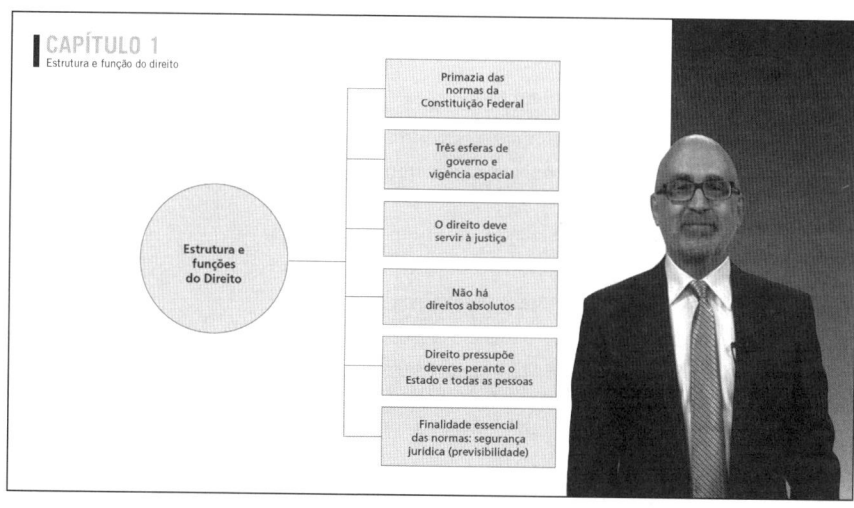

- **Resumo esquemático,** apresentado ao final de cada capítulo, em que o leitor pode visualizar graficamente os principais conteúdos apresentados.

Resumo esquemático

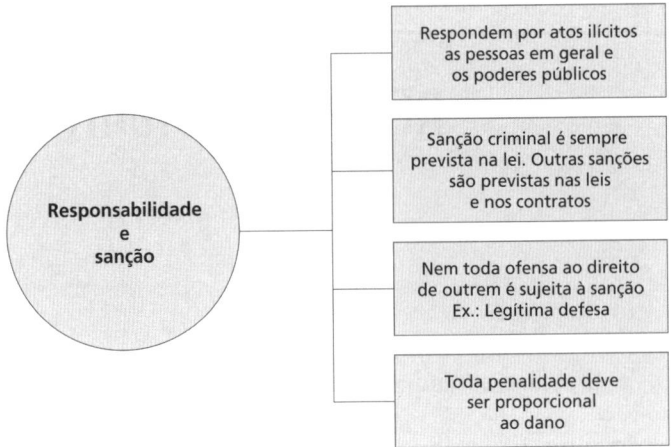

- **Minicaso,** apresentado logo após o "Resumo esquemático", traz um caso relacionado ao conteúdo do capítulo.

> **Minicaso**
> Pedro, João e Lucas reuniram capitais para formação de uma empresa do tipo *startup*, para coleta e disponibilização de dados, coletados de pessoas que integram redes sociais, que serão adquiridos por empresas estrangeiras. Esse tipo de negócio é permitido? Justifique sua resposta.

- **Exercício,** presente logo após o "Minicaso", oferece questões de assinalar Falso ou Verdadeiro e conta com gabarito ao final do livro:

Exercício

Assinale Falso ou Verdadeiro:

a) A interpretação gramatical é a única que revela o real sentido da norma. ( )
b) A finalidade da norma não é importante, já que a sociedade muda e as normas mudam. ( )
c) A analogia pode ser aplicada em matéria criminal. ( )
d) Não existem lacunas no ordenamento jurídico. ( )
e) Apenas os juízes interpretam leis. ( )
f) Na ausência de lei, o juiz é obrigado a decidir pela improcedência do pedido formulado pelo autor de uma ação judicial. ( )
g) Com o passar do tempo, é possível que a interpretação de um texto legal mude sem que haja qualquer alteração. ( )

SUMÁRIO

1 ESTRUTURA E FUNÇÃO DO DIREITO 1
- 1.1 Conceito e finalidade do direito 1
  - 1.1.1 Origem do direito 3
  - 1.1.2 Direito positivo e direito natural 3
  - 1.1.3 Direito e justiça 4
  - 1.1.4 Direito e moral 4
  - 1.1.5 Direito e liberdade 5
  - 1.1.6 Justiça de mão própria e arbitragem 6
  - 1.1.7 Direito de prejudicar outrem 6
- 1.2 Ordenamento jurídico 7
  - 1.2.1 Hierarquia 7
  - 1.2.2 Unidade do ordenamento jurídico 7
  - 1.2.3 Plenitude e lacunas 7
- 1.3 Normas jurídicas 8
  - 1.3.1 Normas gerais e abstratas e normas individuais 8
  - 1.3.2 Princípios e regras 9
  - 1.3.3 Normas imperativas e normas dispositivas 9
  - 1.3.4 Normas de conduta e normas de competência 10
- 1.4 Espécies normativas 10
  - 1.4.1 Normas constitucionais 11
  - 1.4.2 Leis 11
  - 1.4.3 Normas regulamentares 11
  - 1.4.4 Sentenças, acórdãos e súmulas 11
  - 1.4.5 Contratos e estatutos 12
- 1.5 Vigência e eficácia 12
  - 1.5.1 Início da vigência e vigor 12
  - 1.5.2 Eficácia espacial ou territorial 13

	1.5.3	Suspensão da eficácia	14
	1.5.4	Retroatividade e irretroatividade	14
	1.5.5	Ultratividade	15
1.6	Revogação e repristinação		15
1.7	Validade das normas		16
1.8	Segurança jurídica		16
1.9	Normas de direito público e privado		17
Resumo esquemático			18
Minicaso			18
Exercício			18

2 INTERPRETAÇÃO E APLICAÇÃO DE NORMAS JURÍDICAS ... 21

2.1	Conceito e tipologia da interpretação		21
	2.1.1	Aplicação e integração	22
	2.1.2	Interpretação de fatos	22
2.2	Métodos de interpretação		22
	2.2.1	Interpretação teleológica	23
	2.2.2	Interpretação lógica ou sistemática	23
	2.2.3	Interpretação literal ou gramatical	23
2.3	Resultado da interpretação		24
	2.3.1	Interpretação por analogia	24
	2.3.2	Interpretação extensiva	25
	2.3.3	Interpretação restritiva	25
	2.3.4	Interpretação mais favorável	25
	2.3.5	Interpretação por equidade	26
2.4	Interpretação e vontade do legislador		26
2.5	Interpretação e mudança social		26
2.6	Interpretação e interdisciplinariedade		27
Resumo esquemático			28
Minicaso			29
Exercício			29

3 RESPONSABILIDADE E SANÇÃO ... 31

3.1	Conceito de responsabilidade		31
3.2	Responsabilidade civil		32
	3.2.1	Responsabilidade por fato de outrem	33
	3.2.2	Responsabilidade solidária e subsidiária	34
	3.2.3	Responsabilidade por sucessão	34

	3.3	Responsabilidade penal	35
	3.4	Responsabilidade do estado	35
	3.5	Infração	36
		3.5.1 Fato punível	36
		3.5.2 O dano e o valor da reparação	37
		3.5.3 Abuso do direito e abuso de poder	37
	3.6	Sanções	38
		3.6.1 Sanção positiva ou premial	39
		3.6.2 Espécies de penalidades	40
	3.7	Exclusão da ilicitude	41
	Resumo esquemático	42
	Minicaso	42
	Exercício	42
4	**DIREITO CONSTITUCIONAL E CIDADANIA**	45
	4.1	A constituição como sistema de normas fundamentais	45
	4.2	Direitos individuais e sociais	46
		4.2.1 Máxima efetividade	47
		4.2.2 Proibição de restrição ou retrocesso	47
	4.3	Separação de poderes e intervenção federal	47
	4.4	Direito de propriedade	48
		4.4.1 A proteção de propriedade intelectual	48
		4.4.2 Função social da propriedade	49
	Resumo esquemático	50
	Minicaso	50
	Exercício	51
5	**DIREITO DE EMPREENDER E DEFESA DA LIVRE CONCORRÊNCIA**	53
	5.1	Direito de empreender e os princípios da ordem econômica	53
		5.1.1 Livre-iniciativa	54
		5.1.2 Declaração de direitos de liberdade econômica	55
		5.1.3 Marco jurídico das *startups*	55
		5.1.4 Livre exercício de trabalho ou profissão	56
		5.1.5 Empreendedor e trabalhador estrangeiro	56
		5.1.6 Controle dos fluxos de capitais estrangeiros	56
		5.1.7 Negócios na rede mundial de computadores	57
		5.1.8 Negócios baseados em criptografia	58

5.2	O direito de criar pessoas jurídicas..	59
5.3	O estado como agente econômico	59
	5.3.1 Papel das agências reguladoras	60
5.4	Direito da concorrência...	60
	5.4.1 Medidas de prevenção...	62
	5.4.2 Medidas de repressão	62
	5.4.3 Compromisso de cessação e acordo de leniência.............	62
Resumo esquemático,..		63
Minicaso		63
Exercício		64

6 DIREITO DE EMPREENDER E DEVER DE PRESERVAÇÃO DO MEIO AMBIENTE... 65

6.1	Proteção constitucional do meio ambiente.......................................	65
	6.1.1 Meio ambiente e limitação do direito de empreender	66
	6.1.2 Quem pode legislar sobre a tutela do meio ambiente......	66
6.2	Deveres dos poderes públicos	67
	6.2.1 Licenciamento ambiental..	68
6.3	Publicidade	69
6.4	Infrações administrativas...	69
Resumo esquemático		70
Minicaso		71
Exercício		71

7 PAGAMENTO DE TRIBUTOS E CUMPRIMENTO DE OBRIGAÇÕES FISCAIS........ 73

7.1	O efeito econômico dos tributos	73
	7.1.1 Planejamento tributário..	74
	7.1.2 Custos do *compliance* tributário	75
	7.1.3 Tributos e livre concorrência..	75
7.2	O princípio da legalidade tributária	75
7.3	Tributos em espécie	77
	7.3.1 Impostos...	77
	7.3.2 Taxas...	78
	7.3.3 Contribuição de melhoria	78
	7.3.4 Contribuições..	78
	7.3.5 Empréstimos compulsórios	79
7.4	Lançamento tributário e processo administrativo..........................	79
	7.4.1 Tipologia dos lançamentos...	79
	7.4.2 Responsabilidade pela veracidade das informações	80

	7.4.3	Sigilo bancário e sigilo fiscal	80
	7.4.4	Auto de infração e direito de defesa	80
7.5		Tributos de competência da união	81
	7.5.1	Imposto de importação e exportação	82
	7.5.2	Imposto de renda	82
	7.5.3	Imposto sobre produtos industrializados	83
	7.5.4	Imposto sobre operações financeiras	83
	7.5.5	Contribuições	84
7.6		Tributos dos estados e do distrito federal	84
7.7		Tributos de competência dos municípios	85
7.8		Responsabilidade tributária	85
7.9		Penalidades	86
		Resumo esquemático	86
		Minicaso	87
		Exercício	87

8 O CONTROLE DAS ATIVIDADES ECONÔMICAS POR ÓRGÃOS ESTATAIS ... 89

8.1		Os poderes da administração estatal	89
	8.1.1	Poder de polícia	90
	8.1.2	Processo administrativo	90
8.2		Princípios gerais da administração pública	90
	8.2.1	Princípio da legalidade	91
	8.2.2	Princípio da impessoalidade e princípio da moralidade	91
	8.2.3	Princípio da publicidade	92
	8.2.4	Princípio da eficiência	92
	8.2.5	Motivação	93
8.3		Ato administrativo: tipologia e atributos	94
	8.3.1	Atos vinculados e discricionários	94
	8.3.2	Legitimidade, imperatividade e exigibilidade	95
8.4		Elementos do ato administrativo	96
8.5		Nulidade e convalidação dos atos administrativos	98
8.6		Concessão e permissão	98
8.7		Licitação	99
8.8		Infrações	100
	8.8.1	Atos de improbidade administrativa	100
	8.8.2	Atos lesivos à administração pública	100
8.9		Acordo de leniência e termos de ajustamento de conduta	102
		Resumo esquemático	103
		Minicaso	103
		Exercício	104

9 NORMAS DE DIREITO CIVIL E A VALIDADE DOS CONTRATOS ... 105
- 9.1 A liberdade de contratar e os negócios ... 105
  - 9.1.1 Autonomia privada ... 106
  - 9.1.2 Validade e eficácia dos atos e negócios jurídicos ... 106
- 9.2 Prescrição e decadência ... 108
- 9.3 Personalidade jurídica ... 108
  - 9.3.1 Pessoa natural ... 109
  - 9.3.2 Pessoa jurídica ... 109
- 9.4 Capacidade jurídica ... 110
  - 9.4.1 Capacidade jurídica das pessoas naturais ... 110
  - 9.4.2 Emancipação ... 111
  - 9.4.3 Capacidade jurídica das pessoas jurídicas ... 111
  - 9.4.4 Capacidade jurídica de entes sem personalidade ... 111
  - 9.4.5 Extinção da capacidade jurídica ... 112
- 9.5 Direito das obrigações e dos contratos ... 112
  - 9.5.1 Contratos ... 112
  - 9.5.2 Dever de contratar ... 113
  - 9.5.3 Proibição de contratar ... 113
  - 9.5.4 Função social dos contratos ... 114
- 9.6 Manifestação da vontade ... 114
  - 9.6.1 Assistência e representação de pessoas naturais ... 114
  - 9.6.2 A manifestação da vontade das pessoas jurídicas ... 115
  - 9.6.3 Síndicos e inventariantes ... 116
  - 9.6.4 Interventor ou liquidante ... 116
- 9.7 Vícios da vontade ... 116
  - 9.7.1 Erro ou ignorância ... 117
  - 9.7.2 Dolo ... 117
  - 9.7.3 Coação, estado de perigo e lesão ... 117
  - 9.7.4 Efeitos jurídicos do silêncio ... 118
- 9.8 Vícios sociais dos atos ou negócios jurídicos ... 118
  - 9.8.1 Fraude contra credores ... 118
  - 9.8.2 Simulação ... 118
  - 9.8.3 Fraude à lei ... 119
- 9.9 Direito das coisas ... 119
  - 9.9.1 Direito de propriedade ... 120
  - 9.9.2 Servidão e passagem forçada ... 120
  - 9.9.3 Condomínio edilício ... 120

9.10	Desapropriação	121
Resumo esquemático		122
Minicaso		122
Exercício		123

10 O DIREITO DE FAMÍLIA E OS NEGÓCIOS ... 125

10.1	O empreendedor e suas relações de parentesco	125
	10.1.1 Casamento e regime de bens	125
	10.1.2 União estável e concubinato	126
10.2	Filiação	127
10.3	Direito das sucessões	128
	10.3.1 Meação	128
	10.3.2 Herdeiros e legatários	129
10.4	Apuração de haveres	130
Resumo esquemático		131
Minicaso		131
Exercício		132

11 DIREITO DE EMPREENDER E A PROTEÇÃO JURÍDICA DOS TRABALHADORES ... 133

11.1	Funções do direito do trabalho	133
11.2	Princípios do direito do trabalho	134
	11.2.1 Primazia da realidade	134
	11.2.2 Princípio da proteção	134
	11.2.3 Proibição de trabalho escravo	135
	11.2.4 Proibição de *dumping* social	135
11.3	Contrato individual do trabalho	136
	11.3.1 O vínculo empregatício	136
	11.3.2 A proibição de contratar e o trabalho infantil	138
	11.3.3 Pessoa com deficiência	138
	11.3.4 Empregado de confiança e executivos	138
11.4	Duração do contrato de trabalho	139
	11.4.1 Demissão sem e com justa causa	139
	11.4.2 Aviso prévio	140
	11.4.3 Estabilidade	140
11.5	Remuneração	141
	11.5.1 Férias	142
	11.5.2 Décimo terceiro salário	143
	11.5.3 Participação nos lucros ou resultados	143

	11.5.4	Equiparação salarial	143
	11.5.5	Salário mínimo	143
11.6		Regimes especiais de prestação de serviços	144
	11.6.1	Trabalho intermitente	144
	11.6.2	Teletrabalho	144
	11.6.3	Trabalho autônomo e trabalho avulso	145
	11.6.4	Trabalho insalubre e trabalho perigoso	145
11.7		Direito coletivo do trabalho	146

Resumo esquemático 146
Minicaso 147
Exercício 147

12 DIREITOS DOS CONSUMIDORES 149

- 12.1 Livre-iniciativa e direitos dos consumidores 149
- 12.2 Princípios aplicáveis às relações de consumo 150
  - 12.2.1 O consumidor como parte vulnerável 150
  - 12.2.2 Dever de agir de boa-fé 150
  - 12.2.3 Transparência 150
- 12.3 Âmbito de proteção e relação de consumo 151
  - 12.3.1 Consumidor 151
  - 12.3.2 Fornecedor 151
  - 12.3.3 Responsabilidade solidária 151
  - 12.3.4 Cláusulas abusivas 152
- 12.4 Direitos básicos do consumidor 152
  - 12.4.1 Direito de devolução e ressarcimento 153
- 12.5 Penalidades 153
  - 12.5.1 Multas e restrições de direitos 154
  - 12.5.2 Desconsideração da personalidade jurídica 154
- 12.6 Dano moral e patrimonial 154

Resumo esquemático 155
Minicaso 155
Exercício 156

13 DIREITO EMPRESARIAL: SOCIEDADES E OS EMPRESÁRIOS INDIVIDUAIS 157

- 13.1 Importância e função do direito empresarial 157
- 13.2 Sociedade e empresa 158
  - 13.2.1 Conceitos de sociedade e empresa 158
  - 13.2.2 A autonomia patrimonial da sociedade 158
  - 13.2.3 Sociedade empresária e sociedade simples 159

	13.2.4	Responsabilidade limitada e ilimitada	159
	13.2.5	Responsabilidade do empresário individual	160
13.3	Tipologia das sociedades		160
	13.3.1	Sociedade por quotas	161
	13.3.2	Sociedade por ações	161
	13.3.3	Microempresa e empresa de pequeno porte	162
	13.3.4	Microempreendedor individual	162
	13.3.5	Sociedade cooperativa	162
	13.3.6	Sociedade em comum e em conta de participação	163
	13.3.7	*Joint ventures* e consórcio de empresas	164
	13.3.8	Sociedades de propósitos específicos	164
	13.3.9	*Holdings*	*164*
	13.3.10	*Startups*	*165*
	13.3.11	Grupo de sociedades	165
	13.3.12	Sociedade de economia mista e empresas públicas	166
13.4	Elementos fundamentais das sociedades		167
	13.4.1	O princípio majoritário e o poder de controle	168
	13.4.2	Capital social	169
	13.4.3	Ações ou quotas	170
	13.4.4	Denominação e objeto social	170
	13.4.5	Órgãos sociais e responsabilidade dos administradores	171
	13.4.6	Demonstrações financeiras	173
13.5	Direitos fundamentais dos acionistas e sócios		174
	13.5.1	Direito de participar dos lucros sociais	174
	13.5.2	Participação no acervo	175
	13.5.3	Fiscalização dos negócios sociais	175
	13.5.4	Direito à informação	175
	13.5.5	Direito de voto	176
	13.5.6	Direito de retirada ou recesso	176
	13.5.7	Direito de exclusão de sócio	176
13.6	Fusão, incorporação, cisão e transformação		177
	13.6.1	Fusão	177
	13.6.2	Incorporação	177
	13.6.3	Cisão	178
	13.6.4	Transformação	178
13.7	Dissolução e liquidação		178
13.8	Recuperação judicial e falência		179
13.9	Governança corporativa e *compliance*		179
Resumo esquemático			180
Minicaso			181
Exercício			181

14 DIREITO PENAL DOS NEGÓCIOS 183
14.1 Finalidade das normas do direito penal 183
14.1.1 Elementos da norma penal ou do crime 184
14.1.2 Fato punível e ilicitude 185
14.1.3 Conduta e resultado 185
14.1.4 Dolo e culpa 185
14.1.5 Responsabilidade penal 186
14.1.6 Aplicação da pena 187
14.1.7 Exclusão da ilicitude 187
14.1.8 Extinção da punibilidade 188
14.1.9 Efeitos civis da condenação por crime 189
14.2 Repressão aos crimes econômicos 189
14.2.1 Lavagem de capitais 189
14.2.2 Crimes fiscais 190
14.2.3 Crimes contra os consumidores 190
14.2.4 Crimes contra o meio ambiente 191
14.2.5 Crimes no direito do trabalho 191
14.2.6 Crimes contra a administração pública 192
14.2.7 Crimes contra o sistema financeiro e mercado de capitais 192
Resumo esquemático 193
Minicaso 194
Exercício 194

GLOSSÁRIO 195

GABARITO 203

BIBLIOGRAFIA 207

1 ESTRUTURA E FUNÇÃO DO DIREITO

Assista ao vídeo do autor sobre este Capítulo.

Após ler este capítulo, você estará apto a:
- ✓ Compreender o conceito de direito e suas finalidades.
- ✓ Identificar as finalidades do direito e sua aplicação na vida social e nos negócios.
- ✓ Conhecer o funcionamento do ordenamento jurídico e sua hierarquia.
- ✓ Descrever os tipos de normas jurídicas e suas espécies.
- ✓ Entender os fenômenos da vigência, eficácia, revogação e validade das normas.
- ✓ Compreender e aplicar os principais conceitos sobre segurança jurídica.
- ✓ Diferenciar as finalidades das normas de direito público de normas de direito privado.

1.1 CONCEITO E FINALIDADE DO DIREITO

A palavra **direito** é utilizada com mais de um sentido; esse vocábulo é largamente utilizado como sinônimo de **poder, autoridade** ou **competência** para fazer ou deixar de fazer algo. Nesse sentido, direito é toda espécie de prerrogativa atribuída a alguém pela ordem jurídica. Em outras circunstâncias, a palavra direito é adotada para designar algo que é correto ou justo. A mesma palavra é adotada para fazer referência a um conjunto de normas jurídicas dispostas em um sistema ou ordem e que vigoram em determinada comunidade de pessoas e estabelecem o que é obrigatório, permitido ou proibido e estipulam as consequências do não cumprimento. A esse conjunto de normas é dado o nome **direito positivo**.

O direito vigente em cada comunidade (cidade ou país) está sujeito à variação de conteúdo. Assim, é possível constatar que o direito vigente na Alemanha é composto de normas e o mesmo ocorre no Brasil; todavia, a existência desse elemento comum não garante uniformidade ou universalidade ao direito de qualquer comunidade, tendo em vista que o conteúdo difere em razões de ordem política, ideológica, histórica, religiosa, econômica etc. Em alguns países, o direito vigente coincide com prescrições de caráter religioso, enquanto outros se declaram laicos, ou seja, as pessoas não são obrigadas a se comportar de acordo com doutrinas ou tradições religiosas. É possível identificar, também, que há variação de forma na criação do direito nos diversos países; na maioria deles, há predomínio do direito escrito (o modelo da *civil law*) enquanto outros adotam o denominado "direito costumeiro" (*common law*) ao lado do direito escrito.

A finalidade do direito positivo é estabelecer regras de convivência social. Na lição do professor Miguel Reale:[1] "nenhuma sociedade poderia subsistir sem um mínimo de ordem, de direção e de solidariedade". As regras jurídicas que formam o direito positivo são distintas das regras éticas e morais; aquelas autorizam a aplicação de sanções para as violações de seus mandamentos por intermédio do Estado ou pelo ofendido em circunstâncias especiais, enquanto as eventuais violações das regras de caráter moral ou ético não autorizam a aplicação de sanções dessa mesma natureza.

O direito é uma criação do ser humano para seu próprio benefício. Afinal, a vida em comunidade exige regramentos para evitar que os conflitos de interesses entre indivíduos e entre os grupos que integram e outros indivíduos ou grupos não sejam resolvidos com base na força. A vida em comunidade é fortemente influenciada pela presença de interesses coletivos que, a despeito de serem erigidos em benefício de cada um, por vezes chocam-se com os interesses individuais daqueles que fazem parte do todo. Portanto, a vida em sociedade requer a edição de regras que permitam a satisfação dos interesses da comunidade sem que permitam que o indivíduo seja aniquilado como ser humano espiritual e físico.

O direito positivo é dirigido a pessoas com finalidade de proteger a integridade física e espiritual e os bens e direitos que tenham ou não conteúdo econômico – como é o direito à vida e o direito a ter um nome, ter propriedade privada etc. A ordem jurídica também contém regras necessárias de tutela de bens públicos e até de animais. Assim, por exemplo, há proteção jurídica do patrimônio de pessoas em geral, que é feita pelas normas penais que preveem a aplicação de penalidades para a prática de crimes contra o patrimônio (arts. 155 a 183 do Código Penal), onde se incluem os crimes de furto, roubo etc. Os bens coletivos ou públicos também recebem proteção da ordem jurídica. Nesse sentido, o art. 225 da Constituição Federal é claro e peremptório, ao dispor que

> todos têm direito ao meio ambiente ecologicamente equilibrado, bem de uso comum do povo e essencial à sadia qualidade de vida, impondo-se ao poder público e à coletividade o dever de defendê-lo e preservá-lo

para as gerações presentes e futuras. Por fim, os animais não adquirem direitos e obrigações, mas recebem proteção do direito, como ocorre na norma do art. 32 da Lei n. 9.605/98, que dispõe sobre os crimes ambientais e prevê a aplicação de pena de detenção de três meses a um ano e multa para aquele que praticar ato de abuso, maus-tratos, ferir ou mutilar animais silvestres, domésticos ou domesticados, nativos ou exóticos.

---

[1] REALE, Miguel. *Lições preliminares de direito*. 22. ed. São Paulo: Saraiva, 1995. p. 2.

1.1.1 ORIGEM DO DIREITO

A **origem** dos direitos e dos deveres de uma pessoa é um problema fundamental da filosofia do direito que traz à tona uma questão praticamente insolúvel, a do fundamento do próprio direito como mecanismo de orientação de condutas intersubjetivas. Se fizermos uma indagação acerca das fontes dos direitos (ou dos deveres) das pessoas em geral, obteremos como resposta, em regra, a afirmação de que os direitos surgem da ordem jurídica positiva que é estabelecida por órgãos do Estado. Sobre isso há um relativo consenso. Todavia, essa afirmação suscita discussões acerca da origem e da legitimidade desse poder que é atribuído ao Estado.

No Brasil, o texto do parágrafo único do art. 1º da Constituição Federal de 1988 é claro, ao estabelecer que: "todo o poder emana do povo, que o exerce por meio de representantes eleitos, ou diretamente, nos termos desta Constituição". De acordo com esse preceito, o direito tem origem na decisão do povo que manifesta sua vontade por intermédio de representes ou diretamente nos casos de plebiscito (onde há consulta prévia sobre a edição de uma determinada norma) ou por intermédio de referendos, que são mecanismos de consulta sobre normas já editadas. Portanto, o povo é o titular do poder de criação do direito (para edição de leis e atos normativos) que é exercido em caráter primordial pelas casas legislativas ou por outros poderes constituídos (Poder Legislativo, Poder Judiciário e Poder Executivo). Por isso, é atual e correta a lição de Henri Lévy-Bruhl,[2] quando diz que a fonte natural do direito "é a vontade do grupo social".

Na história recente do Brasil, o povo escreveu a Constituição para manifestar seu próprio poder de autodeterminação e a colocou como a norma de valor mais elevado na comunidade. No passado, no entanto, o direito vigente no território brasileiro foi estabelecido por intermédio de ordenações ditadas por reis portugueses logo após a colonização, que deram origem às ordenações afonsinas, manuelinas e filipinas.

1.1.2 DIREITO POSITIVO E DIREITO NATURAL

O direito pode ser estudado e conhecido por diversos pontos de vista, ou seja, ele pode ser objeto de conhecimento científico, teórico ou filosófico, ou, ainda, como objeto de estudos da antropologia do direito; sociologia jurídica; axiologia jurídica; semiótica jurídica e da hermenêutica jurídica. Os estudiosos do direito consideram que o **direito positivo**, isto é, o conjunto de regras de uma comunidade, deve estar fundamentado em proposições de caráter ético e moral do denominado **direito natural**, que dispõe sobre direitos inerentes à pessoa humana e que são inalienáveis e irrevogáveis por qualquer governo humano. Para Santo Tomás de Aquino, adepto da tradição cristã, o direito natural é justo em si porquanto foi instituído por um Deus justo. De acordo com essa concepção de mundo, o direito positivo deve se amoldar ao direito natural para reconhecer os direitos imutáveis ou, ao menos, não deve contrariá-los. A ideia de que existem direitos inatos que estão acima das criações humanas é acolhida no enunciado do primeiro artigo da Declaração de Direitos de Virgínia, de 1787, e no art. 4º da Declaração dos Direitos

---

[2] LÉVY-BRUHL, Henri. *Sociologia do direito*. São Paulo: Martins Fontes, 1988. p. 380.

do Homem e do Cidadão, de 1789.[3] Na prática, no entanto, o direito positivo não é um subproduto do direito natural, porquanto as normas jurídicas permitem condutas que contrariam, em certos aspectos, os valores ou as noções de certo e errado como eram consideradas pelos antigos.

1.1.3 DIREITO E JUSTIÇA

O **direito** aspira à justiça, ou seja, foi imaginado para ser um instrumento de promoção da justiça ou eliminação ou diminuição da injustiça. De acordo com o antigo brocardo cunhado por Ulpiano, **justiça** consiste em: (a) viver honestamente (*honeste vivere*); e (b) não prejudicar ao próximo (*alterum non laedere*). A Constituição Federal segue essa trilha, ao estabelecer que a finalidade da ordem jurídica positiva deva estar alinhada ao objetivo fundamental da República, que visa "construir uma sociedade *livre, justa e solidária*" (art. 3º, I).

Justiça, no entanto, não é um conceito matemático ou empiricamente apreensível; trata-se de algo que pode ser visto como uma ideia, um sentimento ou um valor e sobre a qual existem diversas concepções. Para o professor Tercio Sampaio Ferraz Júnior,[4] pelo menos seis proposições podem ser utilizadas para designá-la: (a) a cada um a mesma coisa; (b) a cada um segundo os seus méritos; (c) a cada um segundo as suas obras; (d) a cada um segundo as suas necessidades; (e) a cada um segundo a sua posição; e (f) a cada um segundo o que a lei lhe atribui.

Justiça é um valor, ou seja, é algo que a comunidade considera importante para reger as relações entre pessoas naturais e pessoas jurídicas. Os valores impregnam as normas jurídicas que ostentam o caráter de princípios e estabelecem diretrizes para a vida em comunidade. O valor mais importante da ordem jurídica brasileira é a dignidade da pessoa humana, de modo que norma alguma pode legitimar tratamentos contrários a esse valor jurídico que é, ao mesmo tempo, um valor moral e ético.

1.1.4 DIREITO E MORAL

As normas do direito positivo, quando violadas, produzem consequências distintas das normas morais; aquelas preveem sanções que restringem direitos; de outra parte, as regras morais, em princípio, não autorizam a aplicação de sanções. Há uma tendência em separar a **moral** do **direito** a ponto de haver consagração do seguinte adágio: "nem tudo que é moral é legal (conforme o direito) e nem tudo que é legal é moral". Ocorre que o direito e a moral não são incompatíveis entre si. Ambos são diferentes instâncias do ser humano e da vida humana em comunidade que podem ou não ser combinadas.

---

[3] No preâmbulo da Declaração de Direitos, há o seguinte enunciado: "Os representantes do povo francês constituídos em Assembleia Nacional, considerando que a ignorância, o esquecimento ou o desprezo dos direitos do homem são as causas únicas dos males públicos e da corrupção dos governos, resolveram expor, em uma declaração solene, os direitos naturais, inalienáveis e sagrados do homem".

[4] FERRAZ JÚNIOR, Tercio Sampaio. *Interpretação e estudos da Constituição de 1988*. São Paulo: Atlas, 1990. p. 54.

As normas jurídicas que estabelecem deveres de probidade têm lastro em concepções morais existentes desde a antiguidade. No direito público brasileiro, vigora o art. 37 da Constituição Federal de 1988, que prevê que a administração pública deve observar o princípio da moralidade administrativa; no campo do direito privado, a noção de moral é o esteio do dever de agir honestamente e não causar prejuízo a outrem; logo, a regra do art. 927 do Código Civil, que ordena que a pessoa que vier a causar dano a outrem fique obrigada a indenizá-lo.

Há casos em que o dever moral cede ao direito positivo. No direito processual penal, o investigado e o acusado não estão obrigados a falar a verdade, que é um valor moral. Não há o dever legal de falar a verdade, mas o inciso LXIII do art. 5º da Constituição Federal afirma que o acusado tem o direito de permanecer calado. Há quem considere que todo réu tem o direito de mentir em juízo ou fora dele. Essa tese é controversa, de modo que não é certo que tal direito exista, tendo em conta que o Código Penal prevê diversos crimes contra a administração da justiça, inclusive o crime de fraude processual (art. 347). O mesmo Código Penal considera que há crime se alguém vier a "provocar a ação de autoridade, comunicando-lhe a ocorrência de crime ou de contravenção que sabe não se ter verificado" (art. 340). A norma do inciso I do art. 77 do Código de Processo Civil é clara, ao exigir que as partes, seus procuradores e todos aqueles que de qualquer forma participem do processo exponham os fatos em juízo "conforme a verdade".

Nenhum instituto jurídico alberga os princípios da moral como o princípio da boa-fé, segundo o qual todas as pessoas devem comportar-se de modo leal e honesto em suas relações, desde a formação até a extinção delas. O art. 422 do Código Civil dispõe que: "os contratantes são obrigados a guardar, assim na conclusão do contrato, como em sua execução, os princípios de probidade e boa-fé". No direito público, a Súmula 509 do STJ é clara, ao enunciar: "É lícito ao comerciante de boa-fé aproveitar os créditos de ICMS decorrentes de nota fiscal posteriormente declarada inidônea, quando demonstrada a veracidade da compra e venda". Essa súmula impõe à administração tributária o dever de considerar a boa-fé do contribuinte mesmo na ausência de lei que a determine.

1.1.5 DIREITO E LIBERDADE

Em linguagem comum, o vocábulo **liberdade** é normalmente utilizado para fazer referência à ausência de limites ou travas, ou, ainda, de possibilidade de escolha; de fazer ou não fazer, de fazer uma coisa ou outra. No campo jurídico, a noção de liberdade tem grande importância, porquanto as normas estabelecem seus limites. De acordo com a doutrina de Norberto Bobbio,[5] há a **liberdade negativa**, pela qual um sujeito tem a possibilidade de agir sem ser impedido ou de não agir sem ser obrigado; e há a **liberdade positiva**, decorrente da situação na qual um sujeito tem a possibilidade de orientar seu próprio querer no sentido de uma finalidade, de tomar decisões, sem ser determinado pelo querer dos outros. Vista dessa forma, como algo sem limite aparente, a liberdade é assim considerada

---

[5] BOBBIO, Norberto. *Igualdade e liberdade*. Trad. Carlos Nelson Coutinho. 8. ed. São Paulo: Ediouro, 1999. p. 48-51.

como "natural", aquela que, segundo John Locke,[6] consiste em estar livre de qualquer superior sobre a terra, isto é, sem submeter-se à autoridade legislativa do homem, tendo somente a lei da natureza como regra. A vida em comunidade, todavia, não é livre no sentido de que cada pessoa possa fazer ou não fazer o que bem entender. Ela impõe deveres e direitos que têm origem em regras morais e jurídicas.

1.1.6 JUSTIÇA DE MÃO PRÓPRIA E ARBITRAGEM

Os sistemas jurídicos contemporâneos proíbem que uma pessoa faça "justiça com as próprias mãos". O art. 345 do Código Penal é claro, ao afirmar que constitui crime o ato de "fazer justiça pelas próprias mãos, para satisfazer pretensão, embora legítima, salvo quando a lei o permite". Uma hipótese de **justiça de mão própria** autorizada é a prevista no parágrafo 1º do art. 1.210 do Código Civil de 2002, segundo a qual o possuidor turbado, ou esbulhado, poderá manter-se ou restituir-se por sua própria força, contanto que o faça logo; esses atos de defesa, no entanto, não podem ir além do indispensável à manutenção ou restituição da posse. A lei também permite a recusa do cumprimento da obrigação nos contratos bilaterais quando a outra parte não cumpriu a prestação que lhe incumbia fazer (arts. 476 e 477 do Código Civil).

Fora dos casos excepcionais, previstos em lei, a competência para resolver conflitos mediante o emprego da força constitui monopólio do Estado, por intermédio de juízes e tribunais, que detêm poderes para aplicação de sanções pela violação dos direitos. Em algumas circunstâncias, a lei permite que as pessoas em litígio utilizem a **arbitragem** privada como meio de solução de conflitos. Por isso, o art. 1º da Lei n. 9.307/96 prevê que as pessoas capazes de contratar poderão valer-se da arbitragem para dirimir litígios relativos a direitos patrimoniais disponíveis. Também a administração pública direta e indireta poderá utilizar-se da arbitragem para dirimir conflitos relativos a direitos patrimoniais disponíveis (§ 1º).

1.1.7 DIREITO DE PREJUDICAR OUTREM

Em circunstâncias especialíssimas, a ordem jurídica tolera ou permite (não prevê a aplicação hipotética de qualquer sanção) que danos sejam suportados sem direito a indenização. O art. 927 do Código Civil é claro, ao afirmar que só há responsabilidade civil – cuja consequência é a obrigação de indenizar – nos casos em que o dano decorre de ato ilícito; por essa razão, parece claro que se houver dano que seja causado por ato lícito não há a consequência – sanção. É o que ocorre, por exemplo, com o comerciante que tem diminuído o movimento econômico de seu estabelecimento em razão da perda de clientes que optam por comprar em outro estabelecimento que se instalou na mesma localidade; nesse caso, a ação é prejudicial sem ser ilícita, e, portanto, não há o dever de indenizar.

No direito público, é possível haver a obrigação de indenizar mesmo que o ato estatal seja lícito; é o que ocorre, por exemplo, no caso de desapropriação prevista no inciso XXIV do art. 5º da Constituição Federal, segundo o qual "a lei estabelecerá o procedimento para desapropriação por necessidade ou utilidade pública, ou por interesse social, mediante justa e prévia indenização em dinheiro".

---

[6] LOCKE, John. *Segundo tratado sobre o governo*. Trad. Jacy Monteiro. São Paulo: Ibrasa, 1963. p. 17.

1.2 ORDENAMENTO JURÍDICO

O direito positivo é um sistema de normas baseado em hierarquia; logo, é um **ordenamento** escalonado e formado pelas normas editadas por diversas autoridades e por pessoas comuns, como ocorre quando elas firmam contratos entre si e que "fazem lei entre as partes". O sistema do direito positivo regula sua própria formação, estrutura e funcionamento; isto significa dizer que, no interior do próprio sistema, estão alojadas as regras que permitem sua modificação contínua em razão da entrada ou saída das normas. Esse sistema é considerado um sistema aberto que se modifica toda vez que são editadas novas normas, ou, ainda, quando normas deixam de integrar o ordenamento em virtude de revogação, declaração de invalidade ou em razão de haver expirado o prazo de vigência, nos casos das leis editadas para vigorar por um período determinado e específico.

1.2.1 HIERARQUIA

O sistema de direito positivo brasileiro é formado por normas de diferentes graus de **hierarquia**, sendo que a norma fundamental é a Constituição Federal, que contém os critérios de validade formal e material de todas as normas vigentes. Desse modo, o ordenamento jurídico é um sistema de normas ordenadas hierarquicamente entre si à semelhança de uma pirâmide, em cujo vértice se encontra a norma principal, que fornece o fundamento de validade de todas as demais normas.

1.2.2 UNIDADE DO ORDENAMENTO JURÍDICO

Um sistema pode ser definido como um conjunto de objetos ou entidades que se relacionam mutuamente para formar uma unidade. Para haver sistema, os objetos reais ou abstratos que o compõem devem ter propriedades comuns. No sistema do direito positivo, os elementos de um sistema são as normas jurídicas heterogêneas do ponto de vista semântico e homogêneas sob a perspectiva sintática, isto é, todas as partes têm uma mesma estrutura formada por hipótese e consequência, a despeito da diversidade da linguagem empregada.

1.2.3 PLENITUDE E LACUNAS

É voz corrente que os sistemas jurídicos são **plenos**, ou seja, neles serão encontradas condições de resolução de todos os problemas levados ao Poder Judiciário mesmo quando existam as denominadas **lacunas**. Elas surgem quando não existe uma norma que regule um fato capaz de suscitar conflitos de interesses ou lesões a direitos. Em casos especialíssimos, a ordem jurídica outorga poderes aos juízes para prover uma norma nos casos de omissão do legislador, por via do mandado de injunção, regulado pela Lei n. 13.300/2016 e garantido pela regra do inciso LXXI do art. 5º da Constituição Federal.

O juiz é autorizado a adotar regras semelhantes ou compatíveis com outras do mesmo sistema normativo. O art. 8º do Código de Processo Civil dispõe que:

> Ao aplicar o ordenamento jurídico, o juiz atenderá aos fins sociais e às exigências do bem comum, resguardando e promovendo a dignidade da pessoa humana e observando a proporcionalidade, a razoabilidade, a legalidade, a publicidade e a eficiência.

A norma é mais abrangente que a contida no art. 5º da Lei de Introdução às Normas do Direito Brasileiro, que diz que: "na aplicação da lei, o juiz atenderá aos fins sociais a que ela se dirige e às exigências do bem comum", e, para cumprir esse propósito, pode recorrer à analogia e aos princípios gerais de direito reconhecidos ao longo do tempo. Logo, o juiz – assim como as pessoas em geral que procuram conhecer as pautas de suas condutas – deve pesquisar no ordenamento jurídico uma norma que possibilite a decisão em cada caso, e isto permite dizer que o sistema normativo não contém lacunas se considerarmos que sempre será possível decidir por analogia ou equidade.

Lacuna não se confunde com silêncio eloquente; neste, o legislador toma a decisão política de não impor regra. Por isso, o professor Miguel Reale[7] adverte que nem toda omissão ou silêncio da lei deve ser considerado lacuna ou vazio, de modo que

> antes de admitir-se a existência desta, cabe ao intérprete examinar, cuidadosamente, se o silêncio da lei não equivale antes ao reconhecimento de uma esfera de ação respeitada como campo livre, reservado, isto é, ao domínio da livre-iniciativa.

1.3 NORMAS JURÍDICAS

Todo ordenamento jurídico é formado por normas. Toda **norma** tem hipótese e uma consequência. Na hipótese normativa, há menção sobre o que deve ser feito – o que é permitido, obrigatório ou proibido diante dos fatos ali referidos. A consequência diz respeito à sanção prevista para aqueles que violam suas prescrições. Em razão do que acaba de ser dito, as normas obrigam, proíbem e permitem; nos dois primeiros casos, a violação (a infração ou desobediência) implica a aplicação da sanção ou penalidade prevista em outras normas. Uma norma que estabelece uma conduta obrigatória pode ser escrita de duas maneiras: ela pode estabelecer uma obrigação dirigida a uma pessoa ou a um grupo de pessoas, dispondo que ficam obrigados a fazer alguma coisa (como, por exemplo, pagar imposto sobre a renda que auferem) e pode ser escrita com a ordem de proibir o comportamento contrário, ou seja, estabelecendo ser proibido deixar de pagar o tributo.

1.3.1 NORMAS GERAIS E ABSTRATAS E NORMAS INDIVIDUAIS

Uma **norma geral e abstrata** é aquela que é dirigida a um número indeterminado ou indeterminável de destinatários ou regula um número indeterminado ou indeterminável de casos. **Norma individual** é a que decorre da aplicação de normas gerais em casos concretos; são espécies os contratos, as sentenças judiciais e os atos administrativos praticados por órgãos públicos em favor ou desfavor de alguém, como ocorre na concessão ou negação de um alvará de construção por um município qualquer. As normas gerais são assim consideradas independentemente da eficácia espacial. Assim, são consideradas gerais normas que forem editadas pelos municípios, pelo Distrito Federal, pelos Estados e pela União, que edita normas de caráter nacional. São também consideradas normas gerais

---

[7] REALE, Miguel. *Questões de direito*. São Paulo: Sugestões Literárias, 1981. p. 61.

as editadas para tutela de direitos de grupos especiais de pessoas, como as leis federais que aprovaram o Estatuto do Idoso (Lei n. 10.741/2003) e o Estatuto da Pessoa com Deficiência (Lei n. 13.146/2015); essas leis não se destinam apenas a esses grupos de pessoas, mas devem ser cumpridas por todos.

1.3.2 PRINCÍPIOS E REGRAS

Normas jurídicas são princípios e regras e têm distintas funções no ordenamento jurídico. A palavra **princípio** existe em qualquer ramo da ciência para fazer referência a algo que tem caráter fundamental. No plano jurídico, princípio é uma espécie de norma jurídica que tem densidade axiológica mais intensa que as regras. O princípio indica uma direção ou uma finalidade: a regra estabelece diretamente uma conduta ou atribui um poder ou uma competência determinada e delimitada. A diferença fundamental entre **regras** e **princípios** está no fato de que aquelas podem ser imediatamente aplicadas aos fatos que regulam, ou seja, estabelecem diretamente o que deve ser feito em cada caso (o que é proibido, permitido ou obrigatório), e, por isso, são aplicadas na base do "tudo ou nada". Em contraposição, os princípios estabelecem diretivas finalísticas, porquanto trazem os valores reconhecidos pela sociedade para a ordem jurídica positiva. O elevado coeficiente de abstração dos princípios não significa que a aplicação deles dependa da edição de regras; eles vigoram normalmente e podem ser violados.

No Brasil, foram alçados à condição de princípios fundamentais da República: a soberania, a cidadania, a dignidade da pessoa humana, os valores sociais do trabalho e da livre-iniciativa, e o pluralismo político. Esses princípios nortearão a persecução dos objetivos fundamentais referidos nos incisos I a IV do art. 3º da Constituição, que visam construir uma sociedade livre, justa e solidária, garantir o desenvolvimento nacional, erradicar a pobreza e marginalização e reduzir as desigualdades sociais e regionais, e promover o bem de todos, repudiando qualquer forma de discriminação. Esses princípios fundamentais constituem diretrizes para atuação do poder estatal em qualquer âmbito ou circunstância e determinam os rumos que a comunidade deve seguir. Outras normas constitucionais estabelecem princípios, como são os princípios da legalidade, da isonomia, da presunção de inocência etc.

1.3.3 NORMAS IMPERATIVAS E NORMAS DISPOSITIVAS

As **normas imperativas** são assim denominadas porque não podem ser desprezadas ou contornadas por seus destinatários. Alguns estudiosos consideram que as normas imperativas são consideradas "normas de ordem pública" ou "normas cogentes", porquanto estabelecem proibições ou obrigações. É o que ocorre na hipótese prevista no inciso XXXV do art. 5º da Constituição Federal, segundo o qual nenhuma lei pode excluir da apreciação do Poder Judiciário qualquer espécie de ameaça ou lesão de direito. Essa norma se dirige a todos os poderes constituídos e aos legisladores em particular, que não podem (não têm poderes constitucionais) editar leis que impeçam (ou que criem barreiras não razoáveis) que alguém venha a acessar o Poder Judiciário. Essa norma, portanto, tem caráter proibitivo absoluto, de modo que os legisladores não têm margem alguma de discricionariedade.

Ao lado das normas imperativas, existem, na ordem jurídica, as chamadas **normas dispositivas**, que estatuem faculdades ou hipóteses de escolhas, isto é, estabelecem permissões, de modo que sua adoção pode ou não ocorrer. Um exemplo de norma dispositiva é encontrado no texto do art. 1º da Lei n. 9.307/2016, que tem a seguinte redação: "As pessoas capazes de contratar poderão valer-se da arbitragem para dirimir litígios relativos a direitos patrimoniais disponíveis". Nesse caso, a norma outorga uma faculdade às pessoas capazes de contratar, que se tornam autorizadas, caso queiram, a adotar a arbitragem como meio de resolução de conflitos de interesses em certas circunstâncias; enfim, elas não são obrigadas a adotar o sistema de arbitragem, mas se o adotam, se subordinam aos seus efeitos.

1.3.4 NORMAS DE CONDUTA E NORMAS DE COMPETÊNCIA

As normas jurídicas prescrevem condutas (ações ou omissões), outorgam poderes e dispõem sobre a produção ou interpretação de outras normas. As denominadas **normas de conduta** são as que atribuem direitos ou estabelecem obrigações ou proibições a pessoas naturais ou pessoas jurídicas que venham a praticar os fatos cogitados nas hipóteses normativas. Em certas circunstâncias, elas estabelecem obrigações de não fazer – isto é, impõem comportamentos omissivos. As **normas de competência** atribuem poderes para criação de outras normas; uma lei, um decreto, um contrato, um ato administrativo. Elas estabelecem os requisitos de validade material e formal de todas as demais normas que serão editadas. Os poderes são outorgados para que o titular deles cumpra funções determinadas.

1.4 ESPÉCIES NORMATIVAS

Toda norma jurídica advém de um texto escrito encartado em um documento normativo editado com diversos nomes e expedido por órgãos estatais ou por particulares. Assim, as normas estatais provêm de atos normativos de caráter geral ou especial editados por órgãos do Poder Legislativo, do Poder Judiciário e do Poder Executivo; por outro lado, as normas editadas pelas pessoas em geral constam dos contratos, estatutos e documentos semelhantes editados para regular os interesses particulares e que se subordinam às leis ordinárias (como é o Código Civil).

No âmbito do Poder Legislativo, o art. 59 da Constituição Federal de 1988 prevê a edição de diversos atos normativos de caráter geral. As normas constitucionais sobre o processo legislativo são dirigidas ao Congresso Nacional, que edita as diversas **espécies normativas** para vigorar em todo o território nacional ou no exterior, se for o caso. Essas mesmas regras, no que aplicável, devem ser observadas também pelas Assembleias Legislativas dos Estados e do Distrito Federal (denominadas "Câmaras Legislativas") e pela Câmara dos Vereadores dos Municípios. No âmbito do Poder Executivo, é cumprida uma parcela do processo legislativo, já que a Constituição Federal exige a sanção e admite o veto em projetos de leis aprovados nas casas legislativas. A sanção ou veto são poderes atribuídos com exclusividade às autoridades máximas do Poder Executivo, que são: o Presidente da República, os Governadores de Estado ou Distrito Federal e os Prefeitos. Os vetos podem ser anulados pelas casas legislativas. Os órgãos do Poder Executivo participam do processo de edição de medidas provisórias e leis delegadas.

1.4.1 NORMAS CONSTITUCIONAIS

A ordem jurídica é baseada em uma estrutura hierárquica em que as normas da Constituição Federal gozam de supremacia sobre todas as outras. Em razão da supremacia das **normas constitucionais**, todas as demais normas devem ser compatíveis com as normas constitucionais sob o aspecto formal e material. Um ato legislativo é formalmente constitucional se foi produzido de acordo com as regras sobre processo legislativo contidas na Constituição, e é materialmente constitucional quando seu conteúdo é compatível com regras e princípios da Constituição. Qualquer ato normativo que for incompatível com normas constitucionais pode ser inválido e expulso do ordenamento jurídico. O Supremo Tribunal Federal é o órgão competente para declarar uma norma inconstitucional em caráter definitivo e excluí-lo do ordenamento jurídico.

1.4.2 LEIS

A palavra **lei** designa diversas espécies de fontes formais do direito. Assim, fala-se em lei complementar, lei orgânica, lei ordinária, lei delegada, resolução do Congresso Nacional, normas dos regimentos dos Tribunais, acordos e convenções coletivas do direito do trabalho etc. Há também os diplomas normativos com força de lei, como são: os decretos-leis, as medidas provisórias e alguns tipos de decretos.[8] Lei, portanto, é considerada todo ato normativo que pode servir de veículo para inovação na ordem jurídica de acordo com os critérios estabelecidos na Constituição Federal.

1.4.3 NORMAS REGULAMENTARES

Normas regulamentares são aquelas constantes de documentos normativos editados para dar cumprimento às leis ou editados com autorização legal. São atos normativos dessa espécie os decretos regulamentares, as portarias, instruções normativas, avisos, atos declaratórios etc. De um modo geral, essas normas provêm dos órgãos do Poder Executivo, como são os Ministérios, as Secretarias, os Departamentos e assemelhados, como é a Receita Federal do Brasil, que edita portarias, instruções normativas, atos declaratórios, pareceres normativos, soluções de consultas etc.

1.4.4 SENTENÇAS, ACÓRDÃOS E SÚMULAS

No âmbito do Poder Judiciário, os documentos que veiculam normas jurídicas são as **sentenças**, os **acórdãos** e as **súmulas**. As primeiras são emitidas por juízes singulares e as demais são normas editadas por Tribunais. Como regra geral, as sentenças se dirigem apenas às partes de um processo, e, por isso, são consideradas normas individuais e concretas. As decisões dos Tribunais podem ou não ter efeito geral; quando têm eficácia *erga omnes*,

---

[8] Os decretos-leis não estão previstos na Constituição Federal de 1988, e a figura que mais se assemelha a ele é a medida provisória. Decretos-leis editados antes da Constituição Federal e não revogados permanecem em vigor e só podem ser modificados por lei; o exemplo mais marcante é o Código Penal, introduzido pelo Decreto-lei n. 2.848/40. Em relação aos decretos, eles são autônomos ou regulamentares; no primeiro caso, inovam na ordem jurídica sobre algumas matérias, e, no segundo caso, regulamentam a aplicação de leis e ficam a elas subordinados.

se aplicam a todos e não apenas às partes do processo. O mesmo fenômeno ocorre com as súmulas, que podem ser vinculantes ou não e que são editadas por Tribunais para aplicação no âmbito de competência deste ou por outros órgãos estatais.

1.4.5 CONTRATOS E ESTATUTOS

Aquele que assina um **contrato** adquire obrigações e direitos, e, por isso, cria regras que ele próprio se obriga a respeitar. Logo, é correto afirmar que as partes de um contrato praticam um ato de legislação em sentido amplo com fundamento de validade nas normas vigentes, de modo que devem agir de acordo com os limites nelas estabelecidos, ou seja, a liberdade é ampla, mas limites existem e não podem ser ultrapassados. Do mesmo modo, constitui ato de criação normativa a redação de cláusula de um **estatuto** de sociedade por ações que outorga ou discrimina poderes a serem exercidos por seus diretores, além dos poderes a eles outorgados pela própria lei de ordem pública editada em caráter geral e abstrato. Os regulamentos internos das empresas e órgãos públicos têm a mesma finalidade e impõem diretrizes, obrigações e deveres no âmbito da entidade e nas relações de dirigentes e empregados com terceiros nos casos em que agem em nome dela – a entidade.

1.5 VIGÊNCIA E EFICÁCIA

Toda norma é editada para vigorar a partir de determinada data e em determinado território, seja ela uma norma constante de uma lei ou uma simples cláusula contratual. Para determinar se e quando uma norma é aplicável, é indispensável compreender sua gênese, que é sujeita a um complexo processo de normatização; assim, por exemplo, a edição de uma lei requer a observância de normas que atribuem poderes a órgãos estatais e dispõem sobre o processo legislativo formado por diversas fases em que há discussão, votação, promulgação e publicação. A **eficácia** de uma lei corresponde à noção de vigor; assim, lei eficaz é a que vigora, a partir de determinado momento, em determinado território.[9]

1.5.1 INÍCIO DA VIGÊNCIA E VIGOR

O art. 8º da Lei Complementar n. 95/98 dispõe que a vigência de uma lei deve ser indicada de forma expressa e de modo a contemplar prazo razoável para que dela se tenha amplo conhecimento. O art. 1º da Lei de Introdução às Normas do Direito Brasileiro dispõe que: "salvo disposição contrária, a lei começa a vigorar em todo o país 45 dias depois de oficialmente publicada". **Vigência** é o tempo que uma lei permanece integrada no ordenamento e que começa com a publicação oficial (no diário oficial) e termina com a revogação ou término de um período, nos casos de leis editadas para vigorar por tempo determinado. **Vigor** é a aptidão de uma lei para ser efetivamente aplicada, ou seja, uma lei passa

---

[9] A palavra "eficácia" pode ser utilizada para fazer referência aos efeitos de uma lei que é efetivamente aplicada; corresponde à noção de eficácia social. Nesta obra, consideramos que eficácia é o mesmo que vigor; assim, lei eficaz é lei que vigora, independentemente de se saber se é cumprida ou não.

a vigorar no momento nela estabelecido para começar a ser aplicada. Por vezes, a palavra "vigor" é substituída pelo vocábulo "eficácia"; nesse caso, trata-se de eficácia normativa e não eficácia social, posto que uma lei pode ser vigente e eficaz e não ser aplicável, porque ninguém pratica o fato que sobre ela pode incidir.

Uma lei pode ter vigência sem vigorar; uma lei pode entrar em vigor na mesma data em que se torna vigente (data em que é oficialmente publicada) ou em data posterior. Se a lei não entrar em vigor na data em que se torna vigente (ou seja, quando é publicada oficialmente), há um período de espera, denominado *vacatio legis*. Nesse período, a lei vige sem vigorar. Em resumo, passa a ter vigência a partir do momento em que é oficialmente publicada e entra em vigor: (a) na data da publicação; ou (b) em data futura nela estipulada; ou (c) 45 dias após a publicação se nenhum prazo for estipulado. Os períodos referidos nos casos "b" e "c" são de *vacatio legis*. Na forma do disposto no art. 8º da Lei Complementar n. 95/98, a *vacatio legis* deve ter prazo de duração razoável para que se tenha amplo conhecimento das novas disposições. De acordo com o citado preceito, apenas as leis de pequena repercussão podem entrar em vigor na data da publicação.

Vejamos o exemplo da Lei n. 13.709, que dispõe sobre a proteção de dados pessoais na Internet. Ela foi sancionada (isto é, assinada pelo Presidente da República) em 14 de agosto de 2018 e publicada no Diário Oficial no dia seguinte, 15 de agosto de 2018, mas o art. 65 estipula que ela entrará em vigor depois de decorridos 24 meses de sua publicação oficial. Assim, a lei adquiriu vigência em 15 de agosto de 2018 e só entra em vigor a partir de 2020.

Vejamos a Figura 1.1, que ilustra a sequência dos efeitos das normas em geral.

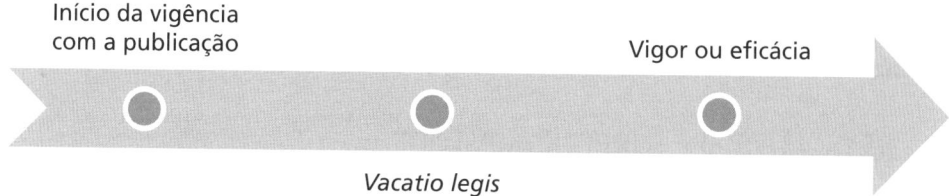

Figura 1.1 Sequência dos efeitos das normas em geral.

1.5.2 EFICÁCIA ESPACIAL OU TERRITORIAL

A vigência no **espaço** de uma norma é geralmente designada como "âmbito espacial de validade" e designa o **território** no qual ela deve ser aplicada. As normas estabelecidas pelo Congresso Nacional têm aplicação em todo o território nacional; as que forem estabelecidas pelos Estados, Distrito Federal e municípios têm âmbito de eficácia restrito aos seus respectivos territórios, salvo determinação em sentido contrário. As embaixadas e consulados de países estrangeiros no Brasil estão localizados no território brasileiro, mas a eles não se aplicam algumas leis brasileiras em razão de privilégios ou imunidades sobre seus bens e sobre os agentes diplomáticos, na forma estabelecida na Convenção de Viena sobre Relações Diplomáticas, de 1961, e na Convenção de Viena sobre Relações Consulares, de 1963.

Em matéria tributária, há o preceito do art. 102 do CTN, que admite a extraterritorialidade de norma tributária, ao dispor que:

> a legislação tributária dos Estados, do Distrito Federal e dos Municípios vigora, no País, fora dos respectivos territórios, nos limites em que lhe reconheçam extraterritorialidade os convênios de que participem, ou do que disponham esta ou outras leis de normas gerais expedidas pela União.

Uma lei municipal pode não ser aplicável aos imóveis localizados em determinada parte do território respectivo. Isso ocorre porque a Constituição Federal prevê que o município pode cobrar o IPTU (art. 156, I) somente sobre os imóveis urbanos, enquanto os imóveis rurais são tributados pelo ITR, de competência da União (art. 153, VI).

1.5.3 SUSPENSÃO DA EFICÁCIA

Certas leis são editadas com cláusula que subordina sua execução à adoção de um regulamento; são, por isso, denominadas "leis de eficácia limitada", porquanto não podem ser aplicadas antes da edição de um ato normativo posterior que lhe dê condições de exequibilidade.[10] Em outras circunstâncias, a eficácia de uma norma pode ser suspensa. A Constituição Federal, no parágrafo 4º do art. 24, dispõe que a superveniência de lei federal sobre normas gerais suspende a eficácia da lei estadual, no que lhe for contrário; o efeito da suspensão, nesse caso, é de caráter geral – *erga omnes* e que equivale, na prática, a uma revogação. Outra hipótese de **suspensão da eficácia** ocorre com as medidas provisórias: o STF, ao julgar a Medida Cautelar na ADI 2.984-3, em 4 de setembro de 2003, decidiu que: "a revogação da MP por outra MP apenas suspende a eficácia da norma ab-rogada, que voltará a vigorar pelo tempo que lhe reste para apreciação, caso caduque ou seja rejeitada a MP ab-rogante".

1.5.4 RETROATIVIDADE E IRRETROATIVIDADE

A **irretroatividade** das normas é um princípio geral de direito; por isso, o inciso XXXVI do art. 5º da Constituição afirma que a lei não prejudicará o ato jurídico perfeito, a coisa julgada e o direito adquirido. Toda norma retroativa choca-se com o princípio da segurança jurídica, porque atribui consequências a ações ou omissões que não estavam previstas no momento em que ocorreram e, em razão disso, as pessoas não tinham condições de saber o que deveria ser feito (o que era proibido, permitido ou obrigatório) e não podiam considerar quais as eventuais consequências de seus atos.

No direito penal, vigora o princípio da **retroatividade** da lei mais benigna, em razão do disposto no inciso XL do art. 5º da CF. No art. 106 do Código Tributário Nacional, há autorização de aplicação de lei nova a ato ou fato pretérito quando: (a) em relação a ato não definitivamente julgado, quando deixe de defini-lo como infração ou quando deixe de tratá-lo como contrário a qualquer exigência de ação ou omissão, desde que não tenha sido fraudulento e não tenha implicado falta de pagamento de tributo; e (b) comine penalidade menos severa que a prevista na lei vigente ao tempo da sua prática. O mesmo Código

---

[10] MEIRELLES, Hely Lopes. *Direito administrativo brasileiro*. 16. ed. São Paulo: RT, 1991. p. 108.

Tributário Nacional, no inciso I do art. 106, admite a retroação de norma de caráter interpretativo. Em princípio, essas normas visam esclarecer o sentido das prescrições contidas em outras normas.

1.5.5 ULTRATIVIDADE

Pode haver norma que conserva a eficácia a despeito de não ter vigência. É o caso da norma que é revogada e que, a despeito disto, continua a reger certos fatos acontecidos ou realizados no período em que estava em vigor, em obediência ao princípio segundo o qual *tempus regit actum*. Trata-se do fenômeno da "eficácia residual" ou da **ultratividade** da norma. Um exemplo pode ser encontrado no enunciado do art. 144 do CTN, que tem a seguinte redação: "O lançamento reporta-se à data da ocorrência do fato gerador da obrigação e rege-se pela lei então vigente, ainda que posteriormente modificada ou revogada".

1.6 REVOGAÇÃO E REPRISTINAÇÃO

Cessa a vigência de uma norma quando ela for revogada, quando o prazo de vigência expirar, ou, ainda, quando ela vier a ser expulsa do ordenamento jurídico em virtude de declaração de inconstitucionalidade.

Revogar uma lei é retirá-la do ordenamento jurídico e implica fazer cessar sua vigência e – eventualmente – sua eficácia (vigor), já que, como vimos, a eficácia pode permanecer após a revogação. A revogação de uma lei ou ato normativo pode ser total ou parcial. No primeiro caso, há ab-rogação; no segundo, há derrogação. Uma lei ou norma revoga outra de forma expressa ou tácita; revogação tácita ocorre nos casos em que há antinomia de normas, ou quando há duplicidade de prescrições sobre os mesmos fatos, de modo que a aplicação das normas levaria a um *bis in idem*. Esse efeito – a revogação tácita – ocorre independentemente da existência no corpo das leis ou atos normativos de uma cláusula geral com o enunciado sobre a revogação das disposições em contrário ou algo semelhante. Também ocorre revogação de uma norma após o prazo de sua vigência, se esta tem prazo determinado nela própria ou em outra norma. Uma norma pode perder a eficácia mesmo sem estar formalmente revogada; é o que ocorre nos casos em que há o desaparecimento dos fatos sociais que ela regulava; nesse caso, há caducidade da norma. Em princípio, a revogação afeta não só a norma atingida: os efeitos da revogação se irradiam para alcançar, eventualmente, o decreto editado para permitir a aplicação prática de todos os demais normativos subalternos (portarias, instruções normativas etc.) editados com esse mesmo propósito.

Em regra, toda norma é revogável, e isso inclui as normas de uma Constituição, como é o caso da Constituição brasileira, que prevê sua própria modificação por intermédio de emendas à Constituição (art. 59, I), exceto no que diz respeito às denominadas "cláusulas pétreas" referidas no texto do parágrafo 4º do art. 60, que não são revogáveis. Por fim, outra espécie de ato normativo irrevogável é a norma individual e concreta expedida pelo Poder Judiciário com efeito de coisa julgada e não mais sujeita a ação rescisória, em razão do disposto no inciso XXXVI do art. 5º da Constituição, que afirma que a lei não prejudicará o ato jurídico perfeito, a coisa julgada e o direito adquirido.

A revogação de uma lei ou norma não restaura, necessariamente, as normas que foram revogadas por ela. O parágrafo 3º do art. 2º da Lei de Introdução às Normas do Direito Brasileiro dispõe taxativamente que, revogada, a lei revogadora não restaura a lei revogada, salvo se for expresso, mesmo que seja compatível com a próxima lei revogadora, a não ser que seja restaurada expressamente. Portanto, a **repristinação** – ato ou efeito de restaurar a vigência de uma norma revogada – só é admitida em casos especiais e expressos.

1.7 VALIDADE DAS NORMAS

Em direito, o vocábulo **validade** tem várias significações; é usualmente empregado como sinônimo de vigência, vigor e eficácia de uma norma jurídica. Validade, no entanto, é o atributo de uma norma que foi posta na ordem jurídica de acordo com as normas constitucionais pertinentes. Para que sejam válidas, as normas estatais devem: (a) ser emitidas por órgãos competentes; e (b) não contrariar a Constituição Federal. Por outro lado, as normas editadas pelas pessoas em geral são os contratos, os estatutos sociais, os regulamentos internos etc., que se submetem às normas gerais sobre a validade dos negócios jurídicos em geral, previstas no art. 104, I a III, do Código Civil. De acordo com esse preceito, de um modo geral, a validade do negócio jurídico requer: (a) agente capaz; (b) objeto lícito, possível, determinado ou determinável; e (c) forma prescrita ou não defesa em lei.

Uma norma declarada inconstitucional se torna inválida, com efeitos pretéritos ou não, e é expulsa do ordenamento jurídico. Se o vício for de caráter formal, ao legislador fica aberta a possibilidade de que nova lei ou ato normativo seja editado. Todavia, a repetição não é possível se o vício da inconstitucionalidade decorrer da contrariedade material com a Constituição, ou seja, quando estabelecem direitos ou obrigações proibidos pela Constituição Federal. Sobrevindo o trânsito em julgado da decisão que declarou a inconstitucionalidade, cessa a eficácia da lei ou ato normativo impugnado, e tem efeitos *erga omnes* que podem ser pretéritos ou não, já que a ordem jurídica permite a modulação dos efeitos da decisão, com fulcro no que dispõe o art. 27 da Lei n. 9.868/99. As decisões de inconstitucionalidade fora do regime concentrado têm efeitos limitados exceto se lhes forem atribuídos efeitos gerais em razão da existência de repercussão geral ou em razão da edição de Resolução do Senado Federal, com fulcro no inciso X do art. 52 da Constituição Federal.

1.8 SEGURANÇA JURÍDICA

A **segurança jurídica** é uma ideia imanente à noção e à finalidade do direito, considerado como instituição erigida para arbitrar relações entre sujeitos debaixo de um ideal de justiça. Nos Estados governados pelo direito (ou segundo o direito), o princípio da segurança jurídica desempenha dois papéis fundamentais. Em primeiro lugar, é instrumento de garantia de que as pessoas conheçam as "regras do jogo" antes do seu início, para que possam estimar as consequências de seus atos, isto é, se aceitam cumprir aquilo que foi estatuído ou, por outro lado, se preferem suportar as consequências da omissão ou ação contrária ao que deve ser feito. Enfim, os destinatários das normas devem saber com razoável clareza *ex ante* o que é obrigatório, ou o que é permitido, ou, ainda, o que é proibido; de acordo com essa perspectiva, são intoleráveis normas retroativas ou mudanças bruscas das decisões proferidas pelos órgãos judiciais encarregados de dizer o direito e fixar qual o conteúdo normativo das normas constitucionais. Em segundo lugar, esse princípio exige que as decisões judiciais validamente produzidas (pelo devido respeito à ampla defesa e ao devido processo legal) sejam respeitadas.

A exigência de certeza – de previsibilidade – é um bloqueio para que as incertezas que são imanentes ao direito não passem do tolerável ou razoável ou para não permitir o império do arbítrio. Em suma, as normas devem permitir uma aplicação racional do direito posto, e não criar um clima de incertezas além do que já é imanente ao próprio caráter do direito, que é incompleto, lacunoso e vazado em linguagem permeada de ambiguidades e de palavras vagas. Um matiz da segurança jurídica é o "princípio da proteção da confiança" vigente no direito público e no direito privado, e que tem finalidade de rechaçar condutas oportunistas, abusivas ou contrárias à boa-fé. A administração pública em suas relações com qualquer pessoa (qualquer do povo ou funcionário público) ou as partes de um contrato privado não podem agir contra seus próprios atos (*venire contra factum proprium*) e nem adotar condutas abusivas, maliciosas, odiosas etc. Em suma, não podem frustrar, sem justo motivo, as legítimas expectativas das pessoas em geral e não podem contribuir para a diminuição da crença no direito como critério de justiça para interação social e nem utilizar o direito como instrumento a serviço da esperteza, do oportunismo, do engano e de qualquer forma de improbidade.

A segurança jurídica é primordial para o desenvolvimento dos negócios, pois os detentores de capitais não estão dispostos a empreender em lugares (países, estados, municípios) nos quais as regras jurídicas do mercado não sejam minimamente estáveis e devidamente conhecidas. Pessoas que têm dinheiro para investir não gostam de governos que desapropriam empresas sem justo motivo e que interferem no mercado e na economia de modo errático e não justificável do ponto de vista racional. Enfim, os negócios não prosperam se as regras do jogo não estiverem previamente estabelecidas. Para haver segurança, não é indispensável que existam leis para reger individualmente as atividades empresariais. Todavia, é necessário que as regras existentes possam ser adaptáveis para permitir o desenvolvimento de novos negócios sem prejuízo da proteção dos direitos dos consumidores e do meio ambiente.

1.9 NORMAS DE DIREITO PÚBLICO E PRIVADO

As normas – de acordo com a matéria que regulam – são consideradas **normas de direito público** ou **normas de direito privado**. Direito público é o que regula as relações em que o Estado é parte e se funda na ideia de "interesse público"; o direito privado, por sua vez, atua no espaço de regulação das relações entre particulares. Na atualidade, a diferença entre direito público e direito privado tende a desaparecer ou, ao menos, tornar-se cada vez menos visível. Dois fenômenos afetaram as fronteiras entre o direito público e o direito privado, tornando-as praticamente invisíveis; em primeiro lugar, os direitos e deveres de natureza civil foram incorporados nos textos das Constituições ao lado dos direitos sociais, e, em segundo lugar, a esfera privada dos indivíduos vem sendo continuamente comprimida por normas de caráter público editadas com a finalidade de impor condições sobre a formatação de negócios jurídicos (contratos) para atender interesses públicos e contemplar disparidades entre os contratantes, e, além disso, há normas que impõem o dever de contratar.

Resumo esquemático

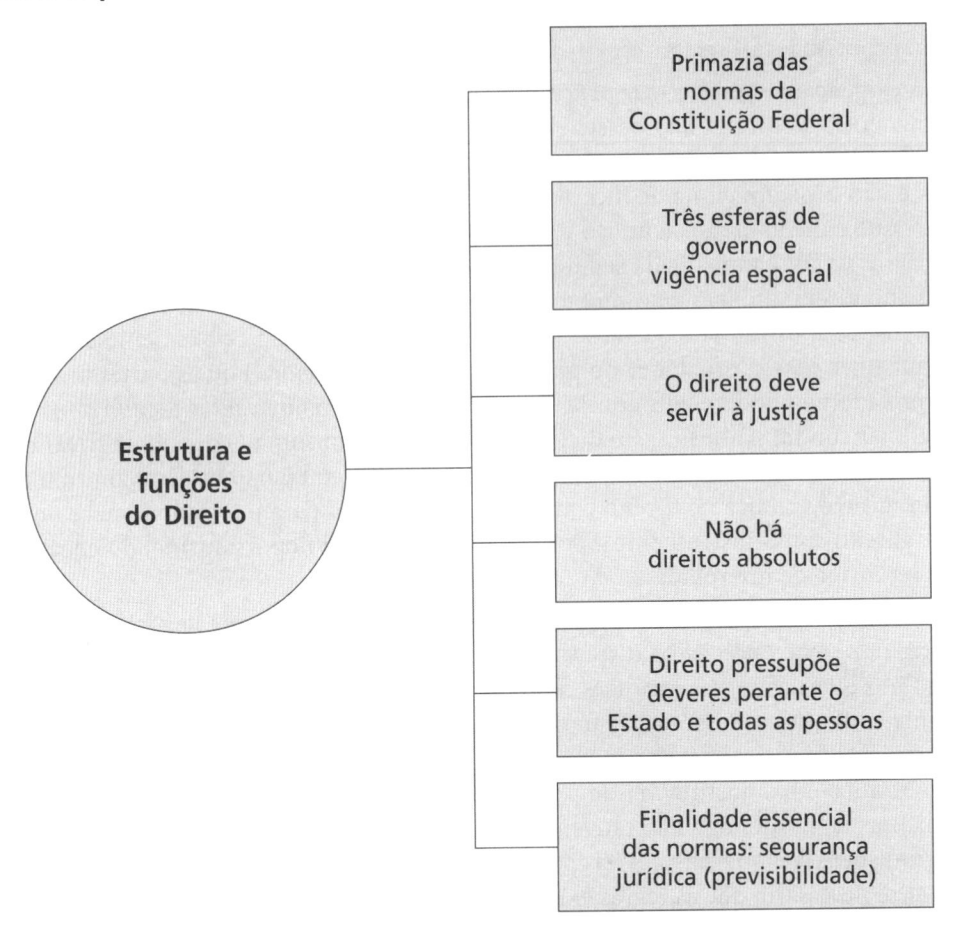

Estrutura e funções do Direito:
- Primazia das normas da Constituição Federal
- Três esferas de governo e vigência espacial
- O direito deve servir à justiça
- Não há direitos absolutos
- Direito pressupõe deveres perante o Estado e todas as pessoas
- Finalidade essencial das normas: segurança jurídica (previsibilidade)

Minicaso

Imagine o seguinte cenário: você foi contratado para prestar serviços de consultoria para um investidor estrangeiro que pretende criar empresas *startups* no Brasil. Para prestar serviços de excelente qualidade, você deve analisar o ambiente jurídico brasileiro e responder:

a) se é ou não perceptível que existe segurança jurídica para os investidores no Brasil; e
b) se o ambiente jurídico existente no Brasil é ou não favorável às *startups*.

Exercício

Assinale Falso ou Verdadeiro:

a) Norma jurídica é, sempre, um mandamento que obriga alguém a fazer alguma coisa. (   )
b) O contrato celebrado entre Pedro e Miguel é um conjunto de normas jurídicas. (   )

c) Apenas o Estado edita norma jurídica. ( )
d) Norma válida é aquela que é aceita pela população. ( )
e) O direito positivo é formado apenas por normas editadas pelo Estado. ( )
f) Uma norma que obriga também permite a mesma conduta. ( )
g) Norma de competência estabelece poderes ilimitados. ( )
h) O Estado não está sujeito a cumprir as normas que vier a editar. ( )
i) Regras e princípios são espécies de normas com iguais funções. ( )
j) Uma norma entra automaticamente em vigor quando é publicada. ( )
k) Não existem lacunas no ordenamento jurídico. ( )
l) Norma de conduta é a que sempre exige uma ação ou omissão do destinatário. ( )
m) Norma imperativa é a que obriga ou proíbe. ( )
n) No Brasil, não é admitida a edição de lei interpretativa. ( )
o) Uma norma só é válida se for aprovada por unanimidade nos órgãos legislativos. ( )
p) A vigência de uma norma começa com a publicação. ( )
q) A revogação de uma lei ou norma pode ser expressa ou tácita. ( )
r) A lei declarada inconstitucional deve ser expulsa do ordenamento jurídico. ( )

2 INTERPRETAÇÃO E APLICAÇÃO DE NORMAS JURÍDICAS

Assista ao vídeo do autor sobre este Capítulo.

Após ler este capítulo, você estará apto a:
- ✓ Compreender a importância e as finalidades da interpretação de normas jurídicas.
- ✓ Conhecer os principais métodos de interpretação.
- ✓ Diferenciar interpretação de aplicação de normas diante de fatos.
- ✓ Discorrer sobre a interferência das mudanças sociais na interpretação.
- ✓ Saber que o direito tem estreita relação com outras disciplinas, especialmente a economia.

2.1 CONCEITO E TIPOLOGIA DA INTERPRETAÇÃO

Interpretar uma norma é descobrir o que ela permite, obriga ou proíbe, e quais os fatos que ela pretende alcançar e as consequências de sua observância ou inobservância. Toda interpretação tem início com a leitura do texto de leis, decretos, sentenças, contratos etc., que estabelecem obrigações, permissões e proibições. Nesse percurso, o intérprete terá de eliminar as eventuais obscuridades, já que os textos podem ter termos ambíguos ou vagos. A interpretação jurídica exige uma análise adicional acerca do cumprimento dos critérios de validade pertinentes. Portanto, é necessário verificar se a norma que está sendo interpretada foi introduzida no ordenamento jurídico de acordo com normas de escalão superior e se não contrariam prescrições dessas mesmas normas.

Existem várias espécies de **interpretação**, sendo as mais comuns: a **judicial**, a **autêntica** e a **doutrinária**. A interpretação judicial é feita por juízes e Tribunais e consiste em decidir um litígio diante de fatos acolhendo ou rejeitando os argumentos das partes; semelhante consequência ocorre nos processos decididos por árbitros eleitos e que atuam na solução de conflitos. A interpretação autêntica, por outro lado, é feita pelo legislador quando edita normas interpretativas. Por fim, a interpretação doutrinária é feita por professores, estudiosos do direito e outros profissionais ou docentes.

Para os que atuam no mercado, é importante conhecer a jurisprudência dos Tribunais, tendo em vista que as decisões judiciais indicam um rumo a ser seguido pelas pessoas em geral e eliminam lacunas de leis incompletas. As decisões judiciais resolvem, também, problemas de lacunas porventura existentes nas leis em geral.

2.1.1 APLICAÇÃO E INTEGRAÇÃO

Aplicação do direito ocorre quando há decisão; é o que faz o juiz (ou árbitro) ou o destinatário quando cumpre as determinações que lhes são impostas; assim, quando o locador paga o valor devido pela locação, aplica o direito, ao decidir cumprir a obrigação contratual que assumiu, e o mesmo faz o juiz quando decide uma causa submetida a seu julgamento, como ocorre nos casos em que condena um acusado pela prática de um delito ou quando defere um benefício previdenciário a uma pessoa que teve o seu direito violado por ação dos representantes dos poderes públicos. A **integração**, por outro lado, é o processo de eliminação de lacunas das normas a partir de outras normas (regras e princípios); assim, por exemplo, há integração quando uma questão de direito do trabalho é decidida com o emprego de normas do direito civil, em razão da existência de lacuna no direito do trabalho. De certo modo, aplicação se confunde com integração; por isso, a diferença entre aplicação e integração é, basicamente, de ordem semântica.

2.1.2 INTERPRETAÇÃO DE FATOS

Interpretar não é apenas descobrir as normas a partir dos textos e as relações de subordinação ou coordenação entre elas: toda **interpretação** exige a **consideração dos fatos** que serão submetidos a um processo de qualificação diante das normas. Para incidência da norma (isto é, para que ela possa ser aplicada em cada caso concreto), é necessário que o fato acontecido tenha a mesma configuração ou propriedades dos fatos previstos abstratamente na norma. Na lição de Miguel Reale:[1] "o fato está no início e no fim do processo normativo, como fato-tipo, previsto na regra, e como fato concreto, no momento de sua aplicação". Sem o fato, a norma permanece em estado hipotético. Por isso, parece claro que o fato é o motor da eficácia normativa. Os fatos podem ser objetos concretos ou não; assim, por exemplo, um juiz, quando julga uma demanda, analisa os fatos já acontecidos e constantes das provas apresentadas pelas partes em litígio; todavia, o intérprete que pretende escrever um artigo de doutrina o faz com base em fatos relatados em precedentes jurisprudenciais ou simplesmente idealiza os fatos que podem, a seu juízo, vir a acontecer.

2.2 MÉTODOS DE INTERPRETAÇÃO

É voz corrente que todo processo interpretativo envolve a aplicação de vários métodos; todavia, essa asserção é contestável, se por método entendermos os percursos de ação estabelecidos segundo critérios lógicos e a serem seguidos por todos os intérpretes. Preferimos afirmar que a interpretação jurídica pode ser feita a partir de diversas abordagens.

---

[1] REALE, Miguel. *Lições preliminares de direito*. 22. ed. São Paulo: Saraiva, 1995. p. 198-199.

2.2.1 INTERPRETAÇÃO TELEOLÓGICA

Na interpretação a partir de uma **abordagem teleológica**, o intérprete visa encontrar a finalidade da norma, isto é, a razão de ser de sua existência. Na lição do professor Miguel Reale:[2]

> Interpretar uma lei importa, previamente, em compreendê-la na plenitude de seus fins sociais, a fim de poder-se, desse modo, determinar o sentido de cada um dos seus dispositivos. Somente assim ela é aplicável a todos os casos que correspondem àqueles objetivos.

Na mesma linha, Carlos Maximiliano[3] afirma:

> a norma enfeixa um conjunto de providências, protetoras, julgadas necessárias para satisfazer determinadas exigências econômicas e sociais; será interpretada de modo que melhor corresponda àquela finalidade e assegure plenamente a tutela do interesse para qual foi regida.

2.2.2 INTERPRETAÇÃO LÓGICA OU SISTEMÁTICA

Toda norma vigente pertence ao sistema do direito positivo; por isso, toda e qualquer interpretação deve considerar o contexto no qual ela está inserida. Sendo assim, de acordo com o professor Miguel Reale,[4] o "trabalho de compreensão de um preceito, em sua correlação com todos os que com ele se articulam logicamente, denomina-se interpretação lógico-sistemática". A interpretação sistemática é a mais completa; afinal, não existem normas "soltas" no ordenamento jurídico; todas elas devem ser feitas de acordo com os princípios estabelecidos pela Constituição Federal que contém as normas fundamentais e que devem ser cumpridas por todos os poderes – legislativo, judiciário e executivo.

As diversas partes do ordenamento jurídico pertencem a um sistema e, por esta razão, cabe ao intérprete levar em consideração as relações de coordenação e subordinação entre as normas. O douto professor Ruy Barbosa Nogueira,[5] transcrevendo lição de Giorgio Del Vechio, afirma: "a harmonia das diversas partes componentes do sistema deve ser experimentada e confirmada a cada instante, aproximando-se as regras particulares entre si e relacionando-as com os princípios gerais a que se prendem", de modo que "só assim poderá o jurista compreender o espírito do sistema e observá-lo em suas aplicações particulares, evitando os erros que se produziriam se ele se contentasse em considerar, por um modo geral, apenas esta ou aquela regra em si mesma".

2.2.3 INTERPRETAÇÃO LITERAL OU GRAMATICAL

Interpretação **literal** é a que não admite o uso de juízos de analogia ou equidade. Analogia é o mesmo que semelhança; e equidade, uma forma de correção dos excessos ou

---

[2] REALE, Miguel. *Lições preliminares de direito*. 22. ed. São Paulo: Saraiva, 1995. p. 285.
[3] MAXIMILIANO, Carlos. *Hermenêutica e aplicação do direito*. 9. ed. Rio de Janeiro: Forense, 1981. p. 151-152.
[4] REALE, Miguel. *Lições preliminares de direito*. 22. ed. São Paulo: Saraiva, 1995. p. 275.
[5] NOGUEIRA, Ruy Barbosa. *Curso de direito tributário*. 7. ed. São Paulo: Saraiva, 1986. p. 117.

rigores da norma. Um exemplo em que é exigida a interpretação literal é o preceito do art. 111 do CTN, que a exige no caso de legislação tributária que disponha sobre a suspensão ou exclusão do crédito tributário (inciso I). Por outro lado, a interpretação **gramatical** não é, propriamente, uma abordagem de interpretação; a leitura para compreensão do sentido e alcance das palavras da lei é o ponto de partida para toda interpretação.

2.3 RESULTADO DA INTERPRETAÇÃO

As leis são produzidas por seres humanos, e, por isso, não são perfeitas ou irretocáveis. Não raro, as leis contêm lacunas e obscuridades, de modo que as pessoas podem ficar em dúvida a respeito do que é permitido, proibido ou obrigatório. Para resolver esses problemas, existem os órgãos do Poder Judiciário e os árbitros escolhidos pelas partes em situação de conflito de interesse. A atuação dos órgãos do Poder Judiciário está sujeita a limites, de modo que eles não podem substituir o legislador.

As pessoas destinatárias das normas as interpretam para que saibam como devem se comportar (para determinar o que é permitido, obrigatório ou proibido). As condutas contrárias às estabelecidas em normas são relevantes para o direito em razão da existência de normas que preveem a aplicação de penalidades de diversas naturezas e graus.

2.3.1 INTERPRETAÇÃO POR ANALOGIA

Na memorável lição do professor Miguel Reale:[6]

> quando recorremos, portanto, à analogia, estendendo a um caso semelhante a resposta dada a um caso particular previsto, estamos, na verdade, obedecendo à ordem lógica substancial ou à razão intrínseca do sistema.

A ideia que está por detrás do argumento é a isonomia; todavia, o juízo de **analogia** não pode ser adotado nos casos em que o ordenamento jurídico exige tipicidade cerrada, como ocorre no direito penal e no direito tributário.

Um exemplo de interpretação por analogia surgiu quando o STJ julgou o *Habeas Corpus* 361.462, em 18 de maio de 2017. O Tribunal determinou de ofício a remissão de parte da pena de um preso que estudou por conta própria e que foi aprovado no Exame Nacional do Ensino Médio, que é um fato não previsto em lei, para permitir a redução da pena. A ementa do acórdão diz:

> A jurisprudência deste Superior Tribunal de Justiça, como resultado de uma interpretação analógica *in bonam partem* da norma inserta no art. 126 da LEP (Lei de Execuções Penais), possui entendimento de que é possível a hipótese de abreviação da reprimenda em razão de atividades que não estejam expressas no texto legal.

---

[6] REALE, Miguel. *Lições preliminares de direito*. 22. ed. São Paulo: Saraiva, 1995. p. 292.

2.3.2 INTERPRETAÇÃO EXTENSIVA

Na lição de Francesco Ferrara,[7] a analogia distingue-se da **interpretação extensiva**: uma aplica-se quando um caso não é contemplado por uma disposição de lei, enquanto a outra pressupõe que o caso já está compreendido na regulamentação jurídica, entrando no sentido duma disposição, se bem que fuja à sua letra. Entre nós, Ruy Barbosa Nogueira[8] considera que na interpretação extensiva "a situação de fato é clara, mas a de direito obscura, ou melhor, o intérprete procura fazer o texto alcançar a situação de fato, ele faz com que um caso, que não parece estar incluído na norma, nela se compreenda".

2.3.3 INTERPRETAÇÃO RESTRITIVA

A lei, por vezes, impõe a interpretação restritiva de modo ostensivo ou por intermédio de norma proibitiva de adoção de analogia. O enunciado do parágrafo 1º do art. 108 do CTN é claro, ao dispor que: "O emprego da analogia não poderá resultar na exigência de tributo não previsto em lei". A interpretação **restritiva** é comum no direito penal; por isso, o STJ, no julgamento do Agravo Interno em Recurso Especial 1.496.347, ocorrido em 2 de agosto de 2018, decidiu que: "As normas que descrevem infrações administrativas e cominam penalidades constituem matéria de legalidade estrita, não podendo sofrer interpretação extensiva". No caso, o Tribunal considerou ilegal a pena de cassação de aposentaria aplicada a um indivíduo que cometeu infração qualificada como "improbidade administrativa". Essa espécie de penalidade não estava prevista na lei aplicável naquele caso, de modo que o intérprete, de modo ilegal, acabou por substituir o legislador.

2.3.4 INTERPRETAÇÃO MAIS FAVORÁVEL

De acordo com o disposto no art. 47 da Lei n. 8.078/90, que aprovou o Código de Defesa do Consumidor, "as cláusulas contratuais serão interpretadas de maneira mais favorável ao consumidor". A existência dessa regra é plenamente justificável, tendo em vista o fato de que a referida lei parte do pressuposto de que o consumidor é a parte mais vulnerável nas relações de consumo; por isso, o STJ, quando do julgamento do Agravo Regimental no Agravo em Recurso Especial 658.858, ocorrido em 14 de março de 2017, decidiu que:

> A falta de clareza e dubiedade das cláusulas impõem ao julgador uma interpretação favorável ao consumidor (art. 47 do CDC), parte hipossuficiente por presunção legal, bem como a nulidade de cláusulas que atenuem a responsabilidade do fornecedor, ou redundem em renúncia ou disposição de direitos pelo consumidor (art. 51, I, do CDC), ou desvirtuem direitos fundamentais inerentes à natureza do contrato (art. 51, § 1º, II, do CDC).

---

[7] FERRARA, Francesco. *Interpretação e aplicação das leis*. Trad. Manuel A. Domingues de Andrade. 4. ed. Coimbra: Arménio Amado, 1987. p. 162

[8] NOGUEIRA, Ruy Barbosa. *Da interpretação e da aplicação das leis tributárias*. 2. ed. São Paulo: RT, 1965. p. 105.

2.3.5 INTERPRETAÇÃO POR EQUIDADE

A interpretação por **equidade** visa diminuir, na medida do possível, os rigores da lei. Um exemplo de interpretação por equidade ocorreu quando o STJ julgou, em 26 de junho de 2018, o *Habeas Corpus* 417.665. O Tribunal determinou de ofício que uma mulher que estava encarcerada por ter praticado crime de "tráfico de drogas" fosse transferida para o regime domiciliar, para que pudesse estar ao lado de seus quatro filhos, sendo dois deles menores de 10 anos. Embora essa hipótese não esteja no texto da lei que trata da prisão domiciliar, o Tribunal entendeu que deveria autorizar a prisão domiciliar como medida que atenda aos interesses das crianças.

2.4 INTERPRETAÇÃO E VONTADE DO LEGISLADOR

Há quem considere que a interpretação visa reproduzir a **vontade do legislador**. Essa tese é refutada pela maioria da doutrina que considera que o ato legislativo, logo que é publicado, adquire significação própria quando se integra no ordenamento jurídico. Para o doutor Miguel Reale:[9]

> uma lei, por exemplo, uma vez promulgada pelo legislador, passa a ter vida própria, liberta das intenções iniciais daqueles que a elaboraram. Ela sofre alterações inevitáveis em sua significação, seja porque sobrevêm mudanças no plano dos fatos (quer fatos ligados à vida espontânea, quer fatos de natureza científica ou tecnológica) ou, então, em virtude de alterações na tela de valorações.

Parece razoável, no entanto, considerar que a pesquisa das exposições de motivos das leis ou dos trabalhos legislativos pode ter alguma importância para a interpretação em situações concretas, especialmente em relação aos atos normativos recém-editados. Esse material pode fornecer importantes subsídios para captação da "intenção do legislador"; todavia, o intérprete não pode deixar de considerar que a norma editada pode não corresponder exatamente ao que o legislador pretendeu estatuir, e, por isso, a utilidade dessa fonte de pesquisa deve ser vista com moderação.

2.5 INTERPRETAÇÃO E MUDANÇA SOCIAL

Com o passar do tempo, o advento de **mudanças nas relações sociais e econômicas** modifica a configuração dos fatos com relevância jurídica ou fazem surgir novos fatos que não foram cogitados pelo texto; podem ocorrer, também, modificações na tábua de valores adotados pelas comunidades. Essas mudanças podem interferir na aplicação do direito sem que haja modificação dos textos normativos.

Um exemplo desse fenômeno ocorreu com a norma da alínea *d* do inciso VI do art. 150 da Constituição Federal, que estabelece a imunidade tributária dos livros. O STF foi provocado a decidir se essa norma alcança ou não o denominado "livro eletrônico". Ao julgar os Recursos Extraordinários 330.817 e 595.676, em 8 de março de 2017, o Plenário

---

[9] REALE, Miguel. *Direito natural/direito positivo*. São Paulo: Saraiva, 1984. p. 56.

decidiu por unanimidade que livros eletrônicos e os suportes próprios para sua leitura e armazenamento são alcançados pela imunidade tributária do preceito constitucional referido. Quando a norma constitucional foi editada, esse fato – a existência de um livro em mídia eletrônica – simplesmente não existia e nem podia ser imaginado pelo legislador; portanto, a jurisprudência cumpriu seu papel de atualizar o direito positivo.

O caso mais rumoroso de modificação do sentido de um texto legal sem que houvesse manifestação do legislador ocorreu em 2011, quando o STF foi provocado para se pronunciar sobre a constitucionalidade do art. 1.723 do Código Civil de 2002, que tem a seguinte redação: "É reconhecida como entidade familiar a união estável entre o homem e a mulher, configurada na convivência pública, contínua e duradoura e estabelecida com o objetivo de constituição de família". O tema foi levado ao Tribunal na Ação Direta de Inconstitucionalidade 4.277, em 5 de maio de 2011, em que diversas entidades defendiam a inconstitucionalidade da regra do Código Civil, e a Corte decidiu

> excluir do dispositivo em causa qualquer significado que impeça o reconhecimento da união contínua, pública e duradoura entre pessoas do mesmo sexo como família. Reconhecimento que é de ser feito segundo as mesmas regras e com as mesmas consequências da união estável heteroafetiva.

Portanto, depois dessa decisão, é reconhecida a união estável entre pessoas de um mesmo sexo.

2.6 INTERPRETAÇÃO E INTERDISCIPLINARIEDADE

O intérprete do direito não pode se isolar no mundo das normas; se quiser compreendê-las e aplicá-las de modo excelente, ele deve **se aventurar por outros campos do conhecimento**, como a economia. A interação entre direito e economia é bastante desenvolvida em outros países onde se pratica a denominada "análise econômica do direito". Essa abordagem visa compreender os efeitos das normas sob a perspectiva econômica e justificar decisões legislativas ou judiciárias tendo em conta as consequências econômicas. O STF julgou um caso paradigmático, em que fez uma análise econômica do direito em disputa, ao apreciar o Recurso Extraordinário 760.931, em 26 de abril de 2017. O assunto em pauta era a responsabilidade dos entes estatais por débitos trabalhistas e previdenciários em caso de contratação de mão de obra de terceiros – a conhecida "terceirização". Como subsídios para a decisão, foram apresentados 15 argumentos para justificar os benefícios da prática da terceirização, todos calcados em argumentos de ordem econômica, dentre os quais destacamos:

a) o aprimoramento de tarefas pelo aprendizado especializado;
b) economias de escala e de escopo;
c) redução da complexidade organizacional;
d) redução de problemas de cálculo e atribuição, facilitando a provisão de incentivos mais fortes a empregados;
e) precificação mais precisa de custos e maior transparência;

f) estímulo à competição de fornecedores externos;
g) maior facilidade de adaptação a necessidades de modificações estruturais; e
h) eliminação de problemas de possíveis excessos de produção.

Além disso, a Corte decidiu que:

> A Administração Pública, pautada pelo dever de eficiência (art. 37, *caput*, da Constituição), deve empregar as soluções de mercado adequadas à prestação de serviços de excelência à população com os recursos disponíveis, mormente quando demonstrado, pela teoria e pela prática internacional, que a terceirização não importa precarização às condições dos trabalhadores.

Como se vê, os argumentos econômicos foram determinantes para a decisão, que culminou com a recomendação de que a administração pública se paute por "soluções de mercado".

A análise das decisões judiciais em matéria econômica é importante para balizar as decisões sobre investimentos, tendo em vista que as leis brasileiras protegem os direitos dos consumidores, a saúde da população, o meio ambiente etc. Logo, nenhum investidor é absolutamente livre para agir no mercado; ele deve seguir os regulamentos existentes, e, se encontrar alguma norma que considere inconstitucional, deve discutir a matéria no Poder Judiciário.

Resumo esquemático

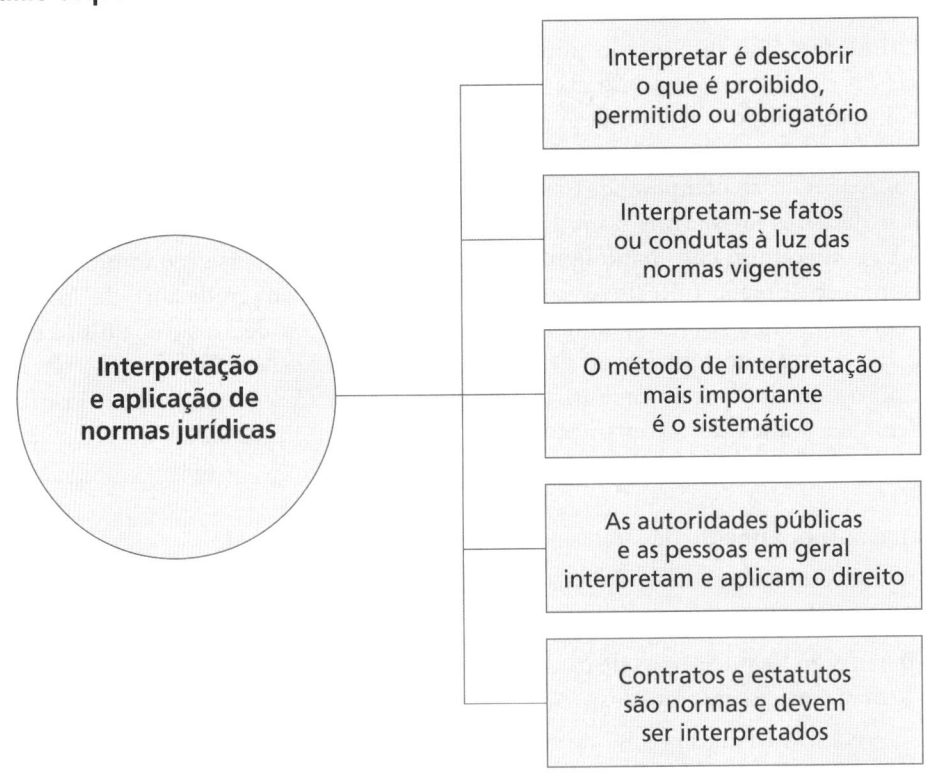

Interpretação e aplicação de normas jurídicas

- Interpretar é descobrir o que é proibido, permitido ou obrigatório
- Interpretam-se fatos ou condutas à luz das normas vigentes
- O método de interpretação mais importante é o sistemático
- As autoridades públicas e as pessoas em geral interpretam e aplicam o direito
- Contratos e estatutos são normas e devem ser interpretados

Minicaso

Considere que a empresa X pretende expandir seus negócios em uma determinada região do Brasil e tem dúvidas se pode ou não vir a fabricar medicamentos com princípios ativos que ainda não foram aprovados pelas autoridades de saúde e sanitárias. Os administradores consideram que a empresa X tem o direito de empreender e que nenhuma regra pode impedir a fabricação de qualquer produto no território nacional.

Você concorda com o ponto de vista dos administradores? Por quê?

Exercício

Assinale Falso ou Verdadeiro:

a) A interpretação gramatical é a única que revela o real sentido da norma. ( )

b) A finalidade da norma não é importante, já que a sociedade muda e as normas mudam. ( )

c) A analogia pode ser aplicada em matéria criminal. ( )

d) Não existem lacunas no ordenamento jurídico. ( )

e) Apenas os juízes interpretam leis. ( )

f) Na ausência de lei, o juiz é obrigado a decidir pela improcedência do pedido formulado pelo autor de uma ação judicial. ( )

g) Com o passar do tempo, é possível que a interpretação de um texto legal mude sem que haja qualquer alteração. ( )

3 RESPONSABILIDADE E SANÇÃO

Assista ao vídeo do autor sobre este Capítulo.

Após ler este capítulo, você estará apto a:
- ✓ Compreender o conceito de responsabilidade jurídica e suas diversas modalidades.
- ✓ Identificar os diversos tipos de infrações e as consequências para o infrator.
- ✓ Saber que o exercício de um direito pode caracterizar ato ilícito por abuso ou desvio de finalidade.
- ✓ Diferenciar responsabilidade civil de responsabilidade penal.
- ✓ Conhecer que o Estado pode ser responsabilizado pela prática de atos ilícitos.
- ✓ Saber que, em circunstâncias especiais, o dano causado a outrem não é punível.

3.1 CONCEITO DE RESPONSABILIDADE

Responsabilidade é um tema da teoria geral do direito que está presente em todos os compartimentos do ordenamento jurídico. Responsável é a pessoa que deve cumprir um dever jurídico imposto por uma norma de caráter geral ou que o assumiu com a manifestação de sua própria vontade. É o que ocorre, por exemplo, na hipótese do art. 502 do Código Civil, que, ao dispor sobre a compra e venda, estabelece que: "O vendedor, salvo convenção em contrário, responde por todos os débitos que gravem a coisa até o momento da tradição". O vendedor, portanto, é considerado responsável como alguém que se obriga pelos débitos relativos ao bem vendido, a menos que as partes acordem de outro modo.

Em outras circunstâncias, a responsabilidade é uma consequência da violação de norma; assim, como diz Hans Kelsen:[1] "O indivíduo contra quem é dirigida a consequência do ilícito responde pelo ilícito, é juridicamente responsável por ele". Exemplo é a situação prevista no art. 389 do Código Civil, que trata do inadimplemento de obrigações, e diz:

---

[1] KELSEN, Hans. *Teoria pura do direito*. Trad. João Baptista Machado. 4. ed. São Paulo: Martins Fontes, 1994. p. 134.

"Não cumprida a obrigação, responde o devedor por perdas e danos, mais juros e atualização monetária segundo índices oficiais regularmente estabelecidos, e honorários de advogado". Nesse caso, a responsabilidade equivale a uma sanção em decorrência da violação da norma legal ou contratual que impôs a obrigação. Há responsabilidade no direito penal que decorre da prática de crimes e contravenções.

3.2 RESPONSABILIDADE CIVIL

Para Silvio Rodrigues,[2] a **responsabilidade civil** constitui um princípio geral de direito existente em todas as nações civilizadas e que impõe a quem causa dano a outrem o dever de reparar. A sujeição às normas dessa natureza é uma consequência natural e lógica da capacidade de agir reconhecida pelo direito e que, quando exercida, pode dar azo ao surgimento de danos decorrentes da prática de atos ilícitos e suscetíveis de obrigação de indenizar. Na lição de Alvino Lima:[3] "a capacidade de agir se desdobra, portanto, em capacidade de querer e capacidade de delinquir". Nem todas as pessoas devem indenizar eventuais ofensas ao direito de outra: apenas as que são consideradas absolutamente capazes é que devem suportar as consequências de atos ilícitos, mas, em certas circunstâncias, outra pessoa pode vir a responder, como é o caso de atos ilícitos que são imputados aos pais em certas circunstâncias.

O *caput* do art. 927 do Código Civil trata da responsabilidade civil, ao dispor que: "aquele que, por ato ilícito (arts. 186 e 187), causar dano a outrem, fica obrigado a repará-lo". O preceito deve ser compreendido e aplicado em harmonia com as disposições do art. 186 do mesmo código, que arrola entre os atos ilícitos aqueles que importem na violação de direitos de outrem e os que causem dano a outrem. Não é incompatível com esse preceito a aplicação de sanções em decorrência de abuso de direito previsto no art. 187 do mesmo código, sempre que do comportamento abusivo advier violação de direito ou dano material ou moral.

A obrigação de reparar surge se e quando houver prova da ocorrência de dano decorrente de um ato ilícito produzido de modo intencional ou voluntário, ou, também, se e quando derivar da inobservância do dever de cuidado que seja razoável exigir em cada caso, isto é, quando houver negligência ou imprudência. A obrigação de indenizar só existe se houver prova de que a conduta de alguém causou o dano; exige-se, portanto, nexo de causalidade.

A obrigação de indenizar surge, em alguns casos, independentemente da consciência da ilicitude. A consciência ou o conhecimento acerca da antijuridicidade do fato é evidente nos casos em que há dolo, assim considerada a vontade deliberada de violar direito alheio ou causar dano a uma pessoa ou coisa. Todavia, nos casos de culpa por negligência ou imperícia, o grau e a natureza da diligência exigível variam de acordo com as circunstâncias fáticas e jurídicas de cada caso; assim, por exemplo, a diligência exigida do diretor de uma grande empresa é distinta da exigida do trabalhador que dirige um veículo da mesma empresa, mas ambos devem tomar os cuidados que deles se esperam nas situações em que se

---

[2] RODRIGUES, Silvio. *Direito civil*. 16. ed. São Paulo: Saraiva, 1998. v. 4. p. 13.
[3] LIMA, Alvino. *A responsabilidade civil pelo fato de outrem*. 2. ed. São Paulo: RT, 2000. p. 155.

encontram. Há casos em que a demonstração de culpa em sentido amplo é desnecessária, porquanto a obrigação de reparar decorre da adoção, pela lei, da teoria do risco; assim, aquele que exerce atividade sujeita a risco deve indenizar os danos que vier a causar.

A obrigação de reparar por dano moral pode ser atribuída a uma pessoa jurídica natural ou jurídica se provada a prática de ato ilícito por alguém a quem possa ser imputada a responsabilidade civil (a obrigação de reparar) e que tenha agido com culpa ou dolo ou em razão do risco assumido. Portanto, há a obrigação de indenizar quando há um dano, que possa ser imputado a alguém em razão de culpa, dolo ou risco, mediante prova da existência de nexo causal. A Figura 3.1 contém um resumo do fenômeno.

Figura 3.1 O fenômeno da obrigação de reparar.

Por derradeiro, para identificação da obrigação de reparar (ou da inexistência dessa obrigação), o intérprete deve verificar se o fato praticado se amolda ou não ao texto das normas que excluem a ilicitude, como é a que trata, por exemplo, da legítima defesa. Se a norma excludente da ilicitude puder ser aplicada, ela afasta a aplicação da norma punitiva, e o fato não é punível.

3.2.1 RESPONSABILIDADE POR FATO DE OUTREM

O responsável, como regra geral, é a pessoa a quem a lei impôs um comportamento, isto é, estipulou um dever jurídico ou a quem dirige uma proibição. Há casos, no entanto, que a lei pode vir a impor responsabilidade a uma pessoa em razão de **ato praticado por outrem**; é o que ocorre, por exemplo, nas hipóteses do art. 932 do Código Civil, que dispõe sobre a responsabilidade de terceiros em razão da prática de atos ilícitos. Assim, são responsáveis pela reparação civil, dentre outros: (a) os pais, pelos filhos menores que estiverem sob sua autoridade e em sua companhia; (b) o tutor e o curador, pelos pupilos e curatelados, que se acharem nas mesmas condições; e (c) o empregador ou comitente, por seus empregados, serviçais e prepostos, no exercício do trabalho que lhes competir, ou em razão dele. As pessoas jurídicas (sociedades, associações etc.) praticam atos e negócios jurídicos – e, por isso, podem, eventualmente, cometer atos ilícitos – em seu próprio nome, pela ação de seus administradores, quando agem no exercício dos poderes que lhes foram atribuídos por lei ou pelo contrato ou estatuto.

3.2.2 RESPONSABILIDADE SOLIDÁRIA E SUBSIDIÁRIA

Em certas circunstâncias, a lei estabelece hipóteses de **solidariedade** ou de **subsidiariedade**, de modo a fazer com que outra pessoa assuma a posição jurídica de responsável pela obrigação de reparar danos ou pelo cumprimento da obrigação. Os efeitos jurídicos da solidariedade são os previstos, por exemplo, no art. 264 do Código Civil, segundo o qual os eleitos como responsáveis solidários se tornam obrigados pela totalidade da prestação devida, ou seja, a obrigação de fazer, de não fazer, de dar etc. Exemplo de norma que impõe responsabilidade solidária é a constante do art. 1.016 do Código Civil, que é claro, ao dispor que: "os administradores respondem solidariamente perante a sociedade e os terceiros prejudicados, por culpa no desempenho de suas funções". A solidariedade não é inerente a toda e qualquer obrigação; por isso, para que ela ocorra, é indispensável que seja imposta por lei ou que seja estabelecida em acordo voluntário. A atribuição de responsabilidade solidária constitui instrumento econômico de grande importância para a vida econômica, na medida em que as normas que a impõem visam facilitar a realização financeira do débito e a aumentar as garantias do credor contra o risco da insolvência do devedor.

Diferentes consequências ocorrem nos casos em que a responsabilidade é subsidiária, porquanto o responsável subsidiário só responde (se obriga) se o devedor principal não satisfizer a obrigação assumida ou imposta em virtude de lei. Exemplo de norma atributiva de responsabilidade subsidiária é a que consta no art. 1.024 do Código Civil, segundo o qual: "Os bens particulares dos sócios não podem ser executados por dívidas da sociedade, senão depois de executados os bens sociais". Essa regra deve ser aplicada em harmonia com o preceito do art. 795 do Código de Processo Civil, que contém idêntico mandamento.

3.2.3 RESPONSABILIDADE POR SUCESSÃO

Sucessão é o fato jurídico pelo qual uma ou mais pessoas assumem direitos e obrigações adquiridos ou contraídos por outrem nas hipóteses previstas ou autorizadas em lei. Por isso, é possível a ocorrência de sucessão por atos entre vivos ou *causa mortis* – como ocorre com o falecimento do credor ou devedor. O evento mais corriqueiro de sucessão é a morte de alguém, de modo que os bens e obrigações são transferidos para os herdeiros independentemente da vontade deles. Outro exemplo é a hipótese prevista no *caput* do art. 132 do CTN, segundo o qual a pessoa jurídica de direito privado que resultar de fusão, transformação ou incorporação de outra ou em outra é responsável pelos tributos que forem devidos até a data do ato pelas pessoas jurídicas de direito privado que tenham sido fusionadas, transformadas ou incorporadas. Em tais casos, a transferência da responsabilidade não decorre da prática de qualquer espécie de fato ilícito, mas é necessária em razão do desaparecimento das sociedades fundidas, incorporadas e transformadas como medida de proteção dos credores.

3.3 RESPONSABILIDADE PENAL

Em sentido amplo, a responsabilidade é aplicável a toda pessoa que pratica infração sujeita a penalidade de qualquer natureza; portanto, por esse ponto de vista, a responsabilidade por danos prevista no Código Civil tem o caráter de responsabilidade penal, assim como as cláusulas contratuais que estabelecem consequências para as violações de seus mandamentos. Em sentido estrito, a responsabilidade penal é unicamente aquela decorrente da prática de infrações capituladas como crime ou contravenção. A Constituição Federal, no art. 228, afirma que: "São penalmente inimputáveis os menores de 18 anos, sujeitos às normas da legislação especial". A inimputabilidade, neste contexto, é o mesmo que irresponsabilidade penal por crimes ou contravenções, de modo que os menores de 18 anos, em qualquer hipótese, não podem ser processados e julgados por atos considerados criminosos, sendo aplicáveis tão somente as regras do Estatuto da Criança e do Adolescente, que dispõe sobre a responsabilidade por atos infracionais suscetíveis de legitimar apenas medidas de proteção (art. 99) e medidas de caráter socioeducativo (art. 112). A imposição de penalidade por crime não impede que a vítima obtenha reparação civil por dano sofrido; é o que dispõe – claramente – o art. 935 do Código Civil.

Discute-se a possibilidade de haver responsabilidade criminal de pessoa jurídica. A Primeira Turma do STF, quando do julgamento do Recurso Extraordinário 548.181, em 6 de agosto de 2013, decidiu que:

> O art. 225, § 3º, da Constituição Federal não condiciona a responsabilização penal da pessoa jurídica por crimes ambientais à simultânea persecução penal da pessoa física em tese responsável no âmbito da empresa. A norma constitucional não impõe a necessária dupla imputação.

Logo, o Tribunal considerou que o art. 225 da Constituição Federal admite a aplicação de normas criminais às pessoas jurídicas.

3.4 RESPONSABILIDADE DO ESTADO

O **Estado**, se e quando comete atos ilícitos, fica responsável por reparar o dano ou arcar com as consequências de outras sanções previstas em lei ou em contrato. O texto do parágrafo 6º do art. 37 da Constituição Federal é claro, ao dispor que:

> As pessoas jurídicas de direito público e as de direito privado prestadoras de serviços públicos responderão pelos danos que seus agentes, nessa qualidade, causarem a terceiros, assegurado o direito de regresso contra o responsável nos casos de dolo ou culpa.

A regra é clara; havendo dano, o Estado se obriga a indenizar se a vítima for pessoa natural ou jurídica (inclusive, pois, as de direito público) e, com base no mesmo preceito, se obrigam as pessoas jurídicas de direito privado que prestem serviços públicos. Os danos que geram obrigação de indenizar são aqueles decorrentes de atos praticados por agente público; são considerados como tais toda e qualquer pessoa

> que exerce, ainda que transitoriamente ou sem remuneração, por eleição, nomeação, designação, contratação ou qualquer outra forma de investidura ou vínculo, mandato, cargo, emprego ou função (art. 2º da Lei n. 8.429/92).

O art. 37 da Constituição faz menção apenas à responsabilidade da administração pública, mas é admissível a responsabilização por atos judiciais e atos legislativos, sem prejuízo de outras espécies de responsabilidade civil ou penal.

3.5 INFRAÇÃO

Infração é o resultado de toda ação ou omissão que viola um preceito normativo mandatório: é o mesmo que ilicitude, que está sempre associada à ideia de um comportamento que viola um dever jurídico de agir de uma determinada maneira, isto é, quando alguém deixa de fazer o que deve ser feito (o que é obrigatório) ou quando alguém faz o que não pode ser feito, o que é proibido. No art. 186 do Código Civil, há um conceito normativo de ato ilícito nos seguintes termos: "Aquele que, por ação ou omissão voluntária, negligência ou imprudência, violar direito e causar dano a outrem, ainda que exclusivamente moral, comete ato ilícito". Em seguida, o art. 187 afirma que: "Também comete ato ilícito o titular de um direito que, ao exercê-lo, excede manifestamente os limites impostos pelo seu fim econômico ou social, pela boa-fé ou pelos bons costumes". No direito penal, os atos ilícitos são catalogados como crime ou contravenção.

As infrações são reprimidas pela aplicação de penalidades previstas na lei (e um contrato pode ser considerado como uma "lei" entre as partes); logo, aplicam sanções as autoridades públicas investidas de poderes legais e as pessoas em geral, como ocorre no caso em que o locador faz a cobrança da multa por eventual atraso no pagamento de um aluguel. Logo, diante de qualquer caso de aplicação de uma penalidade, é necessário investigar se existe penalidade prevista em lei e qual sua natureza e intensidade. Em princípio, não é proibida a imposição de mais de uma pena a um só fato ilícito; todavia, nas relações com entes públicos, é indispensável a garantia do direito de defesa. As penas devem ser razoáveis, ou seja, aquele que comete uma única infração de trânsito sem vítimas e sem perigo para a população não pode ser impedido de dirigir, pois a pena será considerada excessiva.

3.5.1 FATO PUNÍVEL

O ilícito é, em regra, objetivado normativamente pela figura do **fato punível**, que resulta de conduta (ação ou omissão) proibida e cuja realização concreta constitui um dos pressupostos da aplicação das diversas espécies de sanções previstas abstratamente em diversas normas gerais ou contratuais.

No âmbito do direito civil, o ato punível é denominado "ato ilícito" tal como definido nos arts. 186 e 187 do Código Civil. No direito penal, o fato punível é denominado "fato típico". A ocorrência em concreto de um fato punível ou típico não autoriza a aplicação imediata da penalidade prevista em lei; é indispensável que o intérprete constate a presença de um elemento subjetivo do injusto, que é a culpa em sentido amplo, e se há nexo de causalidade entre a conduta do agente e o resultado – o dano ou violação do direito ou a lesão do bem jurídico tutelado. Antes de decidir, o intérprete terá de fazer um último cotejo dos fatos com as normas que excluem a ilicitude dentre as previstas no ordenamento jurídico. Se chegar à conclusão de que o fato é punível, o intérprete estará apto para examinar e considerar os critérios legais para determinação da natureza ou *quantum* da reparação ou da pena a ser aplicada.

3.5.2 O DANO E O VALOR DA REPARAÇÃO

A prática de ato ilícito atrai a aplicação da penalidade prevista em lei ou em contrato. Assim, por exemplo, a aplicação de penalidades pecuniárias deve ser feita com base nos valores fixados pela lei para as diversas espécies de infrações, como ocorre com o Código Nacional de Trânsito; em outras circunstâncias, a pena será calculada com base em parâmetros previamente determinados para identificação da base de cálculo e do valor respectivo. Diferente fenômeno ocorre no campo da responsabilidade civil, em que os **valores da reparação** são pleiteados pelo autor da demanda e determinados na sentença, com exceção das normas sobre reparação de dano moral no âmbito das relações trabalhistas após o advento da Lei n. 13.457/2017, que fixa parâmetros objetivos (em termos monetários) para determinação dos valores das indenizações.

A fixação do valor da reparação exigida pelas normas que dispõem sobre a responsabilidade civil é sujeita a diferentes critérios em razão da natureza e das circunstâncias do dano; o valor da reparação de um dano patrimonial deve corresponder ao valor do prejuízo sofrido pela vítima, acrescido, se for o caso, de eventuais lucros cessantes de valor que seja considerado adequado para reprimir a continuidade da prática delituosa e, ao mesmo tempo, evitar o enriquecimento sem causa do ofendido.

O cálculo do valor da reparação por dano moral é muito mais complexo, a começar pela qualificação dos fatos. A lei manda reparar o dano moral, mas nem todo incômodo suportado por alguém lhe dá direito de receber uma indenização; assim, há o exemplo da decisão proferida pela Quarta Turma do STJ, no sentido de que: "a cobrança indevida de serviço de telefonia, quando não há inscrição em cadastro de inadimplentes, não gera presunção de dano moral", e que justificou a negativa da indenização pleiteada "pela inexistência de prejuízo de ordem extrapatrimonial, depreendendo-se que a situação não ultrapassou a razoabilidade, o incômodo e o dissabor decorrentes da normalidade cotidiana" (Agravo Regimental no ARESP 605.634, julgado em 17 de novembro de 2016). Portanto, é necessário, em cada caso, provar a ocorrência de dano material (prejuízo) ou moral que não se caracteriza quando há simples aborrecimentos ou inconveniências.

3.5.3 ABUSO DO DIREITO E ABUSO DE PODER

O **abuso do direito** é um ato ilícito, por força do disposto no art. 187 do Código Civil, segundo o qual: "Também comete ato ilícito o titular de um direito que, ao exercê-lo, excede manifestamente os limites impostos pelo seu fim econômico ou social, pela boa-fé ou pelos bons costumes". O texto legal indica que o abuso tem pelo menos duas causas não cumulativas. Em primeiro lugar, há abuso-desvio, que ocorre quando há desvio de função do direito que é caracterizado quando o agente o exercer em desacordo com a finalidade a ele – direito – estabelecida pela ordem jurídica. No contrato de compra e venda, por exemplo, a causa do negócio jurídico é a troca da coisa pelo dinheiro ou algo equivalente. Portanto, o desvio de finalidade – no contrato de compra e venda – corresponde ao uso do negócio típico para atingir um objetivo diferente do que, em condições normais, esse mesmo negócio proporcionaria para as partes. Em segundo lugar, há o abuso-excesso: este surge nos casos em que alguém excede aos limites impostos pela norma (pela ordem jurídica como um todo), indo além do razoável segundo cada circunstância; quem age com excesso o faz de forma contrária a essa mesma norma, porquanto age sem direito; em suma: o excesso, do ponto de vista pragmático, corresponde à inexistência do direito. Excesso ocorre, por exemplo, quando alguém exerce direito seu de forma reiterada sem necessidade ou porque pretende obter uma vantagem indevida em razão de sua própria torpeza; é o caso do sujeito que faz seguidos pedidos de falência de seu devedor com o único propósito de abalar seu crédito e sua boa reputação no mercado.

A Lei n. 6.404/76 cogita da hipótese de **abuso de poder** de controle, que ocorre, por exemplo, quando o acionista controlador vier a

> orientar a companhia para fim estranho ao objeto social ou lesivo ao interesse nacional, ou levá-la a favorecer outra sociedade, brasileira ou estrangeira, em prejuízo da participação dos acionistas minoritários nos lucros ou no acervo da companhia, ou da economia nacional (§ 1º do art. 117).

A Constituição Federal condena o abuso do poder econômico em pelo menos duas situações: (a) quando prevê a impugnação de mandato eletivo; e (b) quando determinou que o legislador editasse lei para reprimir o abuso do poder econômico que vise à dominação dos mercados, à eliminação da concorrência e ao aumento arbitrário dos lucros, o que ocorreu com a edição da Lei n. 12.529/2011. No campo do direito penal, há a regra do *caput* do art. 350 do Código Penal, segundo o qual constitui conduta punível: "ordenar ou executar medida privativa de liberdade individual, sem as formalidades legais ou com abuso de poder".

Normas que rechaçam o abuso de poder existem no direito privado e no direito público. No direito administrativo, o consagrado professor Hely Lopes Meirelles[4] faz referência a excesso de poder, para dizer que: "o excesso de poder ocorre quando a autoridade, embora competente para praticar o ato, vai além do permitido e exorbita no uso de suas faculdades administrativas". O ordenamento jurídico reprime também o denominado "desvio de poder", que ocorre quando a autoridade administrativa utiliza o poder que lhe é conferido para atingir finalidade, pública ou privada, diversa daquela que a lei determinou.

3.6 SANÇÕES

Sanção é um **conceito fundamental** de toda teoria jurídica que transcende à catalogação legal de crimes ou contravenções; logo, há sanção no direito civil, no direito constitucional, no direito empresarial etc. Sem sanção o direito perderia seu caráter coercitivo e

---

[4] MEIRELLES, Hely Lopes. *Direito administrativo brasileiro*. 16. ed. São Paulo: Malheiros, 1991. p. 91.

se tornaria um catálogo de condutas desejáveis ou indesejáveis sem consequência alguma para os infratores. Na lição e Hans Kelsen,[5]

> Quando a sanção é organizada socialmente, o mal aplicado ao violador da ordem consiste na privação de posses – vida, saúde, liberdade ou propriedade. Como as posses lhes são tomadas contra a sua vontade, essa sanção tem o caráter de uma medida de coerção.

A prática de atos ilícitos autoriza a aplicação de sanção ou penalidade cabível em cada caso cuja natureza e intensidade variam de acordo com as normas aplicáveis previstas em lei ou contrato. Assim, por exemplo, o atraso do pagamento do aluguel implica a aplicação automática da regra contratual que prevê a imposição de multa até o limite estipulado em lei; se não houver cláusula, aplica-se a lei, inclusive por analogia. Todavia, se o credor dos aluguéis tiver de recorrer ao Poder Judiciário para receber o valor do aluguel não pago, poderá pleitear o pagamento do principal, da multa convencionada ou estabelecida em lei, de juros e eventuais honorários advocatícios de sucumbência e multa processual, se for o caso. Nem sempre a penalidade aplicável tem caráter pecuniário. Assim, por exemplo, a regra do art. 1.312 do Código Civil é clara, ao dispor que qualquer pessoa que violar as proibições inerentes ao direito de vizinhança fica obrigada a demolir as construções feitas, respondendo por perdas e danos. Nesse caso, a sanção consiste na obrigação de demolir a obra, sem prejuízo do pagamento de eventuais perdas e danos.

Como regra geral, a medida coercitiva prevista na lei em abstrato só pode ser aplicada pela autoridade ou pessoa competente; assim, uma sanção pela prática de um crime só pode ser aplicada por autoridade judicial legalmente investida de seus poderes. De igual modo, uma multa tributária só pode ser imposta por autoridade administrativa competente, mas o contribuinte pode se antecipar e pagar a multa sem interveniência da administração pública, e, neste caso, ele próprio aplica a sanção. No direito público, a aplicação de penalidade deve ser feita pelo agente público competente e que esteja exercendo poderes de fiscalização que lhes foram atribuídos por lei; assim, um funcionário do município não pode aplicar multa para impedir a importação de bens que é atribuição de autoridades federais. No mais, o locador de um imóvel pode aplicar a sanção prevista em contrato no caso de atraso de pagamento e o locatário deverá suportar as consequências da falta sem que seja necessária qualquer ação judicial ou arbitral. Sanções podem ser aplicadas em procedimentos arbitrais e no processo judicial nos casos em que há abuso do direito de litigar, como é o caso da parte que apresenta recurso manifestamente incabível.

3.6.1 SANÇÃO POSITIVA OU PREMIAL

A doutrina faz distinção entre **sanção negativa** e **sanção positiva**; aquela tem como sinônimo a palavra "pena", enquanto esta tem como sinônimo a palavra "prêmio". Fala-se, por isso, em sanção premial para designar as condutas que a lei incentiva, e, para isso, concede benefícios para os destinatários. O caso mais conhecido é o da denominada "delação

---

[5] KELSEN, Hans. *Teoria geral do direito e do Estado*. Trad. Luís Carlos Borges. 3. ed. São Paulo: Martins Fontes, 1998. p. 26.

premiada" ou "colaboração premiada", que, de acordo com decisão do STF, é um meio de obtenção de prova consubstanciado em um negócio jurídico processual cujo objeto

> é a cooperação do imputado para a investigação e para o processo criminal, atividade de natureza processual, ainda que se agregue a esse negócio jurídico o efeito substancial (de direito material) concernente à sanção premial a ser atribuída a essa colaboração (*Habeas Corpus* 124.483, julgado em 27 de agosto de 2015).

Norma que concede benefícios fiscais com a finalidade de motivar condutas (como, por exemplo, a instalação de uma nova fábrica) é norma de direito premial. Os empreendedores devem prestar muita atenção às normas concessivas de incentivos de natureza financeira – como são os financiamentos oferecidos pelos governantes por intermédio de bancos públicos – e de natureza fiscal, que repercutem no montante dos tributos devidos aos Estados, ao Distrito Federal, aos municípios e à União. Em relação aos incentivos fiscais concedidos por prazo certo e sob condições, há no art. 178 do CTN o impedimento de que os benefícios sejam retirados antes do prazo contratado por decisão unilateral da entidade estatal.

3.6.2 ESPÉCIES DE PENALIDADES

Diversas são as **espécies** de **sanções negativas** (ou **penalidades**, ou, ainda, **penas**); em qualquer caso, porém, a imposição de uma penalidade depende, para que possa ser tutelada pelo ordenamento jurídico, da existência de norma jurídica anterior que defina sua natureza, intensidade e pressupostos de sua aplicação em cada caso. A definição normativa cabe ao legislador ou às partes de um negócio jurídico, que deverão se ater aos limites estabelecidos em normas gerais; todavia, como princípio geral, a sanção ou penalidade deve ser sempre proporcional ao dano.

Cabe ao legislador estabelecer normas gerais sobre penalidades, e ele tem alguma discricionariedade para escolher o tipo de sanção e sua graduação; no entanto, essa liberdade de configuração é bastante restrita em matéria penal, porquanto a capitulação de crimes não é razoável ou justificável se existem outros meios de repressão aos atos ilícitos. Em qualquer caso, a configuração normativa em normas gerais deve observar um limite intrínseco entre os fatos que sejam socialmente reprováveis, ou seja, a eleição dos fatos puníveis só poderá vir a recair sobre situações em que há antijuridicidade, ou seja, quando há uma ofensa ou exposição a perigo de um bem jurídico protegido por outras normas (regras e princípios) ou há violação de obrigação de agir ou omitir representada pela conduta contrária (se outra não for exigível) ao estabelecido em norma que impõe uma obrigação ou uma proibição. Portanto, jamais uma ação ou uma omissão permitida pode ser considerada ilícita.

Fora do direito penal, as penalidades mais comuns são a multa pecuniária e a restrição ou extinção de direitos. A multa pecuniária é o mecanismo de reprovação jurídica de atos ilícitos em virtude da qual o responsável fica obrigado a entregar a outrem uma quantidade de dinheiro fixada em norma de caráter geral (como são as que estabelecem as multas por infrações às leis de trânsito e em razão de falta de pagamento de tributo ou quando há pagamento em atraso). São penalidades pecuniárias os juros de mora cujo fato gerador é um ato ilícito do devedor, que deixa de adimplir o débito na data fixada em lei;

logo, os juros de mora são devidos em função de uma infração. Diferente papel cumprem os "juros compensatórios" e a correção monetária, que visam evitar a corrosão do valor do dinheiro no tempo.

Na seara do direito penal, as sanções mais comuns são: (a) privação de liberdade; (b) multa; e (c) restrição de direitos. A multa prevista na lei penal pode ser convertida em prisão se não adimplida no prazo legal. A pena privativa de liberdade pode ser substituída por pena de restrição de direito ou de prestação de serviços à comunidade nos casos e condições previstos em lei. A aplicação da norma que impõe essa espécie de sanção é feita em processo judicial. No direito tributário, são penalidades: (a) perda de bens, como ocorre nas hipóteses previstas no Regulamento Aduaneiro; (b) submissão a regime especial de fiscalização; (c) negativa de concessão de autorizações e alvarás; (d) negativa de acesso a financiamentos por entidades públicas ou paraestatais; (e) impossibilidade de gozo de incentivos fiscais etc. O arbitramento da base de cálculo é outra espécie de sanção, nos casos em que a lei o permita, em razão de ausência de informações confiáveis sobre fatos tributáveis. Outra espécie comum de sanção é a execução forçada, regida pela Lei Federal n. 6.830/80.

As indenizações decorrentes da prática de fatos ilícitos previstas nas normas sobre responsabilidade civil são também penalidades pecuniárias cujos valores são definidos em cada processo judicial, exceto na legislação trabalhista, em razão do disposto no parágrafo 1º do art. 223-G da CLT (incluído pela Lei n. 13.457/2017), em que há predeterminação de valores das indenizações.

A nulidade é uma espécie de sanção. No direito público, ou no direito privado, se há decretação de nulidade de um contrato ou cláusula contratual, as partes ficam impedidas de usufruir dos benefícios a que almejavam ao fazerem o ajuste; logo, os direitos ficam suprimidos. O mesmo acontece no direito público, quando um ato administrativo é declarado nulo; em tais circunstâncias, a administração não pode obrigar alguém ou fica impedida de exercer direito seu a que visava o ato.

3.7 EXCLUSÃO DA ILICITUDE

Em circunstâncias especialíssimas, pode ocorrer que um fato tipicamente ilícito não seja punível. Isto pode ocorrer porque a ordem jurídica positiva contém normas que, em certas circunstâncias, autorizam o dano, como são aquelas que tratam das hipóteses de "estado de necessidade" e de "legítima defesa", dentre outras. O art. 188 do Código Civil diz que não constituem atos ilícitos aqueles praticados: (a) em legítima defesa; (b) no exercício regular de direito reconhecido; e (c) quando tiver por objetivo evitar a deterioração ou destruição de coisa alheia a fim de remover perigo iminente, quando as circunstâncias tornarem o ato absolutamente necessário, não excedendo os limites do indispensável para remoção do perigo. No Código Penal, há a regra do art. 23, segundo o qual não há crime quando o agente pratica o fato: (a) em estado de necessidade; (b) em legítima defesa; e (c) em estrito cumprimento de dever legal ou no exercício regular de direito. Como exemplo, se um indivíduo mata outro e o faz em legítima defesa, há o fato típico punível em tese, sem que a lei penal seja aplicada, e o homicida não é condenado, porquanto crime não há.

Resumo esquemático

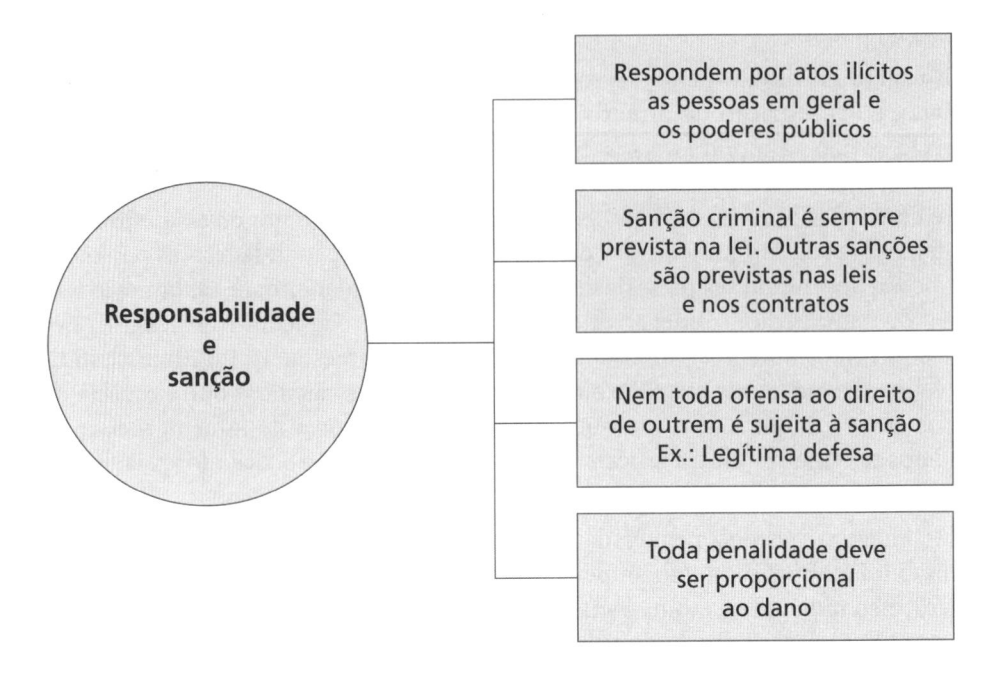

Responsabilidade e sanção:
- Respondem por atos ilícitos as pessoas em geral e os poderes públicos
- Sanção criminal é sempre prevista na lei. Outras sanções são previstas nas leis e nos contratos
- Nem toda ofensa ao direito de outrem é sujeita à sanção. Ex.: Legítima defesa
- Toda penalidade deve ser proporcional ao dano

Minicaso

A empresa Y importou 200 patinetes elétricos e vendeu grande parte do estoque em um único final de semana. Com o uso, dois adquirentes constaram defeitos de fabricação nos patinetes, que explodiram, causando queimaduras na pele dos consumidores. O prefeito da cidade se dirigiu pessoalmente ao estabelecimento da empresa e determinou: (a) a apreensão do estoque remanescente; (b) a proibição de importação; (c) o recolhimento dos produtos já vendidos. Além disso, o prefeito aplicou uma multa e determinou que os diretores ficassem proibidos de administrar empresas pelo prazo de 15 anos.

Com base nesses fatos, responda:
a) O prefeito agiu de acordo com a lei?
b) É possível a aplicação de várias penalidades, como a apreensão de mercadorias e a proibição de importar e o confisco do estoque com base em uma mesma infração?
c) É possível penalizar a empresa e os administradores ao mesmo tempo?

Exercício

Assinale Falso ou Verdadeiro:
a) A nulidade é espécie de sanção. ( )
b) Infração é o mesmo que sanção. ( )
c) Responsável é somente a pessoa que comete um ato ilícito. ( )

d) Não existe abuso de direito, já que aquele que exerce um direito não comete ato ilícito. ( )
e) Desvio de poder é uma espécie de infração encontrada no direito público. ( )
f) O dano lícito pode gerar obrigação de indenizar. ( )
g) Simples aborrecimentos autorizam a condenação por dano material. ( )
h) Na responsabilidade solidária, o devedor original é liberado da obrigação. ( )
i) Na responsabilidade por sucessão, os bens e obrigações são transferidos em bloco para o sucessor. ( )
j) A responsabilidade do Estado se limita aos danos provocados por atos administrativos. ( )
k) A desconsideração da personalidade tem caráter sancionatório. ( )
l) A desconsideração da personalidade jurídica só existe no direito civil. ( )
m) O abuso de poder é reprimido apenas por normas de direito público. ( )
n) Para haver obrigação de indenizar, é necessário demonstrar o nexo causal entre a conduta e o dano. ( )
o) As pessoas jurídicas não praticam nem são vítimas de dano moral. ( )
p) Norma que concede incentivos fiscais e norma de direito premial. ( )
q) Multa pecuniária não é uma espécie de sanção, pois não caracteriza uma pena. ( )

4 DIREITO CONSTITUCIONAL E CIDADANIA

Assista ao vídeo do autor sobre este Capítulo.

Após ler este capítulo, você estará apto a:
- Compreender que as normas constitucionais são as mais importantes do ordenamento jurídico.
- Saber que as normas constitucionais outorgam direitos individuais e sociais que não podem ser suprimidos ou negados pelo Estado, por lei, ou por outros cidadãos.
- Conhecer algumas garantias processuais para defesa dos direitos individuais e sociais.
- Identificar normas constitucionais sobre direito de propriedade e sobre o dever de fazê-las cumprir uma função social.

4.1 A CONSTITUIÇÃO COMO SISTEMA DE NORMAS FUNDAMENTAIS

A **Constituição Federal** é o mais importante conjunto de normas do ordenamento jurídico brasileiro, em razão do caráter fundamental das regras e princípios que dispõem sobre a organização política, social e econômica. De acordo com o art. 1º da Constituição Federal, a República Federativa do Brasil constitui-se em Estado Democrático de Direito e tem como **fundamentos**: (a) a soberania; (b) a cidadania; (c) a dignidade da pessoa humana; (d) os valores sociais do trabalho e da livre-iniciativa; e (d) o pluralismo político. Os **objetivos fundamentais** da República estão delineados no art. 3º, a saber: (a) construir uma sociedade livre, justa e solidária; (b) garantir o desenvolvimento nacional; (c) erradicar a pobreza e a marginalização e reduzir as desigualdades sociais e regionais; e (d) promover o bem de todos, sem preconceitos de origem, raça, sexo, cor, idade e quaisquer outras formas de discriminação.

A Constituição Federal estabelece a República como forma de governo adotada no Brasil e trata dos poderes, que são: Legislativo, Judiciário e Executivo, das quatro esferas de governo – Federal, Estadual, Distrital e Municipal. Os poderes são harmônicos e independentes e estão presentes em cada ente da federação (ou esferas de governo), exceto o Poder Judiciário, que não existe nos municípios.

Na Constituição, estão inscritos os direitos fundamentais e sociais e as regras sobre a liberdade econômica e sobre o direito de propriedade. A Constituição Federal faz menção a direitos e garantias, de modo que há distinção entre essas figuras. Direito, neste contexto, tem a significação de direito subjetivo, que pode ser exercido imediatamente por alguém diretamente ou por representação, tendo em vista que habilita o destinatário a exercê-lo, exigi-lo e defendê-lo. As garantias, por outro lado, são instrumentos processuais disponíveis para garantir a eficácia desses direitos.

4.2 DIREITOS INDIVIDUAIS E SOCIAIS

Direitos individuais fundamentais são todos os mencionados nos diversos itens ou incisos do art. 5º da Constituição Federal e em outros preceitos que tratam da ordem econômica, social, do meio ambiente, do exercício do poder de tributar etc. São direitos que podem ser imediatamente exercidos, exigidos e defendidos e devem ser respeitados por todo e qualquer órgão estatal e pelas demais pessoas da comunidade; eles, portanto, definem os limites da liberdade. Eles estão inscritos entre as matérias que formam as cláusulas pétreas ou núcleo intangível (não sujeito a modificação) da Constituição.

De acordo com *caput* do art. 5º da Constituição, todos são iguais perante a lei, sem distinção de qualquer natureza, garantindo-se aos brasileiros e aos estrangeiros residentes no País a inviolabilidade do direito à vida, à liberdade, à igualdade, à segurança e à propriedade. Além disso, ninguém será obrigado a fazer ou deixar de fazer alguma coisa senão em virtude de lei (inciso II). É livre a locomoção no território nacional em tempo de paz, podendo qualquer pessoa, nos termos da lei, nele entrar, permanecer ou dele sair com seus bens (inciso XV) e ninguém será privado da liberdade ou de seus bens sem o devido processo legal (inciso LIV). O rol do art. 5º é extenso e contempla direitos do indivíduo como pessoa natural, como parte de grupos, como são os relativos ao direito de escolher ter uma religião e de se expressar livremente. O âmbito de proteção das normas sobre direitos fundamentais é amplo e favorece pessoas boas e más. Assim, os malfeitores só podem ser processados e julgados por autoridade competente (inciso LIII) e a lei não pode estabelecer penas cruéis ou de morte (inciso XLVII, *a* e *e*), salvo nas exceções previstas na própria Constituição.

Os direitos fundamentais se confundem, em certos aspectos, com os direitos humanos universalmente reconhecidos pelos povos livres. O valor fundamental de nossa ordem constitucional é a dignidade humana, que está mencionada no art. 1º da Constituição Federal e que deve ser observada tanto nas relações estatais (entre as pessoas em geral e os órgãos estatais) como nas relações privadas; assim, é contrário ao princípio da dignidade humana impor condições de trabalho que possam reduzir os empregados à condição semelhante à dos escravos e as práticas comerciais ofensivas ou discriminatórias aos direitos dos consumidores. São direitos fundamentais os relativos à cidadania ou de participação na política e na democracia. São assim considerados o direito de votar e de concorrer e ajuizar ações populares contra atos estatais ilegítimos etc.

Nem sempre os direitos fundamentais são absolutos. A relatividade de alguns deles pode ser comprovada pela leitura do art. 139 da Constituição Federal, que permite a suspensão de alguns direitos no período de vigência do estado de sítio. Há quem considere que o direito à vida é absoluto. Esta afirmação, no entanto, se torna refutável quando se sabe que o direito penal não pune o ato de "matar alguém" quando isto ocorre em situação de legítima defesa. A virtual possibilidade de aplicação da norma excludente da legítima defesa torna relativo, também, o crime de tortura, previsto na Lei n. 9.455/97 e no inciso III do art. 5º da Constituição Federal. De igual modo, a própria Constituição Federal admite a pena de morte em caso de guerra declarada (inciso XLVII, *a*, do art. 5º). No plano das infrações, a aplicação de qualquer espécie de penalidade (mesmo as medidas restritivas de direito) não pode ser estabelecida com base em fatos passados; a norma penal nunca retroage, a não ser para beneficiar o infrator.

De acordo com o *caput* do art. 6º da Constituição Federal, são **direitos sociais**: a educação, a saúde, a alimentação, o trabalho, a moradia, o transporte, o lazer, a segurança, a Previdência Social, a proteção à maternidade e à infância, a assistência aos desamparados. Os direitos sociais inerentes às relações de trabalho estão elencados no art. 7º da Constituição Federal.

4.2.1 MÁXIMA EFETIVIDADE

Quando estão em jogo direitos fundamentais e liberdades públicas, impera o mandamento da **máxima efetividade** das normas constitucionais. Esse cânone impõe que seja dada a maior amplitude protetiva possível e permitida a menor restrição possível a esses direitos fundamentais. Este princípio é reforçado pelo mandamento que proíbe restrições não razoáveis aos direitos fundamentais; assim, as leis não podem restringi-los além do que a própria Constituição já faz, e, por isso, as eventuais restrições devem ser absolutamente justificadas, isto é, devem ser limitadas ao necessário para salvaguardar outros direitos e interesses consagrados no texto constitucional.

4.2.2 PROIBIÇÃO DE RESTRIÇÃO OU RETROCESSO

Os direitos fundamentais **não podem ser restringidos ou aniquilados**, e, além disso, não podem receber proteção deficiente, e as leis **não podem** mudar para **retroceder ou diminuir**, sem justa causa, isto é, de modo contrário às noções de proporcionalidade e razoabilidade, o âmbito de proteção deles. Essas questões foram discutidas no STF, quando do julgamento, em 10 de maio de 2017, do Recurso Extraordinário 646.721. Na ocasião, o plenário do Tribunal decidiu ser válido não equiparar, para fins sucessórios, os cônjuges aos companheiros atribuindo-lhes direitos sucessórios inferiores aos conferidos à esposa (ou ao marido), porquanto isso "entra em contraste com os princípios da igualdade, da dignidade humana, da proporcionalidade como vedação à proteção deficiente e da vedação do retrocesso".

4.3 SEPARAÇÃO DE PODERES E INTERVENÇÃO FEDERAL

A Constituição Federal determina a **separação entre os poderes** Executivo, Judiciário e Legislativo. Cada um desses poderes recebeu, na própria Constituição Federal, uma ampla gama de poderes que lhes permite agir, de modo que cada um deles tem prerrogativas e todos devem respeitar os limites das prerrogativas dos outros, seja no plano federal, estadual, distrital ou municipal. Todos os poderes são limitados e o exercício das prerrogativas deve respeitar os direitos e garantias individuais e as demais normas constitucionais. As autoridades não podem usurpar as competências de outras; assim, por exemplo, o Presidente da República não pode editar medida provisória para regular matéria que a Constituição proíbe; se não observada essa proibição, o chefe do Poder Executivo estaria invadindo o campo de competência do Poder Legislativo.

O art. 34 da Constituição Federal prevê que, em situações especiais ali enumeradas, a **União pode intervir** nos Estados e no Distrito Federal. O art. 35 prevê que o Estado não intervirá em seus municípios, nem a União nos municípios localizados em Território Federal, exceto nas situações ali referidas. Em qualquer caso, a intervenção só é cabível em situações graves que ponham em risco a unidade nacional, a segurança nacional, o império das leis federais e a segurança e saúde da população. Na forma do parágrafo 1º do art. 36, o decreto de intervenção, que especificará a amplitude, o prazo e as condições de execução e que, se couber, nomeará o interventor, será submetido à apreciação do Congresso Nacional ou da Assembleia Legislativa do Estado, no prazo de 24 horas. Logo, não é válida a intervenção que não atenda aos preceitos constitucionais sobre as hipóteses em que ela está autorizada e sem que seja observado o mandamento que determina a comunicação do fato aos poderes legislativos.

4.4 DIREITO DE PROPRIEDADE

A Constituição Federal garante o **direito de propriedade**. O inciso XXII do art. 5º é claro, ao estabelecer que: "é garantido o direito de propriedade", e o inciso LIV do mesmo artigo dispõe que: "ninguém será privado da liberdade ou de seus bens sem o devido processo legal". Esses preceitos constitucionais são fatores de segurança para os empreendedores em geral, que ficam protegidos contra ações expropriatórias de seus bens sem o devido respeito à própria Constituição e às demais leis vigentes. O direito de propriedade é garantido em face dos entes estatais e das pessoas – naturais ou jurídicas – em geral; logo, a defesa do direito de propriedade é um direito fundamental de toda e qualquer pessoa. A perda da propriedade é admitida em caráter excepcional; assim, o poder público pode fazer desapropriação quando o interesse público exigir ou recomendar, desde que haja pagamento de justa indenização, e pode confiscar bens utilizados na prática de crimes.

4.4.1 A PROTEÇÃO DE PROPRIEDADE INTELECTUAL

O direito de propriedade consagrado pela Constituição Federal abrange os denominados "direitos intelectuais", que são produtos do invento, da descoberta ou da criação por pessoas naturais ou jurídicas. De acordo com o inciso XXVII do art. 5º da Constituição Federal: "aos autores pertence o direito exclusivo de utilização, publicação ou reprodução de suas obras, transmissível aos herdeiros pelo tempo que a lei fixar". Em seguida, o inciso XXIX é claro, ao dispor que:

> a lei assegurará aos autores de inventos industriais privilégio temporário para sua utilização, bem como proteção às criações industriais, à propriedade das marcas, aos nomes de empresas e a outros signos distintivos, tendo em vista o interesse social e o desenvolvimento tecnológico e econômico do País.

Esses preceitos constitucionais são regulamentados por várias leis federais, que devem ser aplicadas em harmonia com normas constantes de tratados internacionais firmados pela República Federativa do Brasil. Os direitos autorais são reconhecidos e protegidos pela Lei n. 9.610/98, enquanto direitos de autor de programas de computadores são garantidos pela Lei n. 9.609/98. Os direitos relativos à propriedade industrial (patentes de invenção, marcas, modelos de utilidade, desenho industrial etc.) são tratados pela Lei n. 9.279/96. A Lei n. 9.456/97 trata da produção dos direitos de propriedade intelectual referente aos cultivares, que são espécies vegetais.

As normas de **proteção de direitos intelectuais** de qualquer espécie estabelecem que os autores – pessoas naturais ou jurídicas – têm o direito de obter reconhecimento e frutos da exploração econômica de suas criações. A observância dessas leis – na parte que impõe o registro – é de fundamental importância para os empreendedores em geral, especialmente no ambiente econômico atual, em que a criação de novos produtos digitais é facilitada pela descoberta e desenvolvimento de novas tecnologias de informação e do barateamento da produção, mediante utilização de recursos de inteligência artificial. Assim, por exemplo, o registro de um programa de computador ou de um app é o meio mais adequado para comprovar a autoria de seu desenvolvimento e a defesa contra ações ilegais de terceiros – como o uso indevido e a pirataria pelo prazo estabelecido em lei. Os registros devem ser feitos no Instituto Nacional da Propriedade Industrial (INPI), ou outro órgão designado por lei.

4.4.2 FUNÇÃO SOCIAL DA PROPRIEDADE

A Constituição Federal de 1988, a partir da interpretação conjugada dos incisos XXII e XXIII do art. 5º, estabelece que os titulares dos direitos de propriedade de qualquer natureza (bens imóveis, imóveis, intangíveis etc.) devem atender à **função social**. Esse direito é tutelado por normas de direito privado e de direito público. Essas últimas estabelecem certas restrições ao direito de propriedade, por intermédio de proibições diretamente estabelecidas em normas de caráter geral e abstrato – como é, por exemplo, o Código Civil –, ou em normas que conferem poderes a determinados órgãos estatais, para limitar construções de prédios em determinadas áreas e impedir a instalação de empresas em outras. Por vezes, a tutela da propriedade é reforçada por normas de índole penal, contidas no Código Penal e em leis esparsas.

O mandamento constitucional tem dupla finalidade: em sentido positivo, ele prescreve que toda propriedade deve cumprir um destino economicamente útil ou produtivo, de modo que possa vir a satisfazer as necessidades sociais inerentes à natureza dela; em sentido negativo, ele proscreve ou rechaça ações ou omissões em sentido contrário ao destino útil e produtivo. A Constituição, ao exigir a observância da **função social dos bens**, impõe aos proprietários (ou aos possuidores) o dever de agir com diligência e procurar realizar diagnósticos sobre as possíveis interferências que o uso da propriedade pode trazer para cada comunidade, e, ao mesmo tempo, lhes impõe o dever de corrigir ou indenizar eventuais danos decorrentes do uso inadequado ou nocivo do direito de propriedade.

Também os empresários devem atender ao princípio da função da propriedade, seja como titulares de participações societárias em empresas de qualquer natureza, seja na condição de administradores de empresas. Em outras palavras, a empresa tem uma importante função social como agente econômico, que produz e distribui bens e serviços e que interferem no meio ambiente e se relacionam com consumidores.

Resumo esquemático

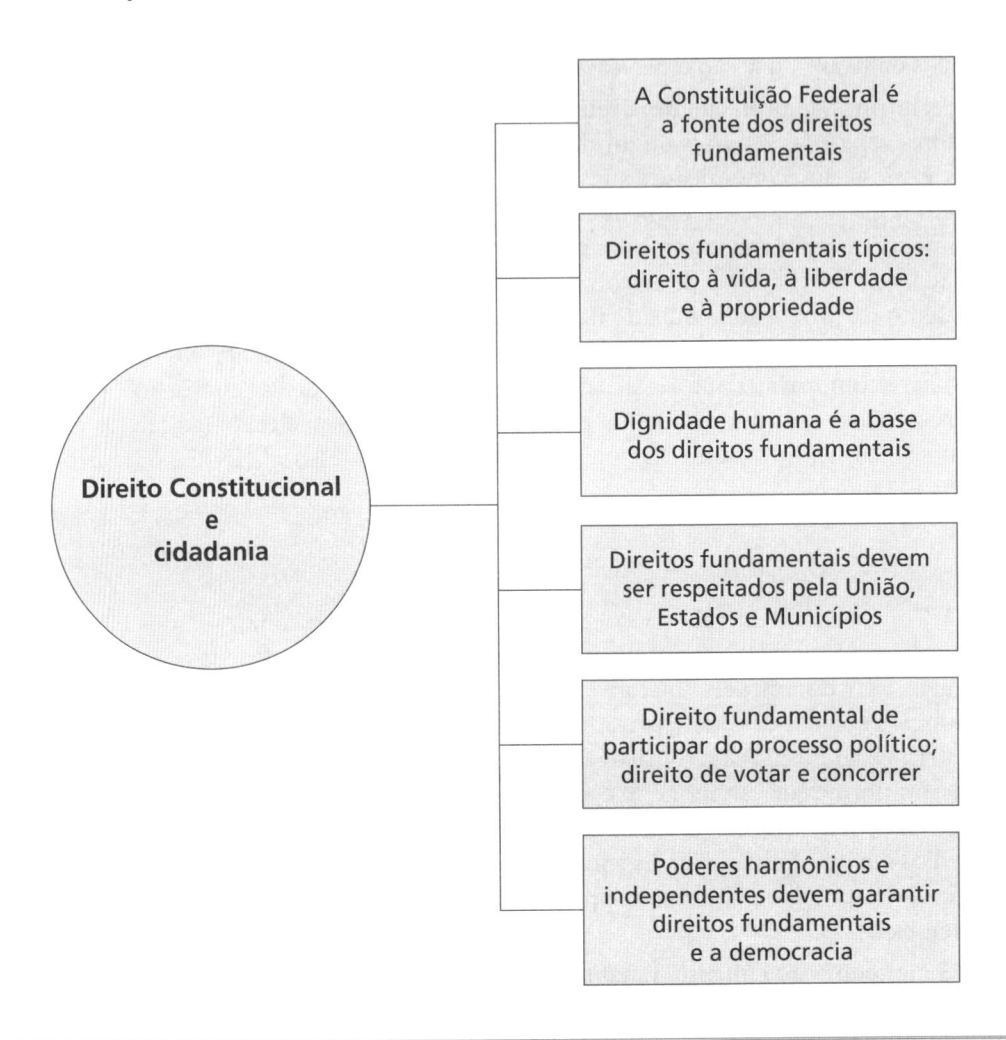

Direito Constitucional e cidadania
- A Constituição Federal é a fonte dos direitos fundamentais
- Direitos fundamentais típicos: direito à vida, à liberdade e à propriedade
- Dignidade humana é a base dos direitos fundamentais
- Direitos fundamentais devem ser respeitados pela União, Estados e Municípios
- Direito fundamental de participar do processo político; direito de votar e concorrer
- Poderes harmônicos e independentes devem garantir direitos fundamentais e a democracia

Minicaso

O governador do Estado assinou um decreto que aprovou a realização de um concurso público para contratação de administradores, contadores e engenheiros para exercer as funções de agentes fiscais de renda. De acordo com o decreto, não poderiam participar do concurso todos os que infringiram as leis de trânsito até o dia da publicação do decreto. Sabendo desse fato, o Presidente da República expediu um decreto federal e determinou a intervenção da União no Estado e o imediato afastamento do governador; nomeou o interventor e cancelou a regra do concurso público.

Com base no que foi estudado neste capítulo, responda:
a) O decreto do governador é válido, porquanto ele agiu de acordo com a Constituição Federal. Esta afirmação é falsa ou verdadeira? Justifique sua resposta.
b) É válido o decreto do Presidente que decretou a intervenção no Estado e o afastamento do governador e o cancelamento da regra do concurso? Fundamente sua resposta.

Exercício

Assinale Falso ou Verdadeiro:
   a) A supremacia das normas constitucionais decorre da posição delas no ordenamento jurídico como fornecedoras do fundamento de validade de todas as outras. ( )
   b) As cláusulas pétreas da Constituição Federal não podem ser alteradas nem mesmo por votação unânime dos membros do Congresso Nacional. ( )
   c) As normas sobre controle de constitucionalidade visam controlar apenas o exercício do Poder Legislativo. ( )
   d) Os direitos e garantias fundamentais estão entre as cláusulas pétreas da Constituição. ( )
   e) As Constituições dos Estados devem adotar os mesmos princípios da Constituição Federal. ( )
   f) Os entes da federação são independentes entre si. ( )
   g) O direito de propriedade pode ser exercido ilimitadamente. ( )
   h) As normas da Constituição sobre direitos fundamentais não estão sujeitas ao princípio da máxima efetividade. ( )

5 DIREITO DE EMPREENDER E DEFESA DA LIVRE CONCORRÊNCIA

Assista ao vídeo do autor sobre este Capítulo.

Após ler este capítulo, você estará apto a:
- ✓ Saber que a Constituição Federal protege e garante o direito de empreender ou de livre-iniciativa.
- ✓ Conhecer as proibições constitucionais e legais que visam impedir práticas mercadológicas nocivas à livre concorrência.
- ✓ Saber que não há discriminação entre capitais nacionais e estrangeiros e que os estrangeiros podem trabalhar no País.
- ✓ Compreender que o Brasil vem adotando regras para facilitar os negócios gerados pelo desenvolvimento de novas tecnologias.
- ✓ Saber que o Brasil não impede a realização de negócios por meios de criptografia, mas exige a prestação de informações de interesse tributário.
- ✓ Conhecer as medidas de repressão ao exercício da livre concorrência e os mecanismos de controle, como são as agências reguladoras.

5.1 DIREITO DE EMPREENDER E OS PRINCÍPIOS DA ORDEM ECONÔMICA

O **direito de empreender** está consagrado na Constituição Federal e não pode ser cerceado senão nas hipóteses nela previstas. O texto do *caput* do art. 170 da Constituição Federal é claro, ao afirmar que a ordem econômica, fundada na valorização do trabalho humano e na livre-iniciativa, tem por finalidade assegurar a todos existência digna, baseada nos ditames da justiça social. Logo, qualquer empreendedor que pretender exercer atividade econômica para produção e circulação de bens e serviços terá de considerar esses princípios; isto significa que a Constituição garante a possibilidade de busca do lucro, mas estabelece limites.

5.1.1 LIVRE-INICIATIVA

O enunciado do parágrafo único do art. 170 da Constituição Federal diz que:

> é assegurado a todos o livre exercício de qualquer atividade econômica, independentemente de autorização de órgãos públicos, salvo nos casos previstos em lei.

Além de observar a lei, aquele que explorar qualquer atividade econômica deve observar os princípios fundamentais da República relativos: (a) ao respeito à cidadania; (b) à dignidade da pessoa humana; (c) aos valores sociais do trabalho; (d) à propriedade privada vinculada a uma função social; (e) à livre concorrência; (f) à defesa do consumidor; (g) à defesa do meio ambiente. Enfim, os princípios da ordem econômica se harmonizam com os princípios da ordem social e dos direitos fundamentais. Assim, por exemplo, a dignidade da pessoa humana é um fundamento da República e um princípio da ordem econômica e social; o mesmo ocorre com o direito de propriedade, que é um direito fundamental e um princípio da ordem econômica.

Ao consagrar a **livre-iniciativa** como princípio, a Constituição garante a qualquer pessoa – residente no Brasil ou no exterior – a faculdade de criar e desenvolver mecanismos geradores de riqueza, mediante a exploração de atividade econômica por intermédio de empresa ou pela prestação de trabalho pessoal. A liberdade econômica não é irrestrita, e, por isso, os empreendedores e trabalhadores devem cumprir as leis que sejam editadas de acordo com as regras e princípios da Constituição. As leis sobre a liberdade econômica devem, na medida do possível, estabelecer regras e condições para o bom desenvolvimento das empresas que geram empregos e pagam tributos e que respeitam os consumidores e o meio ambiente. Em outras palavras, a livre-iniciativa só poderá cumprir as funções que são assinaladas pela Constituição se o ambiente econômico permitir o florescimento e desenvolvimento de uma democracia econômica em que o mercado permita a realização de negócios sem que haja concorrência desleal entre os atores econômicos.

A jurisprudência do STF tratou da livre-iniciativa em diversos julgados e declarou inválidas leis que criavam obstáculos ao livre mercado. Julgando a Ação Direta de Inconstitucionalidade (ADI) 907, em 1º de agosto de 2017, o Tribunal considerou inconstitucional uma lei do Estado do Rio de Janeiro, que impunha a obrigação de prestação do serviço de empacotamento em supermercados. A Corte considerou que a obrigação imposta pela lei era inadequada, porque a simples presença de um empacotador em supermercados não é uma medida que aumente a proteção dos direitos do consumidor, mas sim uma mera conveniência em benefício dos eventuais clientes. Em outra ocasião, quando do julgamento da ADI 451, em 1º de agosto de 2017, a Corte decidiu que:

> Lei estadual que impõe a prestação de serviço de segurança em estacionamento a toda pessoa física ou jurídica que disponibilize local para estacionamento é inconstitucional, quer por violação à competência privativa da União para legislar sobre direito civil, quer por violar a livre-iniciativa

e que: "Lei estadual que impõe a utilização de empregados próprios na entrada e saída de estacionamento, impedindo a terceirização, viola a competência privativa da União para legislar sobre direito do trabalho".

5.1.2 DECLARAÇÃO DE DIREITOS DE LIBERDADE ECONÔMICA

Em 20 de setembro de 2019, foi publicada a Lei n. 13.874, que institui a Declaração de Direitos de Liberdade Econômica (DDLE). Como consequência, os empreendedores se libertaram de diversas medidas burocráticas, em razão da eliminação de exigência de licenças para atividades de baixo risco, independentemente do tamanho da empresa. Ela impede que o poder público possa restringir horários de funcionamento do comércio, de empresas prestadoras e estabelecimentos industriais, desde que observadas medidas de proteção dos direitos trabalhistas e do meio ambiente. Reafirma a liberdade para definição de preços e impede que as normas sejam editadas para diminuir a competição e o surgimento de novos modelos de negócios.

No mais, a DDLE: (a) proíbe que a administração (federal, estadual ou municipal) trate desigualmente os cidadãos em situações similares; (b) exige que a administração pública presuma a boa-fé do cidadão nas relações com o Estado. A administração pública fica obrigada a respeitar os contratos e os atos privados, aumentando a previsibilidade do direito e, consequentemente, a segurança jurídica no País. Por fim, além de outras garantias, a DDLE dispõe que nenhuma licença possa vir a ser exigida enquanto uma empresa estiver testando ou desenvolvendo um novo produto ou serviço que não tenham riscos elevados.

5.1.3 MARCO JURÍDICO DAS *STARTUPS*

Em 24 de abril de 2019, foi editada a Lei Complementar n. 167, que institui o Inova Simples, regime especial simplificado que concede às iniciativas empresariais que se autodeclarem como **startups** ou **empresas de inovação** tratamento diferenciado com vistas a estimular sua criação, formalização, desenvolvimento e consolidação como agentes indutores de avanços tecnológicos e da geração de emprego e renda. Considera-se *startup* a empresa de caráter inovador, que visa aperfeiçoar sistemas, métodos ou modelos de negócios, de produção, de serviços ou de produtos, os quais, quando já existentes, caracterizam *startups* de natureza incremental, ou, quando relacionados à criação de algo totalmente novo, caracterizam *startups* de natureza disruptiva. De acordo com o parágrafo 2º do art. 65-A da Lei Complementar n. 123/2006, incluído pela Lei Complementar n. 167, *startups* caracterizam-se por desenvolver suas inovações em condições de incerteza, que requerem experimentos e validações constantes, inclusive mediante comercialização experimental provisória, antes de proceder à comercialização plena e à obtenção de receita.

A lei concede a mais ampla liberdade para instalação, de modo que a sede poderá ser em endereço comercial, residencial ou de uso misto, sempre que não proibido pela legislação municipal ou distrital, admitindo-se a possibilidade de sua instalação em locais onde funcionam parques tecnológicos, instituições de ensino, empresas juniores, incubadoras, aceleradoras e espaços compartilhados de trabalho, na forma de *coworking*.

A referida lei institui um regime simplificado de registro das empresas e de direitos intelectuais (marcas, patentes etc.) desenvolvidos pelas empresas de inovação e *startups*. A lei não cria regime tributário ou trabalhista específico nem contém regras especiais para captação de recursos, exceto quando exige que a empresa submetida ao regime do Inova Simples abra, imediatamente, conta bancária de pessoa jurídica, para fins de captação e integralização de capital, proveniente de aporte próprio de seus titulares ou de investidor domiciliado no exterior, de linha de crédito público ou privado e de outras fontes previstas em lei.

5.1.4 LIVRE EXERCÍCIO DE TRABALHO OU PROFISSÃO

De acordo com o inciso XIII do art. 5º da Constituição Federal, aos brasileiros e estrangeiros residentes no País é garantido o **livre exercício de qualquer trabalho, ofício ou profissão**, atendidas as qualificações profissionais que a lei estabelecer. Há profissões que são regulamentadas por lei, e, por isso, não podem ser livremente exercidas por quaisquer pessoas, exceto para aquelas que cumpram as exigências da lei, que pode exigir formação escolar ou universitária específica, ou, ainda, a aprovação em exames ou provas de concursos públicos etc. Em 2009, ao julgar o Recurso Extraordinário 511.961, o STF decidiu que a profissão de jornalista não está sujeita a qualquer espécie de regulação estatal. O exercício ilegal de profissão regulamentada pode ser caracterizado como crime ou contravenção penal, na forma do art. 282 do Código Penal e do art. 47 da Lei de Contravenções Penais (Decreto-lei n. 3.688/41).

5.1.5 EMPREENDEDOR E TRABALHADOR ESTRANGEIRO

Os **estrangeiros podem empreender** ou trabalhar no Brasil, mas ficam sujeitos a **regras especiais**, como as que dispõem sobre vistos de entrada exigidos de pessoas naturais. De acordo com a Lei n. 13.445/2017, o visto de visita poderá ser concedido ao visitante que venha ao Brasil para estada de curta duração, sem intenção de estabelecer residência, para a prática de negócios (inciso II do art. 13), ou visto temporário para quem venha trabalhar (art. 14, I, *e*). Assim, é vedado ao beneficiário de visto de visita exercer atividade remunerada no Brasil (§ 1º do art. 13).

Em razão do disposto no art. 3º da Lei n. 5.709/71, a aquisição de imóvel rural por pessoa física estrangeira não poderá exceder a 50 (cinquenta) módulos de exploração indefinida, em área contínua ou descontínua. Quando se tratar de imóvel com área não superior a 3 (três) módulos, a aquisição será livre, independendo de qualquer autorização ou licença, ressalvadas as exigências gerais determinadas em lei. O art. 5º da referida lei estabelece que as pessoas jurídicas estrangeiras (controladas por capitais estrangeiros) só poderão adquirir imóveis rurais destinados à implantação de projetos agrícolas, pecuários, industriais ou de colonização, vinculados aos seus objetivos estatutários. Em diversas outras atividades, é proibida ou restringida a participação de estrangeiros, na forma explicitada no Anexo da Instrução Normativa DREI 34, de 3 de março de 2017, do Departamento Nacional de Registro Empresarial e Integração.

Na forma do disposto no art. 7º da Instrução Normativa DREI 34, os cidadãos dos países que integram o Mercosul que comprovadamente obtiverem a residência temporária de dois anos, com amparo no referido acordo, poderão exercer a atividade empresarial na condição de empresários, titulares, sócios ou administradores de sociedades ou cooperativas brasileiras, de modo que esses atos podem ser arquivados na Junta Comercial, consoante a legislação vigente, observadas as regras internacionais decorrentes dos Acordos e Protocolos firmados no âmbito do Mercosul.

5.1.6 CONTROLE DOS FLUXOS DE CAPITAIS ESTRANGEIROS

Na forma do disposto no art. 2º da Lei n. 4.131/62, ao capital estrangeiro que se investir no País será dispensado tratamento jurídico idêntico ao concedido ao capital nacional em igualdade de condições, sendo vedadas quaisquer discriminações não previstas em lei. As autoridades brasileiras estabelecem mecanismos de **controle para registro**: (a) os capitais estrangeiros que ingressarem no País sob a forma de investimento direto ou de empréstimo, quer em moeda, quer em bens; (b) das remessas feitas para o exterior com o retorno de capitais ou como rendimentos desses capitais, lucros, dividendos, juros, amortizações, bem como as de *royalties*, ou por qualquer outro título que implique transferência de rendimentos para fora do País; (c) dos reinvestimentos de lucros dos capitais estrangeiros; e (d) das alterações do valor monetário do capital das empresas procedidas de acordo com a legislação em vigor.

Não há limites para a remessa de lucros ou dividendos ao exterior e não há tributação especial sobre eles. Todavia, as leis que dispõem sobre o imposto de renda estabelecem tratamento diferenciado aos rendimentos produzidos no Brasil por capitais oriundos de paraísos fiscais e países com baixa tributação e nos casos em que há acordo para evitar a bitributação. As operações em que há fluxo de mercadorias, bens, serviços e capitais (empréstimos) firmadas entre empresas pertencentes a um mesmo grupo de empresas são objeto de controle específico por parte das autoridades tributárias com a finalidade de evitar a redução dos tributos devidos no Brasil por mecanismos de "preços de transferência". Nesses casos, as operações devem ser feitas por valor de mercado para fins de cálculo dos tributos devidos no Brasil.

Há atividades em que é limitada ou proibida a participação de estrangeiros. Assim, de acordo com o parágrafo 1º do art. 176 da Constituição Federal, a pesquisa e a lavra de recursos minerais e o aproveitamento deles somente poderão ser efetuados mediante autorização ou concessão da União, no interesse nacional, por brasileiros ou empresa constituída sob as leis brasileiras e que tenha sua sede e administração no País, na forma da lei, que estabelecerá as condições específicas quando essas atividades se desenvolverem em faixa de fronteira ou terras indígenas. O art. 222 da Constituição Federal estabelece que a propriedade de empresa jornalística e de radiodifusão sonora e de sons e imagens é privativa de brasileiros natos ou naturalizados há mais de dez anos, ou de pessoas jurídicas constituídas sob as leis brasileiras e que tenham sede no País em que pelo menos 70% do capital total e do capital votante das empresas jornalísticas e de radiodifusão sonora e de sons e imagens deverá pertencer, direta ou indiretamente, a brasileiros natos ou naturalizados há mais de dez anos, que exercerão obrigatoriamente a gestão das atividades e estabelecerão o conteúdo da programação.

5.1.7 NEGÓCIOS NA REDE MUNDIAL DE COMPUTADORES

O surgimento da **rede mundial de computadores** e o desenvolvimento e a oferta de inteligência artificial criaram **novas formas de se fazer negócios** e, com isso, novos desafios para criação de um marco jurídico que seja abrangente e capaz de prover mecanismos de delimitação dos deveres e direitos de empreendedores e consumidores.

O art. 2º da Lei n. 12.965/2014, que disciplina o uso da internet no Brasil, estabelece como norte o respeito à liberdade de expressão e também "a livre-iniciativa, a livre concorrência e a defesa do consumidor" (inciso V). Em 2018, foi editada a Lei n. 13.709, que estabelece novas regras sobre a proteção de dados das pessoas que acessam a internet, e que repete esse mandamento no inciso VI do art. 2º. A primeira lei diz que é assegurada a liberdade dos modelos de negócios promovidos na internet que sejam compatíveis com os demais princípios nela estabelecidos (art. 3º, VIII). Esses preceitos legais reafirmam a livre-iniciativa, mas não estabelecem, por exemplo, regras de conduta para criação e funcionamento de *startups*, que pleiteiam a edição, por via de lei, de um marco jurídico que leve em consideração as especificidades dessas empresas e o contexto econômico em que elas atuam.

Enquanto não forem editadas regras específicas, os agentes econômicos que fazem negócio por intermédio da internet ou fazem dela um negócio deverão cumprir as normas do Decreto n. 7.962/2013, que regulamenta o Código de Defesa do Consumidor e estabelece algumas importantes regras sobre o comércio eletrônico. O referido decreto exige a divulgação de informações claras sobre o produto, o serviço, o fornecedor, o atendimento facilitado ao consumidor e o respeito ao exercício do direito de arrependimento (art. 1º). O art. 2º do referido decreto exige que nos *sites* de comércio eletrônico sejam informados, com destaque e facilmente visualizáveis, o nome empresarial e o número do CNPJ; o endereço físico e eletrônico e outros dados necessários para sua localização e contato; e incluam, ainda: as descrições essenciais do bem, incluindo os riscos à saúde e à segurança; a especificação no preço de quaisquer adicionais, como despesas com frete ou seguro; as condições integrais da oferta, albergando a disponibilidade, formas de pagamento, maneiras e prazo de entrega ou disponibilização do produto ou de execução do serviço; as informações claras e evidentes sobre restrições ao aproveitamento da oferta.

5.1.8 NEGÓCIOS BASEADOS EM CRIPTOGRAFIA

Está em franco crescimento a realização de **negócios baseados no uso de ativos e moedas criptografadas**, que funcionam como meios de pagamento (tal como ocorre com as moedas tradicionais), sem que tenham sido criadas por qualquer país. O Brasil discute a criação de marco jurídico para tais operações, assim como fazem outros países preocupados com as questões tributárias em torno dos fluxos de ativos criptografados e da possibilidade de facilitação de prática de crimes de sonegação fiscal e de lavagem de dinheiro e de ações de terrorismo.

A primeira iniciativa de regulação foi feita pela Receita Federal do Brasil, com a edição da Instrução Normativa RFB n. 1.888, publicada em 7 de maio de 2019, que institui e disciplina a obrigatoriedade de prestação de informações relativas às operações realizadas com criptoativos. De acordo com o referido ato normativo, considera-se

> criptoativo: a representação digital de valor denominada em sua própria unidade de conta, cujo preço pode ser expresso em moeda soberana local ou estrangeira, transacionado eletronicamente com a utilização de criptografia e de tecnologias de registros distribuídos, que pode ser utilizado como forma de investimento, instrumento de transferência de valores ou acesso a serviços, e que não constitui moeda de curso legal.

O conceito, como se vê, é abrangente e abarca as criptomoedas, *tokens* e similares, sejam baseados em *blockchain* ou não.

De acordo com o art. 6º, ficam obrigadas à prestação das informações: a *exchange* de criptoativos domiciliada para fins tributários no Brasil; a pessoa física ou jurídica residente ou domiciliada no Brasil, quando: (a) as operações forem realizadas em *exchange* domiciliada no exterior; ou (b) as operações não forem realizadas em *exchange*. As informações deverão ser prestadas sempre que o valor mensal das operações, isolado ou conjuntamente, ultrapassar R$ 30.000,00. Na forma do disposto no parágrafo 2º do art. 6º da referida instrução normativa, a obrigatoriedade de prestar informações aplica-se à pessoa física ou jurídica que realizar quaisquer das operações com criptoativos relacionadas a seguir: (a) compra e venda; (b) permuta; (c) doação; (d) transferência de criptoativo para a *exchange*; (e) retirada de criptoativo da *exchange*; (f) cessão temporária (aluguel); (g) dação em pagamento; (h) emissão; e (i) outras operações que impliquem transferência de criptoativos. Para fins de aplicação dessas normas, *exchange* é a pessoa jurídica, ainda que não financeira, que oferece serviços referentes a operações realizadas com criptoativos, inclusive intermediação, negociação ou custódia, e que pode aceitar quaisquer meios de pagamento, inclusive outros criptoativos.

5.2 O DIREITO DE CRIAR PESSOAS JURÍDICAS

A possiblidade de criação de sociedades para explorar atividades econômicas é uma derivação do direito de empreender. A faculdade de **criação de sociedades empresárias** ou simples advém da necessidade de facilitar ou favorecer a atividade de uma pessoa ou um grupo de pessoas que se reúne para criar um ente apto a participar do comércio jurídico com individualidade e esfera jurídica própria e que pode permanecer a despeito do falecimento dos seus criadores.

Com a aquisição da personalidade jurídica, o ente criado por vontade dos sócios ou de uma pessoa individual passa a ter existência jurídica própria e capacidade de agir e manifestar sua vontade por intermédio dos seus órgãos. Com a personalização, a entidade passa a ter patrimônio próprio; além disso, a pessoa jurídica tem nome, nacionalidade e domicílio e tem capacidade jurídica individual para celebrar contratos e instituir procuradores para, em seu nome, postular em juízo em defesa dos seus direitos e interesses que são distintos dos seus criadores. Em suma, a criação de pessoas jurídicas permite a união de capitais e pessoas para exploração de empreendimentos ou mesmo a produção de serviços de caráter pessoal para perseguição de lucro ou criação de mecanismos de facilitação do desenvolvimento e exploração de atividades econômicas, como são as sociedades cooperativas.

O ordenamento prevê a faculdade de escolher um dentre vários "modelos jurídicos" de sociedade e admite a criação de pessoa jurídica como "empresa individual", isto é, uma sociedade unipessoal. Em relação às sociedades, ao empreendedor é lícito escolher o tipo de sociedade ou associação a que quer se vincular. Essa liberdade não é absoluta, no entanto, por exemplo, quem pretender ter ações negociadas em bolsa de valores deve escolher a sociedade por ações e adotar o modelo de companhia aberta (art. 4º da Lei n. 6.404/76).

5.3 O ESTADO COMO AGENTE ECONÔMICO

O enunciado do *caput* do art. 174 da Constituição Federal afirma que:

> como agente normativo e regulador da atividade econômica, o Estado exercerá, na forma da lei, as funções de fiscalização, incentivo e planejamento, sendo este determinante para o setor público e indicativo para o setor privado.

O art. 173 é claro, ao dispor que:

> Ressalvados os casos previstos nesta Constituição, a exploração direta de atividade econômica pelo Estado só será permitida quando necessária aos imperativos da segurança nacional ou a relevante interesse coletivo, conforme definidos em lei.

O Estado, portanto, pode vir a explorar atividade econômica ao mesmo tempo em que exerce a função de regulador fomentador de atividades econômicas. No julgamento da Ação Direta de Inconstitucionalidade 1.923, ocorrido em 16 de abril de 2015, o Plenário do STF decidiu que:

> A atuação do poder público no domínio econômico e social pode ser viabilizada por intervenção direta ou indireta, disponibilizando utilidades materiais aos beneficiários, no primeiro caso, ou fazendo uso, no segundo caso, de seu instrumental jurídico para induzir que os particulares executem atividades de interesses públicos através da regulação, com coercitividade, ou através do fomento, pelo uso de incentivos e estímulos a comportamentos voluntários.

5.3.1 PAPEL DAS AGÊNCIAS REGULADORAS

O ordenamento jurídico brasileiro prevê a criação de **agências reguladoras** que detêm competência legal de normatizar (nos limites da Constituição e da lei) as diversas atividades econômicas nos limites dos princípios constitucionais aplicáveis. Além disso, elas exercem poderes de fiscalização e são aptas a aplicar as penalidades previstas em lei. Elas são entidades vinculadas a ministérios, e, em alguns casos, existem agências criadas pelos Estados. As agências mais conhecidas são: Agência Nacional de Aviação Civil (ANAC), Agência Nacional de Telecomunicações (ANATEL), Agência Nacional de Energia Elétrica (ANEEL), Agência Nacional do Petróleo (ANP), Agência Nacional de Saúde Suplementar (ANS), Agência Nacional de Transportes Aquaviários (ANTAQ), Agência Nacional do Cinema (ANCINE), Agência Nacional de Transportes Terrestres (ANTT), Agência Nacional de Águas (ANA), Agência Nacional de Vigilância Sanitária (ANVISA).

5.4 DIREITO DA CONCORRÊNCIA

A Constituição Federal garante a livre-iniciativa, e esta pressupõe a existência de um mercado em que os agentes econômicos **concorram** entre si; não há limites para obtenção de lucros, mas é proibido o exercício abusivo do poder econômico. No Brasil, as empresas podem criar bens e serviços e pô-los à venda pelo preço que quiserem, já que não existe tabelamento de lucros; todavia, elas devem respeitar as demais empresas e os consumidores, já que a própria Constituição, no parágrafo 4º do art. 173, afirma: "A lei reprimirá o abuso do poder econômico que vise à dominação dos mercados, à eliminação da concorrência e ao aumento arbitrário dos lucros". Os preços de alguns serviços públicos são fixados por lei, de modo que, nesse campo, a liberdade é restringida.

O Estado não pode criar empecilhos não razoáveis, que, de modo direto ou indireto, cerceiem ou eliminem a livre concorrência. Nesse sentido, a Súmula 646 do STF afirma:

"Ofende o princípio da livre concorrência lei municipal que impede a instalação de estabelecimentos comerciais do mesmo ramo em determinada área". O mesmo STF, quando do julgamento da Ação Direta de Inconstitucionalidade 5.472, em 1º de agosto de 2018, decidiu que:

> Há desequilíbrio concorrencial no mercado interno, quando ato legislativo incentiva a concentração de mercados e eventual cartelização das cadeias produtivas. No caso, atentam contra a livre concorrência os requisitos para fruição dos subsídios financeiros e econômicos criados por ente federativo (Estados) às sociedades empresárias do ramo automobilístico sediadas em seu território.

Em outra ocasião, o STF decidiu que:

> Impor ao contribuinte inadimplente a obrigação de recolhimento antecipado do ICMS, como meio coercitivo para pagamento do débito fiscal, importa em forma oblíqua de cobrança de tributo e em contrariedade aos princípios da livre concorrência e da liberdade de trabalho e comércio (Agravo Regimental no Recurso Extraordinário 525.802, julgado em 7 de maio de 2013).

As condutas que sejam contrárias à livre concorrência são puníveis. Na forma do disposto no art. 36 da Lei n. 12.529/2011, constituem infração da ordem econômica, independentemente de culpa, os atos, sob qualquer forma manifestados, que tenham por objeto ou possam produzir os seguintes efeitos, ainda que não sejam alcançados:

a) limitar, falsear ou de qualquer forma prejudicar a livre concorrência ou a livre-iniciativa;
b) dominar mercado relevante de bens ou serviços;
c) aumentar arbitrariamente os lucros; e
d) exercer de forma abusiva posição dominante.

Para fins de aplicação da referida lei, a conquista de mercado resultante de processo natural fundado na maior eficiência de agente econômico em relação a seus competidores não caracteriza o ilícito, e há presunção de haver posição dominante sempre que uma empresa ou grupo de empresas for capaz de alterar unilateral ou coordenadamente as condições de mercado ou quando controlar 20% ou mais do mercado relevante, podendo este percentual ser alterado pelo CADE para setores específicos da economia.

Assim, o aumento arbitrário de lucros punível é uma consequência das práticas nocivas à concorrência por quem esteja em posição dominante. Por exemplo, se um comerciante expõe à venda um quilo de açúcar por R$ 1.000,00, ele não comete infração à lei da concorrência; pratica apenas um ato irracional, porquanto não terá clientes dispostos a pagar um preço muito acima do praticado no mercado. De outra parte, se os supermercados de uma cidade passam a combinar preços, podem cometer infração contra as normas concorrenciais, sem prejuízo da aplicação de normas sobre crimes econômicos (Lei 8.137/90), sobre crimes contra o consumidor e contra a economia popular, se for o caso. No mais, a lei visa reprimir qualquer espécie de conluio entre agentes econômicos para prejudicar outros e criar condições artificiais de demanda e práticas assemelhadas.

5.4.1 MEDIDAS DE PREVENÇÃO

A Lei n. 12.529/2011, no art. 1º, afirma que ela

> dispõe sobre a prevenção e a repressão às infrações contra a ordem econômica, orientada pelos ditames constitucionais de liberdade de iniciativa, livre concorrência, função social da propriedade, defesa dos consumidores e repressão ao abuso do poder econômico.

Para cumprir essas finalidades, foi criado o Sistema Brasileiro de Defesa da Concorrência (SBDC), que é formado pelo Conselho Administrativo de Defesa Econômica (CADE) e pela Secretaria de Acompanhamento Econômico do Ministério da Fazenda.

A **prevenção** ao abuso do poder econômico é prevista no art. 88 da referida lei, que dispõe que serão submetidos previamente ao CADE alguns atos de concentração econômica e serão proibidos os atos de concentração que impliquem eliminação da concorrência em parte substancial de mercado relevante, que possam criar ou reforçar uma posição dominante ou que possam resultar na dominação de mercado relevante de bens ou serviços (§ 5º). Na forma do disposto no art. 61 da lei, no julgamento do pedido de aprovação do ato de concentração econômica, o Tribunal poderá aprová-lo integralmente, rejeitá-lo ou aprová-lo parcialmente, caso em que determinará as restrições que deverão ser observadas como condição para a validade e eficácia do ato. O Tribunal determinará as restrições cabíveis com a finalidade de mitigar os eventuais efeitos nocivos do ato de concentração sobre os mercados relevantes afetados (§ 1º), dentre as opções previstas em lei, que incluem a venda compulsória de ativos etc.

5.4.2 MEDIDAS DE REPRESSÃO

A repressão ao abuso do poder econômico será feita com base nas regras da Lei n. 12.529/2011, sem prejuízo da aplicação das normas sobre crimes econômicos, contidas na Lei n. 8.137/90. O parágrafo 3º do art. 36 da Lei n. 12.529/2011 contém rol não exaustivo de condutas que caracterizam infração à ordem econômica. São exemplos: (a) acordar, combinar, manipular ou ajustar preços com concorrentes; (b) promover, obter ou influenciar a adoção de conduta comercial uniforme ou concertada entre concorrentes; e (c) limitar ou impedir o acesso de novas empresas ao mercado. Essas normas existem para coibir qualquer forma de cartel, isto é, qualquer forma de ajuste ou acordo para fixação de preços, para divisão de mercados, para estabelecer quotas ou restringir produção, para combinar preços em concorrências públicas, e outros comportamentos que possam afetar um mercado relevante.

5.4.3 COMPROMISSO DE CESSAÇÃO E ACORDO DE LENIÊNCIA

Nos termos da Lei n. 12.529/2011, no curso de procedimento preparatório, inquérito administrativo ou processo administrativo para apuração de infrações à ordem econômica (incisos I, II e III do art. 48), o CADE pode vir a firmar compromisso de **cessação** da prática delituosa ou dos seus efeitos lesivos, sempre que, em juízo de conveniência e oportunidade, devidamente fundamentado, entender que atende aos interesses protegidos por lei (art. 85, *caput*). Do termo de compromisso deverão constar os seguintes elementos: (a) a especificação das obrigações do representado no sentido de não praticar a conduta investigada ou seus efeitos lesivos, bem como obrigações que julgar cabíveis; (b) a fixação do valor da multa para o caso de descumprimento, total ou parcial, das obrigações compromissadas; e (c) a fixação do valor da contribuição pecuniária ao Fundo de Defesa de Direitos Difusos, quando cabível.

O art. 86 da Lei n. 12.529/2011 prevê que qualquer participante de um cartel ou outra prática contrária à lei de concorrência denuncie a prática à autoridade da concorrência e coopere com as investigações para, em troca, receber imunidade administrativa e criminal, ou redução das penalidades aplicáveis. O **acordo de leniência** também garante imunidade criminal aos dirigentes, administradores e funcionários da empresa beneficiária, desde que eles assinem o acordo e observem os requisitos legais. A Superintendência-Geral do CADE é a autoridade competente para negociar e assinar o acordo de leniência.

Resumo esquemático

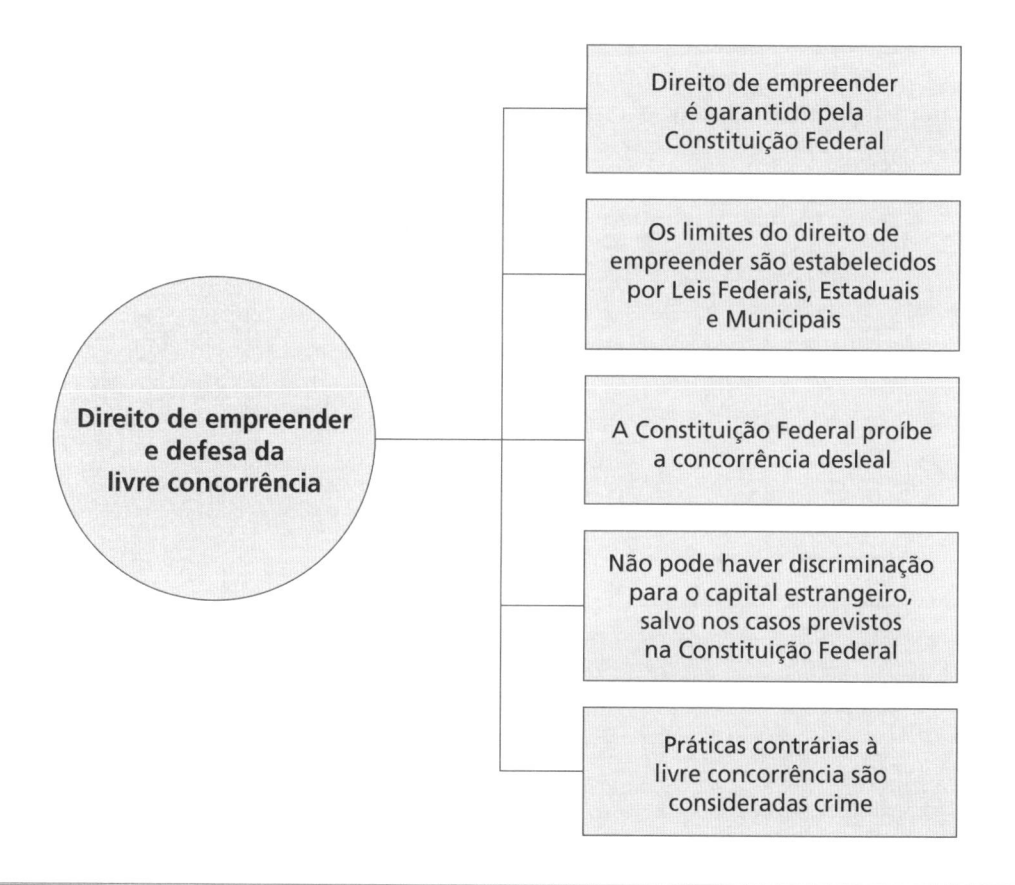

Direito de empreender e defesa da livre concorrência
- Direito de empreender é garantido pela Constituição Federal
- Os limites do direito de empreender são estabelecidos por Leis Federais, Estaduais e Municipais
- A Constituição Federal proíbe a concorrência desleal
- Não pode haver discriminação para o capital estrangeiro, salvo nos casos previstos na Constituição Federal
- Práticas contrárias à livre concorrência são consideradas crime

Minicaso

Pedro, João e Lucas reuniram capitais para formação de uma empresa do tipo *startup*, para coleta e disponibilização de dados, coletados de pessoas que integram redes sociais, que serão adquiridos por empresas estrangeiras. Esse tipo de negócio é permitido? Justifique sua resposta.

Exercício

Assinale Falso ou Verdadeiro:

a) Pelo princípio da livre-iniciativa, apenas os particulares podem explorar empresa com finalidade de obter lucro. ( )

b) O Estado pode atuar no mercado como agente regulador e explorar empresa, desde que não vise lucro. ( )

c) As normas sobre direito da concorrência visam reprimir o abuso do poder econômico. ( )

d) O aumento arbitrário dos preços de mercadorias é sempre atentatório à concorrência. ( )

e) A combinação de preços entre empresas concorrentes não constitui ato ilícito. ( )

f) Os acordos de leniência não podem beneficiar administradores de empresas infratoras, em nenhuma hipótese. ( )

g) O termo de compromisso firmado com o CADE visa cessar a prática de infrações às normas sobre concorrência. ( )

6 DIREITO DE EMPREENDER E DEVER DE PRESERVAÇÃO DO MEIO AMBIENTE

Assista ao vídeo do autor sobre este Capítulo.

Após ler este capítulo, você estará apto a:
- ✓ Saber que a Constituição Federal protege o meio ambiente, de modo que os empreendedores devem respeitar as regras legais sobre precaução e prevenção de danos.
- ✓ Conhecer os principais mecanismos legais de repressão às condutas que causam dano ao meio ambiente.
- ✓ Saber que a lei pode proibir certas atividades econômicas que sejam lesivas ao meio ambiente.
- ✓ Compreender que um mesmo empreendimento pode estar sujeito a normas editadas pela União, pelos Estados e pelos municípios.

6.1 PROTEÇÃO CONSTITUCIONAL DO MEIO AMBIENTE

A mesma Constituição, que garante a livre-iniciativa e o direito de empreender, exige, em diversos preceitos, o **respeito ao meio ambiente**. O art. 170, VI, afirma que a defesa do meio ambiente é um princípio da ordem econômica, enquanto o art. 186, II, estabelece que o respeito ao meio ambiente é critério de aferição do cumprimento (ou incumprimento) da função social da propriedade rural. Em seguida, o art. 225 diz que "todos têm direito ao meio ambiente ecologicamente equilibrado, bem de uso comum do povo e essencial à sadia qualidade de vida, impondo-se ao poder público e à coletividade o dever de defendê-lo e preservá-lo".

A compatibilização entre a livre-iniciativa e o dever de preservação do meio ambiente foi cogitada em decisão proferida pelo STF, quando do julgamento da Ação Direta de Inconstitucionalidade 4.066, em 24 de agosto de 2017. Na ementa do acórdão, consta que:

> A Constituição autoriza a imposição de limites aos direitos fundamentais quando necessários à conformação com outros direitos fundamentais igualmente protegidos. O direito fundamental à liberdade de iniciativa (arts. 1º, IV, e 170, *caput*, da CF) há de ser compatibilizado com a proteção da saúde e a preservação do meio ambiente.

A Corte Suprema, neste caso, decidiu que o art. 225, § 1º, V, da CF:

(a) legitima medidas de controle da produção, da comercialização e do emprego de técnicas, métodos e substâncias que comportam risco para a vida, a qualidade de vida e o meio ambiente, sempre que necessárias, adequadas e suficientes para assegurar a efetividade do direito fundamental ao meio ambiente ecologicamente equilibrado;

(b) deslegitima, por insuficientes, medidas incapazes de aliviar satisfatoriamente o risco gerado para a vida, para a qualidade de vida e para o meio ambiente; e

(c) ampara eventual vedação, banimento ou proibição dirigida a técnicas, métodos e substâncias, quando nenhuma outra medida de controle se mostrar efetiva.

Essas e outras decisões da Suprema Corte deixam claro que a exploração da atividade econômica não legitima danos ao meio ambiente, aos trabalhadores e à população em geral.

6.1.1 MEIO AMBIENTE E LIMITAÇÃO DO DIREITO DE EMPREENDER

De acordo com o art. 225 da Constituição, a sociedade e o poder público são ambos solidariamente responsáveis pela defesa e preservação do meio ambiente. Portanto, todo empreendedor que construir ou adquirir uma empresa deve cumprir as diversas normas sobre a proteção e preservação do meio ambiente, e os que não fizerem podem ficar sujeitos a penalidades de diversas naturezas, inclusive as de caráter criminal. Por isso, por ocasião do julgamento da Medida Cautelar na ADI 3.540, em 1º de setembro de 2005, o Ministro do STF, Celso de Mello, decidiu que:

> A atividade econômica não pode ser exercida em desarmonia com os princípios destinados a tornar efetiva a proteção ao meio ambiente.
>
> A incolumidade do meio ambiente não pode ser comprometida por interesses empresariais nem ficar dependente de motivações de índole meramente econômica, ainda mais se se tiver presente que a atividade econômica, considerada a disciplina constitucional que a rege, está subordinada, dentre outros princípios gerais, àquele que privilegia a "defesa do meio ambiente" (CF, art. 170, VI), que traduz conceito amplo e abrangente das noções de meio ambiente natural, de meio ambiente cultural, de meio ambiente artificial (espaço urbano) e de meio ambiente laboral.

Logo – continua o Ministro –, é aceitável, em certas circunstâncias, a proibição da prática de certas atividades econômicas que possam comprometer a "saúde, segurança, cultura, trabalho e bem-estar da população", ou que possam "causar graves danos ecológicos ao patrimônio ambiental, considerado este em seu aspecto físico ou natural".

6.1.2 QUEM PODE LEGISLAR SOBRE A TUTELA DO MEIO AMBIENTE

As normas sobre direito ambiental podem ser estabelecidas pelos quatro entes da federação, consoante decidiu o STF, ao julgar o Recurso Extraordinário 586.224, em 9 de março de 2015. De acordo com a ementa do acórdão:

O Município é competente para legislar sobre meio ambiente com União e Estado, no limite de seu interesse local e desde que tal regramento seja harmônico com a disciplina estabelecida pelos demais entes federados (art. 24, VI c/c 30, I e II da CRFB).

A Lei Complementar n. 140/2011 estabelece normas para a cooperação entre União, Estados, Distrito Federal e municípios nas ações administrativas decorrentes do exercício da competência comum relativas à proteção das paisagens naturais notáveis, à proteção do meio ambiente, ao combate à poluição em qualquer de suas formas e à preservação das florestas, da fauna e da flora. As demais fontes formais do direito ambiental são as leis e regulamentos expedidos pela União, Estados, Distrito Federal e municípios. O Brasil participa de diversos acordos e tratados internacionais sobre meio ambiente, como é o caso do Protocolo de Quioto, sobre o clima, aprovado pelo Decreto Legislativo n. 144/2002, e da Convenção sobre o Controle de Movimentos Transfronteiriços de Resíduos Perigosos e seu Depósito, promulgada pelo Decreto n. 875/93.

6.2 DEVERES DOS PODERES PÚBLICOS

Na forma do disposto no parágrafo 1º do art. 225 da Constituição Federal, são **deveres do poder** público, dentre outros:

I – preservar e restaurar os processos ecológicos essenciais e prover o manejo ecológico das espécies e ecossistemas;

II – preservar a diversidade e a integridade do patrimônio genético do País e fiscalizar as entidades dedicadas à pesquisa e manipulação de material genético;

III – definir, em todas as unidades da federação, espaços territoriais e seus componentes a serem especialmente protegidos, sendo a alteração e a supressão permitidas somente através de lei, vedada qualquer utilização que comprometa a integridade dos atributos que justifiquem sua proteção;

IV – exigir, na forma da lei, para instalação de obra ou atividade potencialmente causadora de significativa degradação do meio ambiente, estudo prévio de impacto ambiental, a que se dará publicidade.

Portanto, o poder público tem dever de agir e o dever de exercer poder de polícia sobre obras ou atividades que possam ter impacto ambiental, de responsabilidade de particulares e entes estatais. O art. 10 da Lei n. 6.938/81, que foi modificado pela Lei Complementar n. 140/2011, dispõe que:

> A construção, instalação, ampliação e funcionamento de estabelecimentos e atividades utilizadores de recursos ambientais, efetiva ou potencialmente poluidores ou capazes, sob qualquer forma, de causar degradação ambiental dependerão de prévio licenciamento ambiental.

Os municípios devem cumprir as normas da Lei n. 10.257/2001, que aprovou o Estatuto das Cidades e que regula o uso da propriedade urbana em prol do bem coletivo, da segurança e do bem-estar dos cidadãos, bem como do equilíbrio ambiental. Para as cidades com mais de 20 mil habitantes, as políticas sobre uso da terra devem constar de um Plano Diretor aprovado pelos órgãos competentes. Bem se vê que é possível haver divergências entre as autoridades municipais e estaduais para aprovar empreendimentos que afetam o meio ambiente. Em caso de conflito, o ato municipal só prevalecerá se estiver de acordo com as regras estaduais, ou seja, os municípios não podem atenuar as exigências previstas nas normas estaduais. Na prática, os casos de dúvida são decididos pelo Poder Judiciário.

6.2.1 LICENCIAMENTO AMBIENTAL

Como medida de prevenção e precaução, a Constituição exige o **licenciamento ambiental** em certas circunstâncias. O licenciamento, por força do disposto no inciso I do art. 1º da Resolução do Conselho Nacional do Meio Ambiente (CONAMA) n. 237/97, é o

> Procedimento administrativo pelo qual o órgão ambiental competente licencia a localização, instalação, ampliação e a operação de empreendimentos e atividades utilizadoras de recursos ambientais, consideradas efetiva ou potencialmente poluidoras ou daquelas que, sob qualquer forma, possam causar degradação ambiental, considerando as disposições legais e regulamentares e as normas técnicas aplicáveis ao caso.

O art. 3º da referida resolução prevê a apresentação prévia de estudo de impacto ambiental e respectivo relatório de impacto sobre o meio ambiente (EIA/RIMA), garantida a realização de audiências públicas, quando couber. No plano municipal, a lei pode exigir estudo prévio de impacto ambiental (EIA) e estudo prévio de impacto de vizinhança (EIV), na forma prevista no art. 4º, VI, do Estatuto das Cidades. O estudo de impacto da vizinhança será executado de forma a contemplar os efeitos positivos e negativos do empreendimento ou atividade quanto à qualidade de vida da população residente na área e suas proximidades, incluindo a análise, no mínimo, das seguintes questões: (a) adensamento populacional; (b) equipamentos urbanos e comunitários; (c) uso e ocupação do solo; (d) valorização imobiliária; (e) geração de tráfego e demanda por transporte público; (f) ventilação e iluminação; e (g) paisagem urbana e patrimônio natural e cultural. Também as obras públicas estão sujeitas a essas exigências, além de outras constantes do Plano Diretor, nos casos em que é obrigatória sua aprovação.

Para expedição da licença prévia, os órgãos competentes deverão realizar audiências públicas, sendo que o IBAMA é o órgão responsável pelas ações de competência da União em matéria de licenciamento ambiental e é o único responsável pela expedição de licenciamento ambiental para grandes obras de infraestrutura que envolvam impactos em mais de um Estado ou em áreas limítrofes com outros países, e, ainda, nas atividades de construção de rodovias, ferrovias etc. e do setor de petróleo e gás na plataforma continental, na forma do disposto no art. 3º do Decreto n. 8.437/2015 e no art. 7º da Lei Complementar n. 140/2011. No âmbito dos Estados e municípios, os órgãos competentes são os mencionados nos arts. 5º e 6º da Resolução CONAMA n. 237/97.

6.3 PUBLICIDADE

Qualquer indivíduo, independentemente da comprovação de interesse específico, terá acesso às informações de caráter ambiental, mediante requerimento escrito, no qual assumirá a obrigação de não utilizar as informações colhidas para fins comerciais, sob as penas da lei civil, penal, de direito autoral e de propriedade industrial, assim como de citar as fontes, caso, por qualquer meio, venha a divulgar os aludidos dados. Esse direito decorre do disposto no art. 2º da Lei n. 10.650/2003, que dispõe:

> Os órgãos e entidades da administração pública, direta, indireta e fundacional, integrantes do SISNAMA, ficam obrigados a permitir o acesso público aos documentos, expedientes e processos administrativos que tratem de matéria ambiental e a fornecer todas as informações ambientais que estejam sob sua guarda, em meio escrito, visual, sonoro ou eletrônico, especialmente as relativas a:
> I – qualidade do meio ambiente;
> II – políticas, planos e programas potencialmente causadores de impacto ambiental;
> III – resultados de monitoramento e auditoria nos sistemas de controle de poluição e de atividades potencialmente poluidoras, bem como de planos e ações de recuperação de áreas degradadas;
> IV – acidentes, situações de risco ou de emergência ambientais;
> V – emissões de efluentes líquidos e gasosos, e produção de resíduos sólidos;
> VI – substâncias tóxicas e perigosas;
> VII – diversidade biológica;
> VIII – organismos geneticamente modificados.

As autoridades públicas poderão exigir a prestação periódica de qualquer tipo de informação por parte das entidades privadas, mediante sistema específico a ser adotado por todos os órgãos do SISNAMA, sobre os impactos ambientais potenciais e efetivos de suas atividades, independentemente da existência ou necessidade de instauração de qualquer processo administrativo (art. 3º).

6.4 INFRAÇÕES ADMINISTRATIVAS

A infração às normas ambientais é sujeita à aplicação de penas de caráter criminal, pecuniário e de restrição de direitos. De acordo com o art. 70 da Lei n. 9.605/98, considera-se infração administrativa ambiental toda ação ou omissão que viole as regras jurídicas de uso, gozo, promoção, proteção e recuperação do meio ambiente. São autoridades competentes para lavrar auto de infração ambiental e instaurar processo administrativo os funcionários de órgãos ambientais integrantes do Sistema Nacional de Meio Ambiente (SISNAMA), designados para as atividades de fiscalização, bem como os agentes das Capitanias dos Portos, do Ministério da Marinha.

Qualquer pessoa, constatando infração ambiental, poderá dirigir representação às autoridades relacionadas no parágrafo anterior, para efeito do exercício do seu poder de polícia. A autoridade ambiental que tiver conhecimento de infração ambiental é obrigada a promover sua apuração imediata, mediante processo administrativo próprio, sob pena de corresponsabilidade. As infrações ambientais são apuradas em processo administrativo próprio, assegurados o direito de ampla defesa e o contraditório.

De acordo com o art. 72 da referida lei, as infrações administrativas são punidas com as seguintes sanções: (a) advertência; (b) multa simples; (c) multa diária; (d) apreensão dos animais, produtos e subprodutos da fauna e flora, instrumentos, petrechos, equipamentos ou veículos de qualquer natureza utilizados na infração; (e) destruição ou inutilização do produto; (f) suspensão de venda e fabricação do produto; (g) embargo de obra ou atividade; (h) demolição de obra; (i) suspensão parcial ou total de atividades; e (j) restritiva de direitos, que consistem: (i) na suspensão de registro, licença ou autorização; (ii) no cancelamento de registro, licença ou autorização; (iii) na perda ou restrição de incentivos e benefícios fiscais; (iv) na perda ou suspensão da participação em linhas de financiamento em estabelecimentos oficiais de crédito; e (v) na proibição de contratar com a administração pública, pelo período de até três anos.

Resumo esquemático

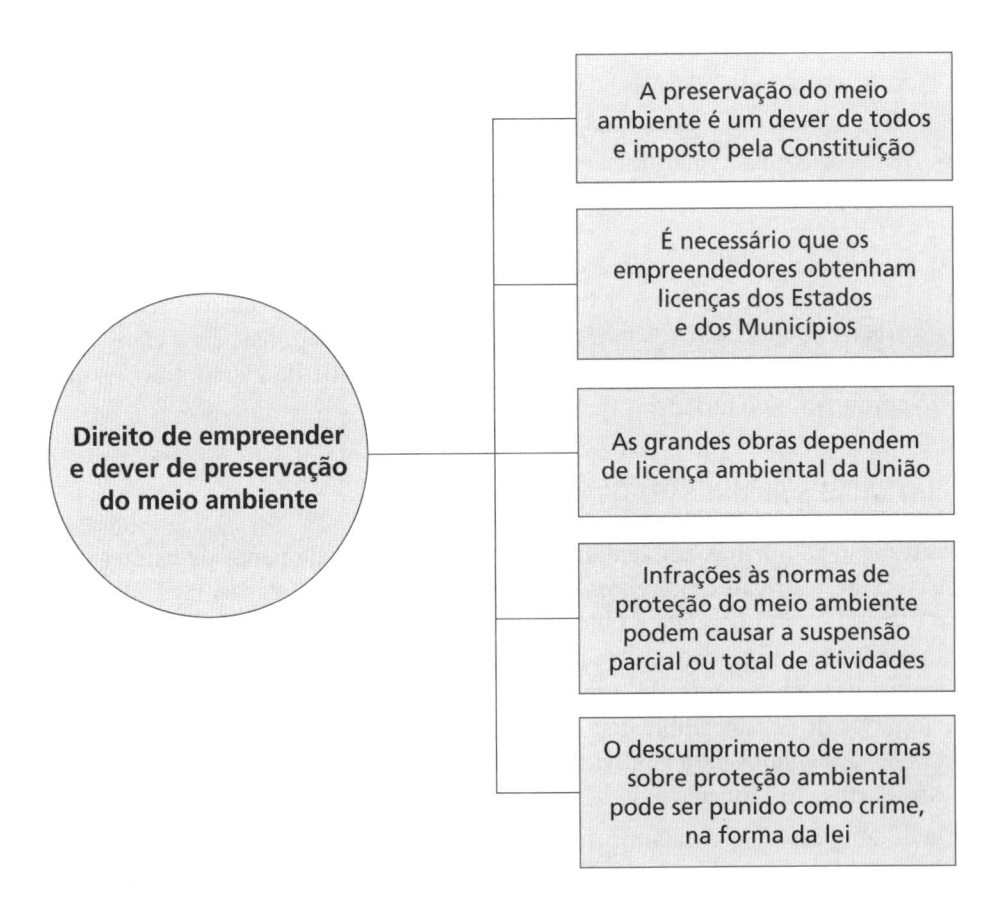

Direito de empreender e dever de preservação do meio ambiente

- A preservação do meio ambiente é um dever de todos e imposto pela Constituição
- É necessário que os empreendedores obtenham licenças dos Estados e dos Municípios
- As grandes obras dependem de licença ambiental da União
- Infrações às normas de proteção do meio ambiente podem causar a suspensão parcial ou total de atividades
- O descumprimento de normas sobre proteção ambiental pode ser punido como crime, na forma da lei

Minicaso

A companhia Beta começou a construir uma mina para exploração de minério de ferro, e obteve alvará da prefeitura do município. Tomando conhecimento dos fatos, as autoridades estaduais visitaram o local e determinaram a paralisação das obras, em razão da falta de alvará emitido pelo Estado. Aponte, caso haja, razões para defesa da validade do ato (alvará) municipal.

Exercício

Assinale Falso ou Verdadeiro:

a) O meio ambiente é um bem jurídico tutelado exclusivamente por normas de caráter penal. ( )

b) Um dos princípios do direito ambiental é a prevenção, de modo que todos devem agir para evitar danos ao meio ambiente. ( )

c) Apenas a União e os Estados podem legislar sobre direito ambiental. ( )

d) Toda empresa tem direito de obter licenciamento ambiental. ( )

e) Nas cidades, as medidas de prevenção e precaução contra danos ambientais ficam exclusivamente a cargo dos municípios. ( )

f) É admissível a desconsideração da personalidade jurídica no direito ambiental. ( )

7 PAGAMENTO DE TRIBUTOS E CUMPRIMENTO DE OBRIGAÇÕES FISCAIS

Assista ao vídeo do autor sobre este Capítulo.

Após ler este capítulo, você estará apto a:
- Compreender que os tributos afetam o preço de bens e serviços e que é lícito aos empreendedores buscar a redução da carga tributária por medidas de planejamento tributário.
- Saber que podem instituir tributos os quatro entes da federação: a União, os Estados, o Distrito Federal e os municípios.
- Conhecer que, na maioria dos tributos, as leis tributárias obrigam os contribuintes a interpretar a legislação e a calcular e recolher os tributos, e que os pagamentos ficam sujeitos a posterior verificação pelas autoridades fiscais.
- Saber quais os fatos econômicos cuja realização obriga ao pagamento dos diversos tributos previstos na Constituição Federal.
- Identificar as diversas espécies de penalidades que podem ser exigidas em razão do descumprimento das leis tributárias.

7.1 O EFEITO ECONÔMICO DOS TRIBUTOS

O peso dos tributos deve ser considerado por todo empreendedor e trabalhador, já que, no Brasil, o Estado é o destinatário obrigatório de parte substancial da riqueza produzida, isto é, pouco mais de 1/3 do Produto Interno Bruto (PIB) é carreado aos cofres públicos. Os tributos afetam o valor dos bens e serviços produzidos, e, no Brasil, existem quatro entes dotados de poderes tributários: a União, os Estados, o Distrito Federal e os municípios.

A repercussão econômica dos **tributos** é fato que a ordem jurídica positiva não desconhece e que os agentes econômicos consideram para tomar decisões. A prova mais eloquente de que os tributos afetam os preços de bens e serviços é a regra do parágrafo 5º do art. 65 da Lei n. 8.666/93, que diz:

> § 5º Quaisquer tributos ou encargos legais criados, alterados ou extintos, bem como a superveniência de disposições legais, quando ocorridas após a data da apresentação da proposta, de comprovada repercussão nos preços contratados, implicarão a revisão destes para mais ou para menos, conforme o caso.

Essa regra se aplica nos casos em que o Estado adquire bens e serviços por processos de licitação e autoriza ajustes nos preços contratados, em caso de haver superveniente aumento ou diminuição de tributo no curso de um contrato firmado com entidades do poder público.

7.1.1 PLANEJAMENTO TRIBUTÁRIO

O **planejamento tributário** é a atividade preventiva de identificação dos custos tributários para adoção de medidas que visam reduzir, nos marcos da ordem jurídica, o montante dos encargos tributários a serem suportados por uma pessoa natural ou pessoa jurídica. Assim, por exemplo, ele tem em mira casos em que a legislação prevê a possibilidade de escolha entre regimes de tributação que podem levar a uma carga tributária menor, como são os casos previstos na legislação do imposto de renda brasileiro em relação a: (a) possibilidade de certas empresas optarem pela tributação conforme o lucro presumido, com base nas regras do Simples Nacional ou com base no lucro real; e (b) a possibilidade que as pessoas físicas têm de considerar certos rendimentos como tributados exclusivamente na fonte, como é o caso de alguns tipos de ganhos financeiros. Do mesmo modo, situa-se no âmbito do planejamento tributário a escolha de um local para instalação de uma unidade produtiva, tendo em vista a existência de áreas em que existam incentivos fiscais ou financeiros ou em que a tributação seja menor. Por outro lado, o planejamento tributário, como ação que persegue a redução lícita da carga tributária, pode ser feito mediante o deslocamento do eixo da tributação para aproveitar as diferenças existentes, por exemplo, entre a alíquota do imposto de renda que é devido pelas empresas e pelas pessoas físicas. Em outras circunstâncias, o eixo da tributação é deslocado para outra jurisdição (outro país) com o propósito de obter acesso a gravames tributários mais amenos, como são, por exemplo, os paraísos fiscais e as regiões de incentivos fiscais concedidos por países que não participam desta categoria.

No livro *Imposto de renda das empresas*,[1] faz-se questão de sublinhar que o planejamento tributário deve ser submetido a três filtros de legalidade e sinceridade, que dizem respeito à legitimidade dos meios e dos fins visados pelo contribuinte, ao conceber qualquer alternativa de redução da carga tributária. O contribuinte não pode pretender obter alguma vantagem tributária com base em mentiras e simples circulação de papéis; enfim, algumas boas ideias são, por vezes, desperdiçadas, por absoluta falta de cuidado com o desenho da operação e com a documentação de suporte. Os empresários têm de ter consciência de que não existe magia tampouco "almoço grátis" em matéria de tributação. Por isso, todo cuidado é pouco.

---

[1] ANDRADE FILHO, Edmar Oliveira. *Imposto de renda das empresas*. 13. ed. São Paulo: Atlas, 2018.

7.1.2 CUSTOS DO *COMPLIANCE* TRIBUTÁRIO

O peso dos tributos não é formado apenas pelo valor recolhido aos cofres públicos; as empresas, em especial, suportam elevados **custos de *compliance***, já que são obrigadas a interpretar e cumprir as leis tributárias e prestar informações periódicas às autoridades fiscais. O art. 113 do CTN prevê que os contribuintes cumpram obrigações de duas espécies: a obrigação de pagar (chamada **obrigação principal**) e a obrigação de informar (**obrigação acessória**). A obrigação principal se cumpre com a entrega de dinheiro para pagamento do tributo devido, em decorrência da prática dos fatos geradores previstos em cada lei relativa a cada tributo. Assim, por exemplo, o indivíduo que adquire a propriedade de um veículo fica obrigado a pagar o Imposto sobre a Propriedade de Veículos Automotores (IPVA), que é devido a cada ano. Também são consideradas entre as obrigações principais as decorrentes do pagamento de penalidades pecuniárias, como juros e multa. Por outro lado, existem as obrigações acessórias, que consistem na prestação de informações periódicas sobre fatos tributáveis ou outros fatos de interesse da fiscalização. Essas informações podem ser exigidas dos sujeitos passivos (aqueles que, de acordo com a lei, devem recolher os tributos instituídos) ou terceiros, como são as instituições financeiras, que podem ser intimadas a dar informações sobre a movimentação financeira de pessoas físicas ou jurídicas.

7.1.3 TRIBUTOS E LIVRE CONCORRÊNCIA

Em tese, é possível que os tributos possam vir a causar efeitos nefastos na **livre concorrência**, em razão da criação de privilégios injustificáveis, por via de incentivos fiscais. Não é por outra razão que a Emenda Constitucional n. 42/2003 introduziu o preceito do art. 146-A da Constituição Federal, para prever que uma lei complementar pode ser editada para estabelecer critérios especiais de tributação, com o objetivo de prevenir desequilíbrios da concorrência. O empresário que, reiteradamente, não paga os tributos devidos acaba obtendo uma vantagem competitiva ilegal e imoral em razão de ato ilícito; não obstante, a jurisprudência do STF é clara, no sentido de proibir que empresas sejam fechadas ou se submetam a regimes especiais de fiscalização não razoáveis, de modo a impedir ou tornar inviável seu regular funcionamento.

7.2 O PRINCÍPIO DA LEGALIDADE TRIBUTÁRIA

A exigência de tributos é uma consequência da denominada "soberania fiscal", que é consequência do poder jurídico atribuído pela Constituição Federal aos entes da federação. De acordo com o texto do inciso I do art. 150 da CF, a instituição ou majoração de tributos deve ser feita por lei. Em caráter excepcional, a Constituição Federal permite que alguns tributos tenham suas alíquotas alteradas por decreto: é o caso do preceito do parágrafo 1º do art. 153, que afirma ser facultado ao Poder Executivo, atendidas as condições e os limites estabelecidos em lei, alterar as alíquotas dos seguintes impostos: (a) imposto de importação; (b) imposto de exportação; (c) imposto sobre produtos industrializados; e (d) imposto sobre operações de crédito, câmbio e seguro, ou relativas a títulos ou valores mobiliários. No mesmo sentido, o enunciado do art. 177, § 4º, I, *b*, da Constituição Federal permite que ato do Poder Executivo reduza ou reestabeleça a alíquota da contribuição de intervenção no domínio econômico relativa às atividades de importação ou comercialização de petróleo e seus derivados, gás natural e seus derivados e álcool combustível. Em nível infraconstitucional, há o preceito do parágrafo 2º do art. 97 do CTN, segundo o qual não constitui majoração de tributo a atualização do valor monetário da respectiva base de cálculo, de modo que não é exigível lei em tais circunstâncias.

O **princípio da legalidade tributária** pode também ser extraído do CTN. O art. 97 do CTN dispõe que:

> Art. 97. Somente a lei pode estabelecer:
> I – a instituição de tributos, ou a sua extinção;
> II – a majoração de tributos, ou sua redução, ressalvado o disposto nos arts. 21, 26, 39, 57 e 65;
> III – a definição do fato gerador da obrigação tributária principal, ressalvado o disposto no inciso I do § 3º do art. 52, e do seu sujeito passivo;
> IV – a fixação de alíquota do tributo e da sua base de cálculo, ressalvado o disposto nos arts. 21, 26, 39, 57 e 65;
> V – a cominação de penalidades para as ações ou omissões contrárias a seus dispositivos, ou para outras infrações nela definidas;
> VI – as hipóteses de exclusão, suspensão e extinção de créditos tributários, ou de dispensa ou redução de penalidades.

A lei tributária está sujeita ao princípio da anterioridade; assim, nem todas as leis tributárias têm eficácia imediata. Salvo nas exceções referidas no parágrafo 1º do art. 150 da Constituição de 1988, a lei tributária que cria ou aumenta tributo só poderá produzir efeitos, vale dizer, obrigar alguém, no exercício financeiro subsequente, sem prejuízo da *vacatio legis* mínima de 90 dias. Existem exceções, e podem ser exigidos logo que instituídos os impostos extraordinários de guerra, os empréstimos compulsórios por motivo de guerra ou em razão de calamidade pública, que são situações que, por si próprias, denotam o sentido de urgência das receitas tributárias. As contribuições sociais previstas no art. 195 da CF devem observar o prazo de 90 dias para que possam ser exigidas ou aumentadas. Essas normas visam dar aos contribuintes um prazo razoável para organizarem sua vida e seus negócios.

A lei tributária não pode atentar contra o princípio da isonomia. O art. 150, II, da Constituição afirma ser vedado à União, aos Estados, ao Distrito Federal e aos municípios instituir qualquer dos tributos de sua respectiva competência, atribuindo tratamento desigual aos sujeitos passivos que se encontrem em situação equivalente, proibida qualquer distinção em razão da ocupação profissional ou função por eles exercida, independentemente da denominação jurídica dos rendimentos, títulos ou direitos. Além disso, de acordo com o inciso IV do art. 150 da Constituição Federal, é proibida a utilização de tributos para efeito de confisco. O inciso V do art. 150 da Constituição Federal proíbe que a lei tributária estabeleça limitações ao tráfego de pessoas ou bens, mas é admitida a cobrança de pedágio pela utilização de vias conservadas pelo poder público.

De acordo com o art. 150, VI, da Constituição Federal, os entes tributantes estão proibidos de instituir impostos sobre: (a) patrimônio, renda ou serviços, uns dos outros;

(b) templos de qualquer culto; (c) patrimônio, renda ou serviços dos partidos políticos, inclusive suas fundações, das entidades sindicais dos trabalhadores, das instituições de educação e de assistência social, sem fins lucrativos, atendidos os requisitos da lei; (d) livros, jornais, periódicos e o papel destinado a sua impressão; e (e) fonogramas e videofonogramas musicais produzidos no Brasil contendo obras de autores brasileiros ou interpretadas por artistas brasileiros, bem como os suportes materiais ou arquivos digitais que os contenham, salvo na etapa de replicação industrial de mídias ópticas de leitura a *laser*. A proibição constitucional abrange apenas os impostos e não aos demais tributos.

7.3 TRIBUTOS EM ESPÉCIE

De acordo com o enunciado do art. 3º do CTN:

> tributo é toda prestação pecuniária compulsória, em moeda ou cujo valor nela se possa exprimir, que não constitua sanção de ato ilícito, instituída em lei e cobrada mediante atividade administrativa plenamente vinculada.

O art. 145 da Constituição Federal diz que a União, os Estados, o Distrito Federal e os municípios poderão instituir os seguintes tributos: (a) impostos; (b) taxas, em razão do exercício do poder de polícia ou pela utilização, efetiva ou potencial, de serviços públicos específicos e divisíveis, prestados ao contribuinte ou postos a sua disposição; e (c) contribuição de melhoria, decorrente de obras públicas. Ocorre, porém, que a Constituição Federal prevê a instituição e cobrança de duas outras **espécies tributárias**: o empréstimo compulsório e as contribuições. A Figura 7.1 apresenta um resumo sobre as espécies tributárias.

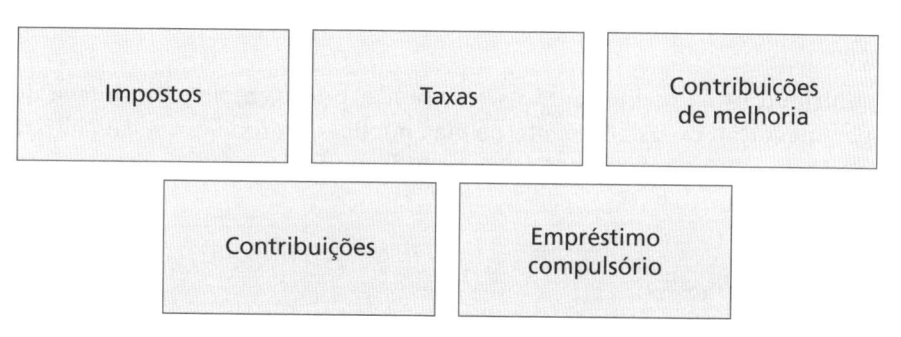

Figura 7.1 Espécies tributárias.

7.3.1 IMPOSTOS

O art. 16 do CTN define **imposto** como sendo o tributo cuja obrigação tem por fato gerador uma situação independente de qualquer atividade estatal específica, relativa ao contribuinte. Nessa espécie de prestação pecuniária compulsória, o sujeito passivo eleito pela lei deve recolher o imposto simplesmente por ter praticado o fato imponível nela previsto hipoteticamente e nada mais, de modo que nenhuma contraprestação, vantagem, utilidade ou serviço específico lhe são assegurados em razão do pagamento.

7.3.2 TAXAS

De acordo com o texto do art. 77 do CTN, as **taxas** cobradas pela União, pelos Estados, pelo Distrito Federal ou pelos municípios, no âmbito de suas respectivas atribuições, têm como fato gerador o exercício regular do poder de polícia, ou a utilização, efetiva ou potencial, de serviço público específico e divisível, prestado ao contribuinte ou posto à sua disposição. No mesmo sentido, o *caput* do art. 145 da Constituição Federal autoriza a cobrança de taxas, em razão do exercício do poder de polícia ou pela utilização, efetiva ou potencial, de serviços públicos específicos e divisíveis, prestados ao contribuinte ou postos à sua disposição. Taxa, portanto, é o tributo que **depende** de uma atividade do Estado[2] que consiste no efetivo exercício do poder de polícia ou na prestação efetiva ou potencial de serviço público específico e divisível. O STF, quando do julgamento da ADI 1.624, ocorrido em 8 de maio de 2003, e da ADI 3.260, de 29 de março de 2007, decidiu que são taxas os valores relativos às custas e emolumentos pagos aos órgãos do Poder Judiciário quando do ajuizamento de processos judiciais.

7.3.3 CONTRIBUIÇÃO DE MELHORIA

O art. 145 da Constituição Federal permite que a União, os Estados, o Distrito Federal e os municípios instituam **contribuições de melhoria**, decorrentes de obras públicas. O texto constitucional não exige, para validar a cobrança da contribuição, que seja provada a ocorrência de valorização da propriedade imobiliária. Esse requisito está previsto no ar. 81 do CTN, segundo o qual a contribuição é instituída para fazer frente ao custo de obras públicas de que decorram valorização imobiliária, tendo como limite total a despesa realizada e como limite individual o acréscimo de valor que da obra resultar para cada imóvel beneficiado. A exigência de valorização foi confirmada pela jurisprudência do STF, quando do julgamento do Agravo Regimental no Agravo de Instrumento 694.836, em 24 de novembro de 2009.

A contribuição de melhoria não se confunde, por exemplo, com a taxa de calçamento, pavimentação ou asfaltamento de vias públicas, porque estas são cobradas com base no custo do serviço prestado, e, por isso, independentemente de valorização da propriedade imobiliária.

7.3.4 CONTRIBUIÇÕES

A Constituição Federal de 1988 inclui as **contribuições** entre as espécies tributárias. O texto constitucional permite a instituição de contribuições pela União e pelos Estados, Distrito Federal e municípios. Das contribuições exigidas pela União, as contribuições importantes do ponto de vista arrecadatório são direcionadas à Seguridade Social e previstas no art. 195 da Constituição, a saber: (a) do empregador, da empresa e da entidade a ela equiparada na forma da lei, incidentes sobre: (i) folha de salários e demais rendimentos do trabalho pagos ou creditados, a qualquer título, à pessoa física que lhe preste serviço, mesmo sem vínculo empregatício; (ii) a receita ou o faturamento; e (iii) o lucro; (b) do trabalhador e dos demais segurados da Previdência Social, exceto sobre aposentadoria e

---

[2] OLIVEIRA, Regis Fernandes. *Curso de direito financeiro*. São Paulo: RT, 2006. p. 135.

pensão concedidas pelo regime geral de Previdência Social de que trata o art. 201; (c) sobre a receita de concursos de prognósticos; e (d) do importador de bens ou serviços do exterior, ou de quem a lei a ele equiparar. A União arrecada contribuições de intervenção no domínio econômico e as destinadas à formação ao PIS e PASEP (art. 239).

7.3.5 EMPRÉSTIMOS COMPULSÓRIOS

O art. 148 da Constituição Federal outorga à União o poder de instituir **empréstimos compulsórios**, desde que por intermédio de lei complementar e que se destinem a: (a) atender a despesas extraordinárias, decorrentes de calamidade pública, de guerra externa ou sua iminência; (b) no caso de investimento público de caráter urgente e de relevante interesse nacional, observado o disposto no art. 150, III, *b*, que diz respeito ao princípio da anterioridade. A aplicação dos recursos provenientes de empréstimo compulsório será vinculada à despesa que fundamentou sua instituição.

7.4 LANÇAMENTO TRIBUTÁRIO E PROCESSO ADMINISTRATIVO

Nos termos do art. 142 do CTN, **lançamento tributário** é o procedimento administrativo tendente a verificar a ocorrência do fato gerador da obrigação correspondente, determinar a matéria tributável, calcular o montante do tributo devido, identificar o sujeito passivo e, sendo o caso, propor a aplicação da penalidade cabível. Procedimento não é o mesmo que processo tendo em vista que este é formado por uma série de atos ou procedimentos, inclusive os derivados do poder de punir que a lei outorga às autoridades administrativas. O lançamento é privativo das autoridades fiscais, com a colaboração dos contribuintes e terceiros, que fazem declarações e prestam informações de interesse da fiscalização.

O lançamento tributário deve ser notificado ao contribuinte designado em lei. Para que uma pessoa seja considerada contribuinte, não é necessário satisfazer os requisitos sobre capacidade jurídica previstos na lei civil. Isto significa que uma criança de um ano de idade pode ser contribuinte do ITBI em caso de falecimento de seus genitores. Acerca da capacidade tributária, o art. 126 do CTN afirma que ela independe: (i) da capacidade civil das pessoas naturais; (ii) de achar-se a pessoa natural sujeita a medidas que importem privação ou limitação do exercício de atividades civis, comerciais ou profissionais, ou da administração direta de seus bens ou negócios; (iii) de estar a pessoa jurídica regularmente constituída, bastando que configure uma unidade econômica ou profissional. A capacidade tributária, portanto, não se confunde com a capacidade civil e nem dela é dependente; por isso, se o contribuinte não tiver condições fáticas de cumprir as obrigações tributárias, estas estarão sob a responsabilidade de curadores, tutores, representantes ou administradores. São contribuintes as pessoas com sede ou domicílio no exterior que obtenham rendimentos de fontes nacionais (exceto exportações de mercadorias).

7.4.1 TIPOLOGIA DOS LANÇAMENTOS

Existem **vários tipos de lançamentos**, a saber: lançamento por declaração; por homologação; e lançamento de ofício.

No **lançamento por declaração**, a administração envia um documento com a notificação do valor a pagar; é o que ocorre com o IPTU, que é cobrado pelos municípios por intermédio de carnês ou boletos bancários enviados para o domicílio do sujeito passivo. O **lançamento por homologação** ocorre nos casos em que a lei tributária impõe ao sujeito passivo o dever de interpretar e aplicar a legislação tributária e recolher o tributo; a correção dos valores declarados ou recolhidos é sujeita a revisão por parte das autoridades fiscais, durante o prazo de cinco anos, a contar do fato gerador. É o que ocorre, por exemplo, na legislação do imposto de renda, que exige que as pessoas físicas e jurídicas entreguem, anualmente, declarações de rendimentos. Se o sujeito passivo nada fizer (não declarar e não pagar), fica sujeito à fiscalização pelo prazo de até sete anos. No período de fiscalização, pode ser emitido **lançamento de ofício** (por intermédio de auto de infração), nos casos de erros ou omissões do contribuinte.

7.4.2 RESPONSABILIDADE PELA VERACIDADE DAS INFORMAÇÕES

Em qualquer caso, o sujeito passivo fica sujeito a **comprovar a veracidade e completude das informações** que vier a prestar, e pode vir a ser autuado se violar a lei. Quando recebe um auto de infração, o sujeito passivo tem o direito de impugná-lo de acordo com as leis do processo administrativo aplicáveis. Os valores lançados pelo sujeito ativo também podem, eventualmente, vir a ser impugnados; assim, se um contribuinte entender que o cálculo do IPTU foi feito em desacordo com a lei, pode impugná-lo no âmbito administrativo. A falta de informações obrigatórias pode gerar a imposição de multas; se a falta for intencional e com finalidade de burlar a legislação tributária, há crime de sonegação fiscal.

7.4.3 SIGILO BANCÁRIO E SIGILO FISCAL

A exigência de prestação, por parte do sujeito passivo, de informações sobre suas operações, tem o propósito de permitir que a administração possa cumprir os deveres que lhe são assinados na lei, ou seja, de tomar conhecimento dos fatos, aplicar a lei tributária e exigir provas do cumprimento das obrigações, e, se for o caso, impor sanções. Para o bom desempenho de suas funções, as autoridades fazendárias podem exigir a prestação de informações por parte de terceiros, especialmente as instituições financeiras.

A Lei Complementar n. 105/2001 revogou o parágrafo 1º do art. 47 da Lei n. 4.595/64, que dispunha sobre o **sigilo bancário**, de modo que as informações requisitadas pelas autoridades fiscais junto às instituições financeiras não mais estão protegidas pelo **sigilo bancário**. Em qualquer caso, a requisição das informações só será válida se precedida da instauração de processo administrativo. As autoridades fazendárias estão obrigadas a guardar sigilo sobre todas as informações que vierem a receber dos contribuintes ou de terceiros, na forma do disposto no art. 198 do CTN. A divulgação de certas informações é proibida em qualquer circunstância, como são as relacionadas a: (a) representações fiscais para fins penais; (b) inscrições na dívida ativa da Fazenda Pública; e (c) parcelamento ou moratória.

7.4.4 AUTO DE INFRAÇÃO E DIREITO DE DEFESA

Se constatar o incumprimento das leis tributárias, a administração pública tem a obrigação de emitir auto de infração, que é o documento mais importante do lançamento de ofício. O **auto de infração** ou documento equivalente deve fazer menção ao fato ilícito e as circunstâncias de sua ocorrência, de modo a justificar, quando for o caso, a aplicação de penas previstas em lei. A imposição de penalidades decorre do poder sancionador atribuído pela lei à administração.

Todavia, o sujeito passivo tem o **direito de contestar** a validade do lançamento feito pelas autoridades fiscais perante a administração pública, em razão de vícios formais e substanciais, e o faz por intermédio de impugnação, defesa, manifestação de inconformidade ou documento semelhante, que devem ser apresentados na forma e nos prazos da lei. Após o cumprimento de todas as fases do processo administrativo regular, o acolhimento ou não das razões apresentadas pelo sujeito passivo ou pela administração pode produzir as seguintes consequências: (a) a manutenção integral do lançamento primitivo; (b) a anulação por vício formal ou substancial (material); (c) a alteração – para menos – do valor da prestação tributária, com a consequente alteração do lançamento notificado ao sujeito passivo; (d) o saneamento de eventual irregularidade insuscetível de gerar nulidade; e (e) a determinação da repetição do ato defeituoso, se o novo ato for publicado antes do escoamento do prazo de decadência, e desde que haja concomitante concessão de prazo de defesa. Em tais circunstâncias, a administração anula o ato por ela emitido, no cumprimento do dever legal de realizar o controle interno da legalidade dos seus próprios atos e de agir – em relação ao particular – de acordo com a lei e o direito. Por isso, o processo administrativo tributário visa também ao controle interno da administração.

Os contribuintes, em qualquer caso, podem levar seu pleito ao Poder Judiciário sem necessidade de acessar o processo administrativo previamente. Se o contribuinte for derrotado no âmbito administrativo, ainda pode submeter seus argumentos de defesa aos órgãos do Poder Judiciário, que poderá decretar a manutenção, a anulação ou a alteração do lançamento tributário, editando norma individual e concreta, por intermédio de sentença ou acórdão.

7.5 TRIBUTOS DE COMPETÊNCIA DA UNIÃO

A **União pode instituir** todos os **tributos**. Em relação aos impostos, ela tem competência para instituir e cobrar os seguintes impostos: (a) imposto de importação; (b) imposto de exportação; (c) imposto sobre a renda e proventos de qualquer natureza; (d) imposto sobre produtos industrializados; (e) imposto sobre operações de crédito, câmbio e seguro ou relativas a títulos ou valores mobiliários; (f) imposto sobre propriedade territorial rural; e (g) imposto sobre grandes fortunas.

A União pode instituir a contribuição sindical prevista no art. 8º da Constituição Federal, e o *caput* do art. 149 lhe garante o direito de instituir: (a) contribuições sociais; (b) contribuições de intervenção no domínio econômico; e (c) contribuições de interesse das categorias profissionais ou econômicas. O art. 195 autoriza a cobrança de contribuições de seguridade social sobre a folha de salários, o faturamento etc. O preceito do parágrafo 4º do art. 195 trata da competência residual da União para instituir outras fontes destinadas a garantir a manutenção ou expansão da seguridade social.

O parágrafo 5º do art. 212 da Constituição Federal autoriza a União a exigir das empresas a contribuição social do salário-educação, destinado ao financiamento da educação básica pública. O art. 239 admite a cobrança das contribuições para o Programa de Integração Social (PIS), criado pela Lei Complementar n. 7/70, e para o Programa de Formação do Patrimônio do Servidor Público (PASEP), criado pela Lei Complementar n. 8/70. O art. 240 admite a cobrança de contribuições do "Sistema S" (destinadas ao SESI, SENAI, SENAC etc.) para manutenção de serviço social e de formação profissional, vinculadas ao sistema sindical. A União pode instituir taxas pela prestação de serviços públicos que vier a prestar ou em razão do poder de polícia, por seus diversos órgãos ou autarquias.

7.5.1 IMPOSTO DE IMPORTAÇÃO E EXPORTAÇÃO

O art. 1º do Decreto-lei n. 37/66 estabelece que o **imposto sobre a importação** "incide sobre mercadoria estrangeira e tem como fato gerador sua entrada no Território Nacional". Contribuinte é qualquer importador, seja uma pessoa natural ou jurídica; o imposto é devido pela simples entrada dos bens em território nacional, mesmo nos casos em que um viajante aqui residente retorne do exterior com bens de valor superior aos limites legais. A base de cálculo é formada pelo valor devido ao exportador estrangeiro (em moeda estrangeira ou brasileira) acrescido de contribuições e despesas de transporte, armazenagem etc. A lei estabelece alíquotas variáveis estipuladas em uma tabela com base no código da NCM – "Nomenclatura Comum do Mercosul", que é formado por oito dígitos e se baseia no denominado "SH" (Sistema Harmonizado de Designação e Codificação de Mercadorias), que é um sistema internacional de classificação de mercadorias a partir da indicação de características específicas dos produtos. O **imposto sobre a exportação** incide sobre a remessa de produtos ao exterior; trata-se, no entanto, de imposto de abrangência limitada e que, na prática, alcança apenas alguns produtos.

7.5.2 IMPOSTO DE RENDA

O **imposto de renda** é o principal tributo arrecadado pela União e o de maior espectro, ou seja, é o mais abrangente de todos, e deve ser pago por pessoas naturais e por pessoas jurídicas, e também é cobrado de pessoas sem sede ou residência no país que auferiam rendimentos de fontes brasileiras.

As pessoas físicas (pessoas naturais) pagam imposto na fonte se os rendimentos forem pagos por pessoa jurídica brasileira, como são, por exemplo, os salários e demais rendimentos do trabalho assalariado, autônomo ou prestado por dirigentes de empresas e entidades jurídicas de qualquer natureza. Há tributação na fonte sobre os rendimentos de aplicações financeiras, aluguéis, *royalties* etc. Se a fonte pagadora estiver localizada em outro país ou se for uma pessoa física, o beneficiário deverá calcular o imposto devido a cada mês e fazer o recolhimento, e este deverá ser feito em relação aos ganhos de capital decorrentes de venda de bens móveis ou imóveis, de moeda estrangeira ou qualquer espécie de moeda ou ativo criptografado. No ano subsequente ao do recebimento dos rendimentos, o contribuinte deverá fazer a Declaração de Rendimentos, em que serão reunidos todos os rendimentos (exceto os que são tributados exclusivamente na fonte) e consideradas as despesas dedutíveis autorizadas por lei e calculado o imposto anual; os valores descontados na fonte e pagos antecipadamente serão somados e confrontados com o valor do imposto devido anualmente, e o contribuinte: (a) pode obter restituição, se pagou a maior; ou (b) deve recolher a diferença, se for o caso.

As pessoas jurídicas pagam imposto sobre o lucro ou a receita, de acordo com os regimes do lucro real, lucro presumido ou arbitrado. No primeiro caso, o IRPJ é calculado com base no lucro do período, ajustado por parcelas que a lei considera não tributáveis (como são os dividendos) e não dedutíveis – como são as multas e as despesas sem comprovação. A lei permite o abatimento dos prejuízos de anos anteriores até o limite de 30% da base de cálculo de cada ano. Antecipações devem ser pagas durante o período, e as pessoas jurídicas, em certos casos, também sofrem retenções na fonte; em qualquer caso, deve ser feito o acerto no período subsequente, ao modo do que faz a pessoa física. No regime do lucro presumido, a base de cálculo é um percentual (que varia de 1,6% a 32%) da receita de cada trimestre civil, acrescido dos ganhos de capital ou outras receitas, que não decorrem das atividades normais da empresa. No regime do lucro presumido, o imposto é calculado de acordo com as regras do lucro presumido, com um acréscimo de 20%; esse regime é aplicável quando a contabilidade do contribuinte é considerada imprestável.

Os rendimentos obtidos por não residentes ou não domiciliados no País são tributados na fonte, como é, por exemplo, a remuneração pela prestação de serviços e a decorrente de aplicações financeiras, empréstimos, aluguéis, *royalties* etc. Os ganhos de capital relativos a bens localizados no Brasil são tributados tal como as pessoas físicas. As alíquotas variam conforme a natureza do rendimento, da existência de acordo internacional ou da localização do beneficiário, e serão sempre as maiores dentre as previstas em lei para os residentes ou domiciliados em paraísos fiscais ou região de baixa tributação.

Não raro, os estrangeiros que auferem rendimentos de fonte situada no Brasil exigem que a remuneração pactuada não seja diminuída pela retenção do imposto de renda na fonte. Esses acordos são válidos entre as partes, mas não exoneram a fonte brasileira da obrigação de pagar o imposto, cujo encargo econômico assumirá mediante ajuste da base de cálculo. Assim, por exemplo, se a remuneração pactuada é 100 e a alíquota 25%, a fonte brasileira deve calcular o imposto por dentro (reajustar a base de cálculo), e obterá o valor de 133, e pagará 100 ao beneficiário e recolherá 33 aos cofres públicos, o que corresponde a 25% do valor reajustado arredondado.

7.5.3 IMPOSTO SOBRE PRODUTOS INDUSTRIALIZADOS

O **Imposto sobre Produtos Industrializados** (IPI) é um tributo não cumulativo e incidente na importação de fabricação de bens. O mecanismo da não cumulatividade torna esse imposto um tributo sobre o valor agregado; assim, calcula-se o montante do imposto cujas alíquotas são fixadas em uma tabela, e desconta-se o valor do tributo incidente nas entradas de bens utilizados no processo de produção. Na importação, o tributo incide sobre o valor pago ao remetente no estrangeiro e acrescido de despesas e do imposto de importação.

7.5.4 IMPOSTO SOBRE OPERAÇÕES FINANCEIRAS

De acordo com regulamento do **Imposto sobre Operações de Crédito, Câmbio e Seguro ou relativas a Títulos ou Valores Mobiliários** (IOF), estabelecido pelo Decreto n. 6.306/2007, o imposto incide sobre: (a) operações de crédito realizadas: (i) por instituições financeiras; (ii) por empresas *factoring*; e (iii) entre pessoas jurídicas ou entre pessoa jurídica e pessoa física; (b) operações de câmbio; (c) operações de seguro realizadas por seguradoras; (d) operações relativas a títulos ou valores mobiliários; e (e) operações com ouro, ativo financeiro, ou instrumento cambial. As alíquotas variam de acordo com a natureza da operação financeira. Como se vê, o tributo não é devido apenas pelas entidades que integram o sistema financeiro nacional; assim, por exemplo, uma indústria se torna contribuinte se fizer empréstimos de dinheiro a pessoas físicas ou a quaisquer pessoas jurídicas, como são as empresas integrantes de um mesmo grupo econômico.

7.5.5 CONTRIBUIÇÕES

A União arrecada diversas **contribuições**, como são as incidentes sobre o faturamento, sobre a folha de salários, sobre o lucro e as contribuições de intervenção no domínio econômico incidente sobre operações com combustíveis e sobre as remessas de dinheiro ao exterior.

Quatro são as contribuições sobre o faturamento: PIS-PASEP; COFINS; Contribuição Previdenciária sobre a Receita Bruta (CPRB); e contribuição sobre a produção rural (antigo FUNRURAL). As contribuições ao PIS e COFINS são devidas em três modalidades: (a) regime não cumulativo, em que o valor a ser pago resulta da aplicação da alíquota prevista em lei sobre a receita total (receita de vendas de bens e serviços e demais receitas), com desconto de créditos sobre insumos utilizados na prestação de serviços, industrialização, produção e comercialização; (b) regime cumulativo, sem possibilidade de descontos de créditos; e (c) regime concentrado, em que a tributação é exigida do fabricante de certos produtos e não há exigência nas etapas de comercialização e consumo posteriores. A CPRB e a contribuição sobre a produção rural comercializada substituem, a critério dos contribuintes, a contribuição sobre a folha de salários. Nem todos podem fazer a opção; a lei é que estabelece as hipóteses em que a opção pode ser feita.

A Contribuição Social sobre o Lucro Líquido (CSLL) é devida pelas pessoas jurídicas e é apurada a partir do resultado contábil do período ajustado. A alíquota da CSLL é de 9% para as pessoas jurídicas em geral, e de 15% no caso das pessoas jurídicas consideradas instituições financeiras, de seguros privados e de capitalização. A apuração da CSLL deve acompanhar a forma de tributação do lucro adotada para o IRPJ. As pessoas jurídicas pagam contribuição previdenciária sobre a folha de salários, e a mesma base de cálculo é adotada para as contribuições ao salário-educação e as destinadas ao "Sistema S".

7.6 TRIBUTOS DOS ESTADOS E DO DISTRITO FEDERAL

De acordo com o art. 155 da Constituição Federal, compete aos Estados e ao Distrito Federal instituir: (a) ITCMD – imposto sobre a transmissão *causa mortis* e doação, de quaisquer bens ou direitos; (b) ICMS – imposto sobre operações relativas à circulação de mercadorias e sobre prestações de serviços de transporte interestadual e intermunicipal e de comunicação, ainda que as operações e as prestações se iniciem no exterior; e (c) IPVA – imposto sobre a propriedade de veículos automotores.

O ICMS é um imposto não cumulativo, de modo que o contribuinte recolhe apenas a diferença de imposto entre as vendas e demais saídas tributadas com desconto de créditos sobre as entradas. As alíquotas do ICMS são fixadas por lei complementar nacional e obrigatória para todos os Estados e para o Distrito Federal; todavia, é facultado ao Senado Federal: (a) estabelecer alíquotas mínimas nas operações internas, mediante resolução de iniciativa de 1/3 e aprovada pela maioria absoluta de seus membros; (b) fixar alíquotas máximas nas mesmas operações para resolver conflito específico que envolva interesse de Estados, mediante resolução de iniciativa da maioria absoluta e aprovada por 2/3 de seus membros. O IPVA incide sobre o valor dos veículos automotores, e as alíquotas são estabelecidas nas leis de cada Estado e do Distrito Federal.

Com base no preceito do parágrafo 1º do art. 149 da Constituição, os Estados e o Distrito Federal adquiriram poder para instituir contribuição, cobrada de seus servidores, para o custeio, em benefício destes, do regime previdenciário, de que trata o art. 40 da mesma Constituição. Os Estados e o Distrito Federal podem instituir taxas pela prestação de serviços públicos que vierem a prestar ou em razão do poder de polícia por seus diversos órgãos ou autarquias. O Distrito Federal pode instituir contribuição destinada ao custeio de iluminação pública, em razão do disposto no art. 149-A da Constituição Federal.

7.7 TRIBUTOS DE COMPETÊNCIA DOS MUNICÍPIOS

Em razão do disposto no art. 156 da Constituição Federal, compete aos municípios instituir impostos sobre: (a) propriedade predial e territorial urbana; (b) transmissão *inter vivos*, a qualquer título, por ato oneroso, de bens imóveis; e (c) serviços de qualquer natureza, não compreendidos no art. 155, II, definidos em lei complementar (ISS). O ISS incide sobre o valor dos serviços, e as alíquotas são fixadas pelas leis municipais, mas limitadas aos parâmetros estipulados em lei complementar nacional. De acordo com o parágrafo 1º do art. 149 da Constituição, os municípios adquiriram poder para instituir contribuição, cobrada de seus servidores, para o custeio, em benefício destes, do regime previdenciário, de que trata o art. 40 da mesma Constituição. Por fim, em razão disposto no art. 149-A da Constituição, os municípios podem instituir contribuição destinada ao custeio do serviço de iluminação pública. Os municípios podem instituir taxas pela prestação de serviços públicos que vierem a prestar ou em razão do poder de polícia por seus diversos órgãos ou autarquias.

7.8 RESPONSABILIDADE TRIBUTÁRIA

Há **responsabilização** quando uma pessoa assume obrigação de pagar tributos devidos por outra. Assim, por exemplo, os débitos tributários de uma sociedade incorporada são "transferidos" para a sociedade incorporadora, que assume a responsabilidade por pagá-los. De igual modo, os débitos de uma pessoa natural falecida são assumidos por seus herdeiros. Há casos em que a responsabilidade é uma espécie de penalidade decorrente da prática de ato ilícito. É o que ocorre com os diretores e sócios de sociedades, que cometem atos ilegais ou que fecham empresas devedoras, para não pagar tributos devidos por elas.

Portanto, um empreendedor que assumir o negócio de outrem deve zelar para conhecer as dívidas tributárias da empresa ou do estabelecimento (como é o caso de uma loja), tendo em vista que arcará com os débitos anteriores, mesmo que tenha feito um contrato se eximindo de tais obrigações. Nos casos em que a responsabilidade decorre de lei, os contratos particulares não valem contra o Estado.

7.9 PENALIDADES

As normas tributárias são de ordem pública, e, por isso, devem ser cumpridas, independentemente da vontade do sujeito passivo; o dever tributário surge com o fato gerador da obrigação tributária principal ou acessória. Se o sujeito não cumprir as normas fiscais, se sujeita ao **pagamento de multa e juros**, que não substituem a obrigação de pagar o tributo eventualmente devido, ou seja, quem não paga o tributo devido no prazo estipulado em lei se sujeita às multas e juros, e continua a ser devedor do tributo. Além disso, pode sofrer **ação de execução** e ficar proibido de obter incentivos fiscais e distribuir lucros aos sócios ou acionistas.

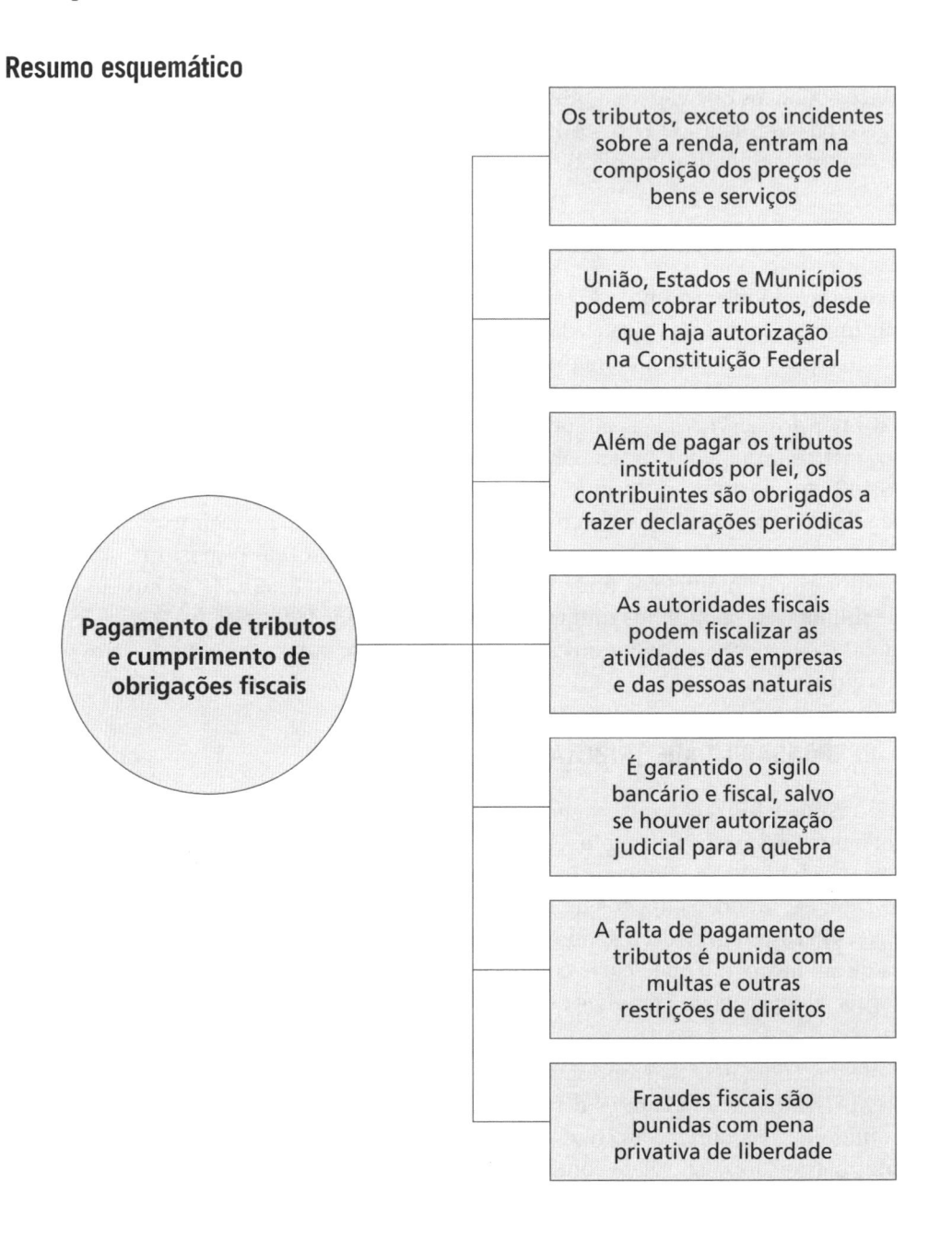

Resumo esquemático

Pagamento de tributos e cumprimento de obrigações fiscais:

- Os tributos, exceto os incidentes sobre a renda, entram na composição dos preços de bens e serviços
- União, Estados e Municípios podem cobrar tributos, desde que haja autorização na Constituição Federal
- Além de pagar os tributos instituídos por lei, os contribuintes são obrigados a fazer declarações periódicas
- As autoridades fiscais podem fiscalizar as atividades das empresas e das pessoas naturais
- É garantido o sigilo bancário e fiscal, salvo se houver autorização judicial para a quebra
- A falta de pagamento de tributos é punida com multas e outras restrições de direitos
- Fraudes fiscais são punidas com pena privativa de liberdade

Minicaso

O cidadão inglês James Woodward prestou serviços para uma empresa sediada no Brasil, e exigiu que o contrato estipulasse que não seria feita a retenção do imposto de renda de 25% sobre a remuneração pactuada.

a) Esta cláusula contratual é válida?
b) Como deve agir a empresa sediada no Brasil que pagar a remuneração?

Exercício

Assinale Falso ou Verdadeiro:

a) Os tributos são contribuições devidas ao Estado, e, por isso, não interferem no preço de bens e serviços. ( )
b) Planejamento tributário é atividade proibida, e, por isso, caracteriza crime fiscal. ( )
c) Os prefeitos não podem aumentar o ICMS, pois é um tributo estadual. ( )
d) O aumento do ICMS só é válido se feito com base em decreto do Governador do Estado. ( )
e) A lei tributária pode ser retroativa em qualquer circunstância. ( )
f) Lei complementar pode criar tributo. ( )
g) A tributação, desde que autorizada por lei, é legítima, independentemente de limite. ( )
h) Contribuições e empréstimos compulsórios são espécies de tributos. ( )
i) Taxa tem como fato gerador a prestação de serviço público e exercício do poder de polícia. ( )
j) Fiscalização é um instrumento do exercício do poder de polícia. ( )
k) Apenas os municípios podem cobrar taxas. ( )
l) Em hipótese alguma, pode haver criação de tributo sem lei. ( )
m) A União pode reduzir ou aumentar os tributos de competência dos municípios. ( )

8 O CONTROLE DAS ATIVIDADES ECONÔMICAS POR ÓRGÃOS ESTATAIS

Assista ao vídeo do autor sobre este Capítulo.

Após ler este capítulo, você estará apto a:
- ✓ Compreender que toda atividade econômica é sujeita ao poder de polícia de órgãos estatais, que emitem atos administrativos sob a forma de alvarás, licenças, autorizações etc.
- ✓ Conhecer a anatomia dos atos administrativos e as condições de validade deles.
- ✓ Saber que os particulares podem discutir a validade de atos estatais que julgam ilegais perante a própria administração, ou seja, em processo administrativo.
- ✓ Compreender que a administração pública só pode agir nos limites da lei, e está proibida de criar regalias ou impor restrições que não tenham caráter geral e igualitário e que sejam atentatórias à moralidade administrativa.
- ✓ Saber que as decisões proferidas pela administração devem ser motivadas e devidamente publicadas.
- ✓ Conhecer as principais medidas contra infrações cometidas pelos particulares e pelos servidores públicos.

8.1 OS PODERES DA ADMINISTRAÇÃO ESTATAL

O exercício de toda e qualquer atividade econômica está sujeito ao controle de diversos **órgãos estatai**s, que aplicam normas de direito administrativo. Tais normas (regras e princípios) dispõem sobre o exercício dos poderes inerentes ao desempenho de função pública por pessoas jurídicas de direito público, que agem por intermédio de seus órgãos e agentes. Grande parte das normas do direito administrativo estabelecem os poderes, competências ou atribuições que podem ou devem ser exercidos pela administração pública, assim entendido o complexo de órgãos e pessoas incumbidas de manifestar a vontade da lei imputada aos entes governamentais.

8.1.1 PODER DE POLÍCIA

A observância dos princípios constitucionais que regem a administração pública é exigível em qualquer circunstância em que a administração exerce quaisquer poderes, como são os denominados "poderes de polícia". A noção de **poder de polícia** é encontrada no texto do art. 78 do CTN, que a caracteriza como a atividade da administração pública que, limitando ou disciplinando direito, interesse ou liberdade, regula a prática de ato ou abstenção de fato, em razão de interesse público concernente à segurança, à higiene, à ordem, aos costumes, à disciplina da produção e do mercado, ao exercício de atividades econômicas dependentes de concessão ou autorização do poder público, à tranquilidade pública ou ao respeito à propriedade e aos direitos individuais ou coletivos. O exercício do poder de polícia se exterioriza por procedimento de fiscalização como espécie de controle da legalidade e na expedição de atos normativos. Para exercer as funções típicas do poder de polícia, o órgão competente tem o dever de criar uma estrutura composta de bens e pessoas, para conceber e expedir regulamentos, fiscalizar e, eventualmente, impor sanções aos faltosos.

8.1.2 PROCESSO ADMINISTRATIVO

Todo cidadão que interage com a administração pública de qualquer ente estatal (União, Estados, Distrito Federal e municípios) pode reivindicar seus direitos e contestar atos estatais ilegítimos perante a própria administração, por intermédio de um "processo administrativo", sem que isso lhe retire o direito de – se quiser – provocar decisão do Poder Judiciário, que detém poderes de anular atos administrativos ilegais ou inconstitucionais e impor sanções à administração, quando cabíveis. Por vezes, os **processos administrativos** têm finalidades estritamente técnicas, como é o conjunto de documentos que devem ser apresentados em um órgão municipal para obtenção de um alvará de construção. A ação final do poder público em tais circunstâncias não visa dirimir um conflito de interpretação; o objetivo é a expedição de um documento após a verificação da completude e correção dos documentos e a observância das normas aplicáveis. É óbvio que a negativa sem justificação legal pode ser impugnada perante a própria administração, antes de, se for o caso, ser levada ao Poder Judiciário.

Sob o ângulo pragmático, o processo administrativo é um importante instrumento afirmativo da cidadania e da efetividade do princípio da legalidade, a despeito de ser conduzido pela própria administração, por intermédio de seus órgãos.

Cada esfera de governo tem competência para criar suas próprias regras sobre o processo administrativo e determinar quais as matérias ou questões que podem ser discutidas. Em qualquer circunstância, é necessário que as decisões sejam pautadas, produzidas de acordo com o direito aplicável e que os pleiteantes tenham assegurados os direitos de contraditório e de ampla defesa.

8.2 PRINCÍPIOS GERAIS DA ADMINISTRAÇÃO PÚBLICA

De acordo com o *caput* do art. 37 da Constituição Federal, a administração pública direta e indireta de qualquer dos poderes da União, dos Estados, do Distrito Federal e dos municípios obedecerá aos **princípios de legalidade**, **impessoalidade**, **moralidade**, **publicidade** e **eficiência**. O art. 2º da Lei 9.784/99, lei que rege o processo administrativo no âmbito federal, dispõe que:

> A administração pública obedecerá, dentre outros, aos princípios da legalidade, finalidade, motivação, razoabilidade, proporcionalidade, moralidade, ampla defesa, contraditório, segurança jurídica, interesse público e eficiência.

Em seguida, o inciso IV do parágrafo único do mesmo dispositivo exige que o Poder Executivo atue "segundo padrões éticos de probidade, decoro e boa-fé".

8.2.1 PRINCÍPIO DA LEGALIDADE

A administração está sujeita à lei e à Constituição. Ela é obrigada a cumprir as normas da Constituição e as regras contidas nas leis e outros diplomas normativos autorizados pela Constituição, como são as medidas provisórias, os decretos, as súmulas de Tribunais, os tratados etc. A Constituição não exige que o parlamento (Poder Legislativo) estabeleça com exclusividade quais são os poderes e os deveres da administração; portanto, exceto nos casos em que há reserva de lei imposta por mandamento constitucional, deve a administração pública cumprir todos os atos regulamentares que lhe forem impostos e as normas que ela própria vier a editar, desde que, em qualquer caso, sejam congruentes com a Constituição Federal ou com a lei.

8.2.2 PRINCÍPIO DA IMPESSOALIDADE E PRINCÍPIO DA MORALIDADE

Na lição da doutora Cármen Lúcia Antunes Rocha,[1]

> o princípio constitucional da impessoalidade administrativa tem como objeto a neutralidade da atividade administrativa, fixando como única diretriz jurídica válida para os comportamentos estatais o *interesse público*.

Assim sendo, a administração não pode fazer acepção de pessoas, ou seja, não lhe é permitido adotar qualquer espécie de favoritismo. Esse mandamento constitucional rechaça a promoção pessoal de governantes e funcionários públicos, porquanto eles não agem em seu próprio nome, mas "representam" o Estado, de modo que não estão autorizados a atender aos interesses particulares ou de grupos políticos aos quais pertencem.

O princípio da **moralidade**, na lição de Marcelo Figueiredo,[2] constitui "mecanismo de ataque de atos jurídicos e administrativos desviados de seus comandos, a fim de preservar o Estado Democrático de Direito", de modo que: "o princípio da moralidade administrativa dirige-se a todos, notadamente ao Estado-Administrador, ao Estado-Legislador e o Estado-Juiz". Em voto proferido quando do julgamento da Medida Cautelar na Ação Direta de Inconstitucionalidade 2.661, em 5 de junho de 2002, o ilustre Ministro Celso

---

[1] ROCHA, Cármen Lúcia Antunes. *Princípios constitucionais da administração pública*. Belo Horizonte: Del Rey, 1994. p. 147.
[2] FIGUEIREDO, Marcelo. *O controle da moralidade na Constituição*. São Paulo: Malheiros, 1999. p. 121.

de Mello, do STF, afirmou: "O princípio da moralidade administrativa – enquanto valor constitucional revestido de caráter ético-jurídico – condiciona a legitimidade e a validade dos atos estatais". E acrescenta: "Esse postulado fundamental, que rege a atuação do poder público, confere substância e dá expressão a uma pauta de valores éticos sobre os quais se funda a ordem positiva do Estado".

Esse princípio constitucional rechaça toda e qualquer forma de nepotismo e todo comportamento que seja, direta ou indiretamente, contrário ao princípio da boa-fé. Acerca desse último princípio, o STJ rechaçou comportamentos torpes da administração pública, ao decidir que:

> um comportamento da administração que gera legítima expectativa no servidor ou no jurisdicionado não pode ser depois utilizado exatamente para cassar esse direito, pois seria, no mínimo, prestigiar a torpeza, ofendendo, assim, aos princípios da confiança e da boa-fé objetiva, corolários do princípio da moralidade (Mandado de Segurança 13.948-DF, julgado em 26 de setembro de 2012).

8.2.3 PRINCÍPIO DA PUBLICIDADE

A administração pública, como convém aos entes estatais em um Estado Democrático, deve agir com transparência e dar adequada **publicidade** aos seus atos, especialmente os que disponham sobre matérias pertinentes aos deveres e direitos fundamentais. Neste sentido, o inciso XXXIII do art. 5º da Constituição Federal é claro, ao dispor que:

> Todos têm direito a receber dos órgãos públicos informações de seu interesse particular, ou de interesse coletivo ou geral, que serão prestadas no prazo da lei, sob pena de responsabilidade, ressalvadas aquelas cujo sigilo seja imprescindível à segurança da sociedade e do Estado.

O direito de acesso a informações não é absoluto, ou seja, é possível (nos casos previstos em lei) que a administração seja proibida de divulgar informações que forem reputadas sigilosas ou que sejam imprescindíveis à segurança.

O citado preceito constitucional foi regulamentado pela Lei n. 12.527/2011, que é endereçada aos três poderes da União, Estados, Distrito Federal e municípios, inclusive aos Tribunais de Contas e Ministério Público. Entidades privadas sem fins lucrativos também são obrigadas a dar publicidade a informações referentes ao recebimento e à destinação dos recursos públicos por elas recebidos. A referida lei criou mecanismos que possibilitam, a qualquer pessoa, física ou jurídica, sem necessidade de apresentar motivo, o recebimento de informações públicas dos órgãos e entidades. O princípio reitor da referida lei é o da divulgação máxima, de modo que o acesso é a regra e o sigilo, a exceção; em alguns casos, os órgãos estatais devem fazer a divulgação de informações de interesse coletivo e geral.

8.2.4 PRINCÍPIO DA EFICIÊNCIA

A Constituição Federal exige que a administração aja com eficiência; logo, ela é obrigada, na medida do possível, a cumprir suas funções de forma expedita e célere. A exigência de atuação eficiente diz respeito, também, ao princípio da economicidade, de modo que a administração pública deve perseguir a obtenção da melhor relação entre custos e benefícios na realização de gastos públicos.

O **princípio da eficiência** exige julgamentos céleres das questões submetidas aos órgãos administrativos que exercem funções de julgamento e detêm poderes de aplicar penalidades. Quando do julgamento do Mandado de Segurança 22.037, em 22 de fevereiro de 2017, o STJ decidiu que: "É dever da Administração Pública pautar seus atos dentro dos princípios constitucionais, notadamente pelo princípio da eficiência, que se concretiza também pelo cumprimento dos prazos legalmente determinados". Em seguida, foi dito que:

> Não é lícito à Administração Pública prorrogar indefinidamente a duração de seus processos, pois é direito do administrado ter seus requerimentos apreciados em tempo razoável, *ex vi* dos arts. 5º, LXXIII, da Constituição Federal e 2º da Lei n. 9.784/99.

8.2.5 MOTIVAÇÃO

A exigência de **motivação** nos atos administrativos de caráter decisório tem lastro no inciso LV do art. 5º da Constituição, segundo o qual: "aos litigantes, em processo judicial ou administrativo, e aos acusados em geral são assegurados o contraditório e ampla defesa, com os meios e recursos a ela inerentes". De acordo com a lição da professora Maria Sylvia Zanella Di Pietro:[3] "A sua obrigatoriedade se justifica em qualquer tipo de ato, porque se trata de formalidade necessária para permitir o controle de legalidade dos atos administrativos".

O art. 20 da Lei de Introdução às Normas do Direito Brasileiro estabelece que: "Nas esferas administrativa, controladora e judicial, não se decidirá com base em valores jurídicos abstratos sem que sejam consideradas as consequências práticas da decisão" e que "a motivação demonstrará a necessidade e a adequação da medida imposta ou da invalidação de ato, contrato, ajuste, processo ou norma administrativa, inclusive em face das possíveis alternativas". No âmbito federal, o *caput* do art. 50 da Lei n. 9.784/99 é claro, ao dispor que os atos administrativos devem ser motivados, com indicação dos fatos e dos fundamentos jurídicos, quando: (a) neguem, limitem ou afetem direitos ou interesses; (b) imponham ou agravem deveres, encargos ou sanções; (c) decidam processos administrativos de concurso ou seleção pública; (d) dispensem ou declarem a inexigibilidade de processo licitatório; (e) decidam recursos administrativos; (f) decorram de reexame de ofício; (g) deixem de aplicar jurisprudência firmada sobre a questão ou discrepem de pareceres, laudos, propostas e relatórios oficiais; e (h) importem anulação, revogação, suspensão ou convalidação de ato administrativo. A motivação deve ser explícita, clara e congruente, podendo consistir em declaração de concordância com fundamentos de anteriores pareceres, informações, decisões ou propostas, que, neste caso, serão parte integrante do ato (§ 1º).

---

[3] DI PIETRO, Maria Sylvia Zanella. *Direito administrativo*. 30. ed. Rio de Janeiro: Forense, 2017. p. 113.

8.3 ATO ADMINISTRATIVO: TIPOLOGIA E ATRIBUTOS

O **ato administrativo** é um instituto fundamental do direito administrativo, porquanto é o modo mais comum de exteriorização da vontade da lei nas matérias de competência da administração pública ou das escolhas feitas por ela (administração pública), nos casos em que a lei lhe outorga algum poder discricionário. A administração pública desempenha funções típicas de governo, que compreendem a gestão de recursos públicos, mediante o exercício do poder de polícia, da prestação de serviços e realização de obras públicas, e, ainda, pelo fomento e regulação de atividades econômicas e pela imposição de restrições à propriedade privada.

Por intermédio de atos administrativos, a administração exerce diversas funções: a primeira delas é a função normativa, já que ela tem poderes para expedir atos normativos de caráter regulamentar em caráter geral; em segundo lugar, ela emite atos de caráter decisório, que são, por exemplo, os acórdãos dos órgãos competentes para dirigir processos administrativos. Esses atos decisórios, em regra, confirmam ou anulam atos anteriores, editados com base no poder administrativo de punir, isto é, de aplicar as penalidades previstas em lei. Em terceiro lugar, a administração expede "provimentos jurídicos". Esses atos, na lição do professor Celso Antônio Bandeira de Mello,[4] são os que habilitam os administrados à prática de determinada atividade (licença de construir, licença para dirigir automóveis, autorização de porte de armas etc.) ou que, inversamente, proíbem ou a impedem (expedindo ordens, como ocorre quando o guarda de trânsito desvia *o tráfego*, obstando a circulação por vias congestionadas por algum acidente), ou, ainda, sancionam (expedindo multas, determinando o embargo de atividades), se forem desatendidas as normas pertinentes, quando constatada sua violação, o que ocorre como resultado de fiscalização do comportamento dos administrados. Em quarto lugar, a administração expede atos de certificação, autorização ou concessão, e, ainda, de investidura (para funcionários públicos e agentes políticos) ou de opinião, como são os pareceres de órgãos consultivos.

8.3.1 ATOS VINCULADOS E DISCRICIONÁRIOS

Comumente, os atos administrativos são classificados em: (a) atos **vinculados**; e (b) atos **discricionários**. Os primeiros, de acordo com a lição da professora Maria Sylvia Zanella Di Pietro,[5] surgem

> quando a lei estabelece a única solução possível diante de determinada situação de fato; ela fixa todos os requisitos, cuja existência a administração deve limitar-se a constatar, sem qualquer margem de apreciação subjetiva,

enquanto há atuação discricionária nos casos em que "a administração, diante do caso concreto, tem a possibilidade de apreciá-lo segundo critérios de oportunidade e conveniência e escolher uma dentre duas ou mais soluções, todas válidas para o direito". Para a edição

---

[4] BANDEIRA DE MELLO, Celso Antônio. Serviço público e poder de polícia: concessão e delegação. *Revista Trimestral de Direito Público*, n. 20, São Paulo: Malheiros, 1997. p. 25.

[5] DI PIETRO, Maria Sylvia Zanella. *Direito administrativo*. 30. ed. Rio de Janeiro: Forense, 2017. p. 253.

de um ato vinculado ou discricionário, a administração deve se ater aos limites do ordenamento jurídico; em outras palavras, ato discricionário não é o mesmo que ato arbitrário.

Problemas práticos sobre os atos discricionários podem surgir nos casos de concursos públicos. A entidade que realiza um concurso público deve observar as regras do edital que ela própria divulgou e deve cumprir a lei e a Constituição; assim, por exemplo, de acordo com a jurisprudência do STF, a discricionariedade da administração quanto à convocação de aprovados em concurso público fica reduzida ao patamar zero nos seguintes casos: (a) quando a aprovação ocorrer dentro do número de vagas do edital (RE 598.099); (b) quando houver preterição na nomeação por não observância da ordem de classificação (Súmula 15 do STF); e (c) quando surgirem novas vagas, ou for aberto novo concurso durante a validade do certame anterior, e ocorrer preterição de candidatos aprovados fora das vagas, de forma arbitrária e imotivada por parte da administração.

8.3.2 LEGITIMIDADE, IMPERATIVIDADE E EXIGIBILIDADE

A doutrina considera que os atos administrativos têm pelo menos três atributos: (a) a presunção de **legitimidade**; (b) **imperatividade**; e (c) **exigibilidade**. A Figura 8.1 ilustra os atributos essenciais do ato administrativo válido.

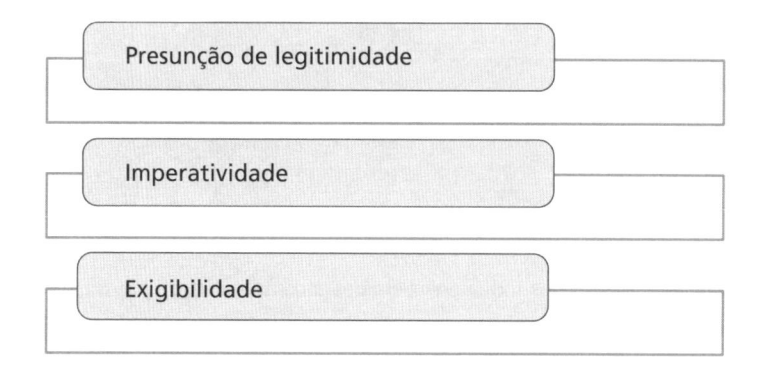

Figura 8.1 Atributos essenciais do ato administrativo.

A presunção de legitimidade dos atos administrativos advém do fato de que é presumível – até prova em contrário – que a administração age em obediência à lei e à Constituição. Isso não significa que atos administrativos não fiquem sujeitos à verificação da observância de critérios de validade, tal como ocorre com as leis e outros diplomas normativos. A imperatividade dos atos da administração decorre também do princípio da legalidade; assim, se a lei ou a Constituição atribuem poderes a um órgão, é natural que esse ato seja coercível, isto é, capaz de obrigar as pessoas destinatárias, independentemente de estarem ou não de acordo. Exigibilidade, na lição de Diógenes Gasparini:[6] "É a qualidade do ato administrativo que impele o destinatário à obediência das obrigações por ele impostas, sem necessidade de qualquer apoio judicial".

---

[6] GASPARINI, Diógenes. *Direito administrativo*. São Paulo: Saraiva, 1989. p. 64.

8.4 ELEMENTOS DO ATO ADMINISTRATIVO

Os atos administrativos têm, sempre, **cinco elementos**: 1. sujeito; 2. finalidade; 3. objeto ou conteúdo; 4. motivo; e 5. forma. A Figura 8.2 ilustra quais são os elementos indispensáveis dos atos administrativos em geral.

Figura 8.2 Elementos indispensáveis dos atos administrativos em geral.

Um ato administrativo só pode ser validamente emitido se o for por órgão que, de acordo com o ordenamento jurídico, detenha poderes para fazê-lo. Esse órgão age por intermédio de um agente ou um colégio de agentes que estejam legalmente investidos de poderes ou atribuições. Age individualmente, por exemplo, o auditor-fiscal do trabalho, a quem é outorgado o poder de "verificar o cumprimento das disposições legais e regulamentares, inclusive as relacionadas à segurança e à saúde no trabalho, no âmbito das relações de trabalho e de emprego", na forma do disposto no inciso I do art. 18 do Decreto n. 4.552/2002, que aprovou o Regulamento de Inspeção do Trabalho. Órgão colegiado é, por exemplo, o Conselho de Recursos do Sistema Financeiro Nacional, criado com a finalidade de julgar, em segunda e última instância, os recursos interpostos das decisões relativas à aplicação de penalidades administrativas. Esse órgão integra a estrutura do Ministério da Fazenda, na forma do disposto no Decreto n. 91.152/85.

Se não forem respeitadas as formas previstas em lei para certos atos administrativos, pode haver anulação. Essa consequência está prevista na Lei n. 4.717/65, que regula a Ação Popular. De acordo com a alínea *b* do parágrafo único do art. 2º: "o vício de forma consiste na omissão ou na observância incompleta ou irregular de formalidades indispensáveis à existência ou seriedade do ato". Os atos administrativos são, em geral, escritos, mas é possível que a administração venha a se manifestar por intermédio de sinais, como ocorre, por exemplo, nos aeroportos, em que pessoas oriundas do exterior podem ser convocadas a passar por uma inspeção de bagagem, por intermédio do acendimento da "luz vermelha".

A finalidade de todo ato administrativo é dar cumprimento às leis e normas atributivas dos poderes conferidos aos sujeitos; é, pois, o escopo ou resultado que a administração pretende alcançar com a edição do ato. Essa finalidade é sempre vinculada a um interesse público, mesmo nos casos de atos de simples gestão, como é a compra de material de consumo para uma determinada repartição pública. Havendo desvio de finalidade, há nulidade do ato. Em julgamento realizado em 14 de dezembro de 2016, o STJ decidiu que não houve ilegalidade na demissão de Procurador da Fazenda Nacional que se utilizou de seu cargo público

> em proveito próprio, para satisfazer sentimentos pessoais, em pleno desvio de finalidade de suas atribuições institucionais, abusando das funções do cargo, para acessar os sistemas informatizados da Secretaria da Receita Federal e do Ministério da Fazenda, a fim de obter informações pessoais e fiscais sigilosas relativas a outro servidor, para instruir denúncia apócrifa encaminhada ao AGU (Embargos de Declaração em Mandado de Segurança 15.828).

O motivo do ato administrativo diz respeito aos pressupostos de fato e de direito que justificam a edição deste. De acordo com a professora Maria Sylvia Zanella Di Pietro:[7]

> No ato de punição de funcionário, o motivo é a infração que ele praticou; no tombamento, é o valor cultural do bem; na licença para constituir, é o conjunto de requisitos comprovados pelo proprietário; na exoneração do funcionário estável, é o pedido por ele formulado.

Motivo não se confunde com motivação: esta constitui a justificação do ato. No âmbito federal, por força do preceito do art. 50 da Lei n. 9.784/99, a motivação é exigível nos casos de concursos públicos em que, na etapa de investigação social, a administração declara candidato não indicado ao cargo, excluindo-o do certame. Nesse caso, é indispensável a indicação explícita, clara e congruente dos fundamentos de fato e de direito que nortearam a decisão da autoridade competente (STJ, RMS 35.033, julgado em 15 de outubro de 2015).

O objeto ou conteúdo do ato administrativo é um direito ou um dever. Assim, por exemplo, em um ato que concede alvará de construção, o objeto é a outorga do direito de construir, que não pode ser revogado ou embaraçado pela própria administração, a menos

---

[7] DI PIETRO, Maria Sylvia Zanella. *Direito administrativo*. 30. ed. Rio de Janeiro: Forense, 2017. p. 251.

que o proprietário deixe de cumprir as exigências contidas no próprio ato ou na lei ou outros atos administrativos de caráter geral, como são os decretos, portarias etc. Uma instrução normativa que determine quais os documentos devem ser entregues ao poder público para fins de concessão de aposentadoria veicula uma norma de caráter geral sob a forma de ato administrativo, cujo conteúdo é o dever de cumprir exigências para o exercício de um direito (o de aposentadoria).

8.5 NULIDADE E CONVALIDAÇÃO DOS ATOS ADMINISTRATIVOS

Um ato administrativo é **nulo** quando editado sem observância das normas que dispõem sobre requisitos formais e materiais. Essas normas constam da Constituição, da lei ou outro diploma normativo. Assim, por exemplo, um edital que estabeleça critérios que ferem o princípio da igualdade é materialmente nulo, em face do *caput* do art. 5º da Constituição Federal e do art. 3º da Lei n. 8.666/93, segundo o qual: "a licitação destina-se a garantir a observância do princípio constitucional da isonomia". Os vícios formais, em princípio, podem ser convalidados, exceto quando a forma for considerada essencial para a validade do ato.

Convalidação (ratificação ou saneamento) é a eliminação de algum vício ou ilegalidade. Sobre a convalidação dos atos administrativos no âmbito federal, o art. 55 da Lei 9.784/99 é claro, ao dispor que: "Em decisão na qual se evidencie não acarretarem lesão ao interesse público nem prejuízo a terceiros, os atos que apresentarem defeitos sanáveis poderão ser convalidados pela própria administração". Defeitos sanáveis são aqueles de caráter formal ou decorrente de erro; assim, por exemplo, não é sanável um ato que tenha prejudicado o direito de defesa em um processo disciplinar de servidor público, tendo em vista que a Constituição Federal exige o respeito ao devido processo legal também no âmbito administrativo. Os efeitos da convalidação são retroativos (*ex tunc*), salvo quando tal decisão implicar prejuízo de terceiros quando então a eficácia será *ex nunc*.

8.6 CONCESSÃO E PERMISSÃO

O art. 175 da Constituição Federal prevê que a prestação de serviços públicos seja feita diretamente pelo poder público ou mediante concessão ou permissão a empresas particulares, sempre por intermédio de licitação. De acordo com o preceito do inciso II do art. 2º da Lei n. 8.987/95, **concessão** consiste na delegação da prestação de serviço feita a pessoa jurídica ou consórcio de empresas, que demonstre capacidade para seu desempenho, por sua conta e risco e por prazo determinado. **Permissão**, nesse contexto, é a delegação da prestação de serviço público, a título precário, feita a pessoa física ou jurídica que demonstre capacidade para seu desempenho, por sua conta e risco. A concessão exige a celebração de um contrato cujas diretrizes estão previstas em lei ou no ato licitatório (art. 23); no caso de permissão, há, praticamente, um ato unilateral da administração, que estabelece as condições, direitos e obrigações da pessoa que recebeu a delegação, e que a lei denomina "contrato de adesão" (art. 40).

Existem outros modos de outorga. No âmbito federal, a Lei n. 9.637/98 regula a celebração de contrato de gestão com organizações sociais de pessoas jurídicas de direito privado, sem fins lucrativos, cujas atividades sejam dirigidas ao ensino, à pesquisa científica, ao desenvolvimento tecnológico, à proteção e preservação do meio ambiente, à cultura e à saúde (arts. 1º e 5º), que podem ser financiadas por recursos orçamentários e bens públicos necessários ao cumprimento do contrato de gestão (art. 12). A outorga do direito de explorar serviços pode ser cometida a uma pessoa física e por intermédio de concurso público, como é o caso dos serviços notariais e de registro, previstos no art. 236 da Constituição Federal e regulados pela Lei n. 8.935/94.

8.7 LICITAÇÃO

O inciso XXI do art. 37 da Constituição Federal dispõe que:

> ressalvados os casos especificados na legislação, as obras, serviços, compras e alienações serão contratados mediante processo de licitação pública que assegure igualdade de condições a todos os concorrentes, com cláusulas que estabeleçam obrigações de pagamento, mantidas as condições efetivas da proposta, nos termos da lei.

A parte final do texto afirma que a lei apenas conterá exigências de qualificação técnica e econômica que sejam indispensáveis à garantia do cumprimento das obrigações. Para dar cumprimento a esse preceito, o art. 2º da Lei n. 8.666/93 é claro, ao dispor que as obras, serviços, inclusive de publicidade, compras, alienações, concessões, permissões e locações da administração pública, quando contratadas com terceiros, serão necessariamente precedidas de **licitação**, ressalvadas as hipóteses de dispensa previstas no art. 24 da referida lei ou em outro diploma normativo.

Para a professora Maria Sylvia Zanella Di Pietro,[8] licitação é o procedimento administrativo pelo qual:

> um ente público, no exercício da função administrativa, abre a todos os interessados que se sujeitem às condições estabelecidas pelo instrumento convocatório, a possibilidade de formularem propostas, dentre as quais selecionará e aceitará a mais conveniente para a celebração do contrato.

Na lição de Celso Antônio Bandeira de Mello,[9] a licitação "estriba-se na ideia de *competição*" travada entre os que preencham os atributos e aptidões necessários ao bom cumprimento das obrigações que se propõem a assumir, e o procedimento tem duas etapas: "uma a da demonstração de tais atributos, chamada *habilitação*, e outra concernente à apuração da melhor proposta, que é o *julgamento*".

---

[8] DI PIETRO, Maria Sylvia Zanella. *Direito administrativo*. 30. ed. Rio de Janeiro: Forense, 2017. p. 411.
[9] BANDEIRA DE MELLO, Celso Antônio. *Curso de direito administrativo*. 31. ed. São Paulo: Malheiros, 2014. p. 532.

As normas que dispõem sobre licitação visam garantir a aplicação de diversos princípios constitucionais. Assim, o enunciado do art. 3º da Lei n. 8.666/93 afirma que:

> A licitação destina-se a garantir a observância do princípio constitucional da isonomia, a seleção da proposta mais vantajosa para a administração e a promoção do desenvolvimento nacional sustentável e será processada e julgada em estrita conformidade com os princípios básicos da legalidade, da impessoalidade, da moralidade, da igualdade, da publicidade, da probidade administrativa, da vinculação ao instrumento convocatório, do julgamento objetivo e dos que lhes são correlatos.

8.8 INFRAÇÕES

O ordenamento jurídico reprime vigorosamente os danos ao patrimônio público e as práticas atentatórias aos princípios do direito administrativo, por intermédio de normas punitivas de caráter administrativo ou penal. Os danos podem ser causados, em tese: (a) por particulares contra a administração pública; (b) pela administração pública contra particulares; e (c) por servidores públicos contra a administração ou particulares.

Os atos administrativos ilegais são inválidos e não produzem efeitos, salvo prova da existência de boa-fé. No mais, o ordenamento jurídico não reconhece a validade de atos que tenham sido praticados com excesso de poderes ou desvio de finalidade; esses vícios – todos ligados à legalidade formal e material – constituem fundamento para anulação dos atos, sem prejuízo da aplicação de normas sobre responsabilidade do Estado por dano causado à pessoa ou patrimônio dos cidadãos. Além disso, outras **infrações** são rechaçadas pela ordem constitucional e legal.

8.8.1 ATOS DE IMPROBIDADE ADMINISTRATIVA

Atos de improbidade administrativa são aqueles previstos na Lei n. 8.429/92, que prevê a imposição de penalidades administrativas aos infratores – agentes públicos, servidores ou não. São modalidades de atos de improbidade previstos na referida lei: (a) o enriquecimento ilícito; (b) a provocação de danos ao erário; (c) a violação de qualquer princípio da administração; e (d) a concessão ou aplicação indevida de benefício financeiro ou tributário. Na forma do disposto no art. 12 da referida lei, a penalidade aplicável, nestes casos, é a perda dos bens ilicitamente obtidos, a obrigação de restituir ou de reparar os danos causados e a perda da função e a suspensão dos direitos políticos.

8.8.2 ATOS LESIVOS À ADMINISTRAÇÃO PÚBLICA

A Lei n. 12.846/2013 dispõe sobre a repressão aos **atos lesivos à administração pública** nacional ou estrangeira, que são assim considerados os que atentem contra o patrimônio público nacional ou estrangeiro, contra princípios da administração pública ou contra os compromissos internacionais assumidos pelo Brasil, assim definidos (art. 5º):

I – prometer, oferecer ou dar, direta ou indiretamente, vantagem indevida a agente público, ou a terceira pessoa a ele relacionada;

II – comprovadamente, financiar, custear, patrocinar ou de qualquer modo subvencionar a prática dos atos ilícitos previstos nesta lei;

III – comprovadamente, utilizar-se de interposta pessoa física ou jurídica para ocultar ou dissimular seus reais interesses ou a identidade dos beneficiários dos atos praticados;

IV – no tocante a licitações e contratos:

a) frustrar ou fraudar, mediante ajuste, combinação ou qualquer outro expediente, o caráter competitivo de procedimento licitatório público;

b) impedir, perturbar ou fraudar a realização de qualquer ato de procedimento licitatório público;

c) afastar ou procurar afastar licitante, por meio de fraude ou oferecimento de vantagem de qualquer tipo;

d) fraudar licitação pública ou contrato dela decorrente;

e) criar, de modo fraudulento ou irregular, pessoa jurídica para participar de licitação pública ou celebrar contrato administrativo;

f) obter vantagem ou benefício indevido, de modo fraudulento, de modificações ou prorrogações de contratos celebrados com a administração pública, sem autorização em lei, no ato convocatório da licitação pública ou nos respectivos instrumentos contratuais; ou

g) manipular ou fraudar o equilíbrio econômico-financeiro dos contratos celebrados com a administração pública;

V – dificultar atividade de investigação ou fiscalização de órgãos, entidades ou agentes públicos, ou intervir em sua atuação, inclusive no âmbito das agências reguladoras e dos órgãos de fiscalização do sistema financeiro nacional.

Para fins de aplicação da lei, consideram-se administração pública estrangeira os órgãos e entidades estatais ou representações diplomáticas de país estrangeiro, de qualquer nível ou esfera de governo, bem como as pessoas jurídicas controladas, direta ou indiretamente, pelo poder público de país estrangeiro. Equiparam-se à administração pública estrangeira as organizações públicas internacionais. Por fim, considera-se agente público estrangeiro, para os fins desta lei, quem, ainda que transitoriamente ou sem remuneração, exerça cargo, emprego ou função pública em órgãos, entidades estatais ou em representações diplomáticas de país estrangeiro, assim como em pessoas jurídicas controladas, direta ou indiretamente, pelo poder público de país estrangeiro ou em organizações públicas internacionais.

Acerca das sanções aplicáveis, o art. 6º da referida lei dispõe que, na esfera administrativa, serão aplicadas às pessoas jurídicas consideradas responsáveis pelos atos lesivos previstos nesta lei as seguintes sanções: (a) multa, no valor de 0,1% a 20% do faturamento bruto do último exercício anterior ao da instauração do processo administrativo, excluídos os tributos, a qual nunca será inferior à vantagem auferida, quando for possível sua estimação; e (b) publicação extraordinária da decisão condenatória.

8.9 ACORDO DE LENIÊNCIA E TERMOS DE AJUSTAMENTO DE CONDUTA

O **acordo de leniência** e os **termos de ajustamento de conduta** são negócios jurídicos firmados entre a administração e particulares com a finalidade de cessar a prática de delitos de caráter administrativo ou criminal e que podem beneficiar os infratores com redução de penalidades ou imunidade penal. Os efeitos, para os infratores, da celebração de acordo de leniência ou da assinatura do termo de ajustamento são distintos em cada caso, ou seja, é necessário consultar a lei respectiva para determinar quais serão esses efeitos. Não é admissível a celebração de acordo de qualquer natureza para as infrações qualificadas como "improbidade administrativa", em razão do disposto no parágrafo 1º do art. 17 da Lei n. 8.429/92.

De acordo com o preceito do parágrafo 5º do art. 11 da Lei n. 6.385/76, segundo o qual a Comissão de Valores Mobiliários, após análise de conveniência e oportunidade, com vistas a atender ao interesse público, poderá deixar de instaurar ou suspender, em qualquer fase que preceda a tomada da decisão de primeira instância, o procedimento administrativo destinado à apuração de infração prevista nas normas legais e regulamentares cujo cumprimento lhe caiba fiscalizar, se o investigado assinar termo de compromisso no qual se obrigue a: (a) cessar a prática de atividades ou atos considerados ilícitos pela Comissão de Valores Mobiliários; e (b) corrigir as irregularidades apontadas, inclusive indenizando os prejuízos. A assinatura do compromisso não importará confissão quanto à matéria de fato, nem reconhecimento de ilicitude da conduta analisada. Em sentido análogo, o art. 86 da Lei n. 12.529/2011, que dispõe sobre o Sistema Brasileiro de Defesa da Concorrência, também permite a celebração de acordo de leniência com pessoas físicas e jurídicas que forem autoras de infração à ordem econômica, desde que colaborem efetivamente com as investigações e o processo administrativo, mediante o atendimento dos requisitos ali definidos.

O art. 16 da Lei n. 12.846/2013 afirma que a autoridade máxima de cada órgão ou entidade pública poderá celebrar acordo de leniência com as pessoas jurídicas responsáveis pela prática dos atos contra a administração pública, nacional ou estrangeira. A validade do acordo depende: (a) da identificação dos demais envolvidos na infração, se for o caso; e (b) da obtenção célere de informações e documentos que comprovem o ilícito que estiver sendo apurado. Para que o acordo seja válido, é indispensável que a pessoa jurídica que queira firmar o acordo seja a primeira a se manifestar sobre seu interesse em cooperar para a apuração do ato ilícito, e que, além disso: (i) cesse completamente seu envolvimento na infração investigada a partir da data de propositura do acordo; e (ii) a pessoa jurídica admita sua participação no ilícito e coopere plena e permanentemente com as investigações e o processo administrativo, comparecendo, sob suas expensas, sempre que solicitada, a todos os atos processuais, até seu encerramento. Se o acordo vier a ser firmado, a pessoa jurídica se obriga a reparar integralmente o dano causado e ficará isenta da aplicação das sanções previstas no inciso II do art. 6º e no inciso IV do art. 19 da Lei n. 12.846/2013, e terá reduzida em até 2/3 o valor da multa aplicável.

Em relação ao termo de ajustamento de conduta, o parágrafo 6º do art. 5º da Lei n. 7.347/85, que trata da ação civil pública, prevê que: "os órgãos públicos legitimados poderão tomar dos interessados compromisso de ajustamento de sua conduta às exigências legais, mediante cominações, que terá eficácia de título executivo extrajudicial". Preceito com idêntica redação consta do art. 211 do Estatuto da Criança e do Adolescente.

Resumo esquemático

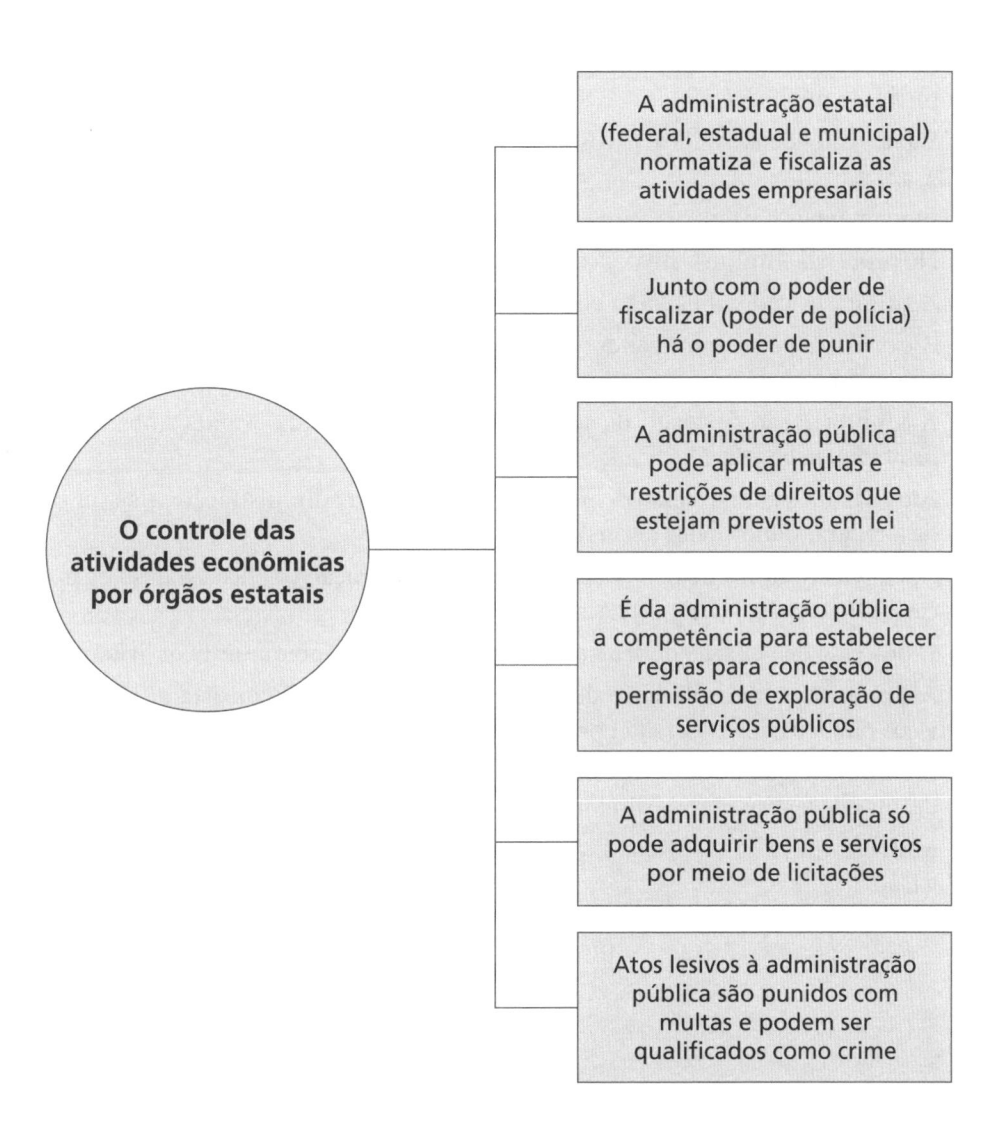

O controle das atividades econômicas por órgãos estatais

- A administração estatal (federal, estadual e municipal) normatiza e fiscaliza as atividades empresariais
- Junto com o poder de fiscalizar (poder de polícia) há o poder de punir
- A administração pública pode aplicar multas e restrições de direitos que estejam previstos em lei
- É da administração pública a competência para estabelecer regras para concessão e permissão de exploração de serviços públicos
- A administração pública só pode adquirir bens e serviços por meio de licitações
- Atos lesivos à administração pública são punidos com multas e podem ser qualificados como crime

Minicaso

Mateus, Marcos e João fizeram inscrição para participar de um concurso público do município e foram aprovados, mas nunca foram nomeados, sob o argumento de que eram os mais jovens entre os participantes do concurso e seriam nomeados por último, ou seja, sem levar em consideração a ordem de classificação. Pergunta-se: é válido o ato administrativo que veicula a decisão da prefeitura, considerando que a ordem de nomeação por idade não consta do edital do concurso?

Exercício

Assinale Falso ou Verdadeiro:

a) Ato administrativo é meio de exercício de poderes e atribuições outorgados à administração pública. ( )

b) São espécies de atos normativos os de caráter decisório e normativo. ( )

c) A administração deve perseguir o interesse público e respeitar os direitos e garantias fundamentais. ( )

d) No processo administrativo, deve ser garantido o contraditório e a ampla defesa. ( )

e) A administração pública não pode aplicar normas constitucionais. ( )

f) A existência de lei autorizando um ato o torna imune ao princípio da moralidade da administração. ( )

g) A administração deve agir de acordo com a lei, não sendo exigida a observância do princípio da boa-fé. ( )

h) Atos editados com excesso de poderes são nulos, e a administração pode ser obrigada a reparar danos deles decorrentes. ( )

i) Apenas as compras de bens e serviços da administração pública estão sujeitas a processos licitatórios. ( )

j) O processo de licitação deve atender ao princípio da isonomia entre os licitantes. ( )

k) A concessão para exploração de atividade econômica que consista na oferta de serviços públicos deve ser feita por processo de licitação. ( )

l) A administração pode revogar seus atos por motivo de conveniência e oportunidade, mas deve respeitar os diretos adquiridos. ( )

m) Motivar um ato é justificar sua necessidade ou desnecessidade, em caso de revogação. ( )

9 NORMAS DE DIREITO CIVIL E A VALIDADE DOS CONTRATOS

Assista ao vídeo do autor sobre este Capítulo.

Após ler este capítulo, você estará apto a:
- ✓ Entender as condições de validade dos negócios jurídicos em geral e dos contratos, que são importantes instrumentos para exploração das atividades econômicas.
- ✓ Compreender o processo de aquisição da personalidade jurídica e os limites do exercício da capacidade jurídica de pessoas naturais e pessoas jurídicas.
- ✓ Conhecer as formas de manifestação da vontade das pessoas naturais e jurídicas.
- ✓ Tomar conhecimento de que não produzem efeitos declarações de vontade eivadas de erro, fraude, simulação e qualquer forma de burla para prejudicar as partes ou terceiros.
- ✓ Conhecer as noções básicas sobre os direitos ligados à propriedade tangível ou intangível.

9.1 A LIBERDADE DE CONTRATAR E OS NEGÓCIOS

Todo empreendedor tem necessidade de firmar relações jurídicas com outras pessoas por intermédio de **contratos**; neles, são estabelecidas as bases de um negócio, seja uma compra e venda de uma mercadoria, de ações, de locação etc. As normas do direito civil estabelecem os critérios de validade desses negócios que possam vir a ser exigidos em caso de não cumprimento das obrigações assumidas pelas partes. O direito civil não resume as normas sobre contratos; ele contém um conjunto de normas que dispõem sobre a configuração, exercício e proteção dos direitos da personalidade e de propriedade, em vida e *post mortem*, bem como estabelecem os requisitos e condições para a prática de atos ou negócios jurídicos. Essas normas visam à tutela da **liberdade** na esfera íntima e nas relações sociais, e, por isso, incidem nas relações de família e de parentesco.

O Código Civil é a principal fonte do direito civil; todavia, existem normas sobre direitos civis em tratados internacionais e na Constituição Federal, especialmente na parte relativa aos direitos e garantias fundamentais, que devem ser respeitadas nas relações verticais (entre o indivíduo e o Estado) e nas relações jurídicas horizontais entre as pessoas em geral. Na jurisprudência do STJ, pode ser encontrada uma decisão em que a Corte considerou a eficácia horizontal dos direitos fundamentais e julgou válida a fixação de indenização por danos morais a mulher que fora sujeita a abusos por parte de seu marido. Essa decisão foi proferida quando do julgamento do Recurso Especial 1.675.874, de 28 de fevereiro de 2018, em que a Corte decidiu em favor da vítima, com base nos princípios da dignidade da pessoa humana (CF, art. 1º, III), da igualdade (CF, art. 5º, I) e da vedação a qualquer discriminação atentatória dos direitos e das liberdades fundamentais (CF, art. 5º, XLI).

9.1.1 AUTONOMIA PRIVADA

Toda pessoa, natural ou jurídica, recebe poderes que lhe permitem criar, modificar e extinguir relações jurídicas. As normas que outorgam esses poderes formam a "autonomia privada", que, na lição de Orlando Gomes:[1] "é o poder atribuído à vontade individual de partejar relações jurídicas concretas, admitidas, previstas, reguladas *in abstrato* na lei". Portanto, a **autonomia privada** é um conjunto de poderes atribuídos para que as pessoas, de forma autônoma, possam estabelecer para si ou para outrem direitos e obrigações nos limites da ordem jurídica. A existência da autonomia privada (do complexo de normas que a sustêm) permite que uma pessoa crie regras de conduta para si em relação com outras pessoas, de modo que toda pessoa detém poderes para legislar em sentido amplo e os exerce quando firma negócios jurídicos.

Na lição de Orlando Gomes,[2] negócio jurídico: "é toda declaração de vontade destinada à produção de efeitos jurídicos correspondentes ao intento prático do declarante, se reconhecido e garantido pela lei". O exemplo mais comum de negócio jurídico é o contrato, que é formado por pelo menos duas declarações de vontade coincidentes para realização de negócios a título gratuito ou oneroso.

9.1.2 VALIDADE E EFICÁCIA DOS ATOS E NEGÓCIOS JURÍDICOS

Há, no Código Civil, regras sobre a anatomia, finalidades e efeitos dos atos e fatos jurídicos. As normas jurídicas incidem sobre fatos, que podem ser divididos em: (a) atos jurídicos; e (b) fatos jurídicos em sentido estrito. Os primeiros derivam de condutas humanas (ações ou omissões), e os segundos não, ou seja, têm como fonte qualquer outro acontecimento relevante para o direito. Os fatos podem ser lícitos ou ilícitos, isto é, válidos ou inválidos. Todavia, os fatos da natureza que têm relevância jurídica, como o nascimento ou a morte natural de uma pessoa, não são julgados lícitos ou ilícitos; de igual modo, não podem ser reputadas lícitas ou ilícitas as enchentes, mesmo as que causem danos, como ocorre com as chuvas torrenciais, que invadem casas, danificam objetos (móveis, roupas, eletrodomésticos etc.) ou documentos.

---

[1] GOMES, Orlando. *Novos temas de direito civil*. Rio de Janeiro: Forense, 1983. p. 81.
[2] GOMES, Orlando. *Introdução ao direito civil*. 7. ed. Rio de Janeiro: Forense, 1983. p. 237.

Os atos jurídicos são, por vezes, qualificados como negócios jurídicos. Na forma do art. 104 do Código Civil, a **validade** do negócio jurídico requer: (a) agente capaz; (b) objeto lícito, possível, determinado ou determinável; e (c) forma prescrita ou não defesa em lei. A Figura 9.1 ilustra quais são os elementos essenciais de validade dos atos e negócios jurídicos em geral.

Figura 9.1 Elementos de validade dos atos e negócios jurídicos.

Sem esses elementos, há nulidade, em razão do disposto no art. 166 do Código Civil; de acordo com esse preceito, é nulo o negócio jurídico quando: I – celebrado por pessoa absolutamente incapaz; II – for ilícito, impossível ou indeterminável seu objeto; III – o motivo determinante, comum a ambas as partes, for ilícito; IV – não revestir a forma prescrita em lei; V – for preterida alguma solenidade que a lei considere essencial para sua validade; VI – tiver por objetivo fraudar lei imperativa; VII – a lei taxativamente o declarar nulo, ou proibir-lhe a prática, sem cominar sanção. Na forma do art. 167, é nulo o negócio jurídico simulado, mas subsistirá o que se dissimulou que puder ser considerado válido em cada caso.

O negócio jurídico nulo não pode ser confirmado nem se torna válido pelo decurso do tempo, segundo a regra do art. 169. Em razão do disposto no art. 170 do Código Civil, o negócio jurídico tipicamente nulo poderá subsistir, desde que tenha observado os requisitos de outros e se o fim a que visavam as partes permitir supor que o teriam querido se houvessem previsto a nulidade. Por fim, em face do disposto no art. 172, os negócios anuláveis (art. 171) podem ser confirmados pelas partes, salvo direito de terceiro; mas é desnecessária a confirmação expressa, quando o negócio já foi cumprido em parte pelo devedor, ciente do vício que o inquinava (art. 174); por fim, quando a anulabilidade resultar da falta de autorização de terceiro, será válido se este a der posteriormente.

As normas sobre nulidade não alcançam situações irreversíveis em que não há prejuízo para as partes, como é o caso do menino Pedro Henrique, que, no dia do seu décimo aniversário, ganhou uma nota de R$ 100,00 e se apressou em comprar sorvete, hambúrguer, ingresso de cinema e a dar uma moeda como doação em favor de uma instituição de caridade. Esses fatos (compra de bens, serviços e doação) são regidos por normas jurídicas e praticados por pessoa absolutamente incapaz – e, portanto, são atos nulos de pleno direito. Todavia, a nulidade, se acaso viesse a ser declarada, não beneficiaria ou prejudicaria nem as partes nem terceiros. Aplica-se, neste caso, o princípio do *pas de nullité sans grief*. Não há nulidade sem prejuízo.

No plano da **eficácia**, existem os negócios condicionais. De acordo com o art. 121 do Código Civil, condição é a cláusula que, derivando exclusivamente da vontade das partes, subordina o efeito do negócio jurídico a evento futuro e incerto. O art. 125 afirma que: "subordinando-se a eficácia do negócio jurídico à condição suspensiva, enquanto esta se não verificar, não se terá adquirido o direito, a que ele visa". Neste caso, o negócio é entabulado e já pode ser considerado existente, mas os efeitos só serão produzidos se e quando se cumprir a condição suspensiva. Por outro lado, se for resolutiva a condição, enquanto esta não se realizar, vigorará o negócio jurídico, podendo exercer-se desde a conclusão deste o direito por ele estabelecido (art. 127). Nesse caso, os efeitos já são produzidos desde logo e a realização da condição pode pôr fim ao negócio. Os efeitos de um negócio podem ser condicionais em virtude de lei em determinadas circunstâncias; em tais casos, os efeitos podem ser imediatos ou futuros na forma estabelecida no texto legal.

9.2 PRESCRIÇÃO E DECADÊNCIA

O tempo produz efeitos jurídicos que não podem ser negligenciados. Aquele que sofre a violação de um direito adquire o que o art. 189 do Código Civil denomina pretensão, que se extingue pela **prescrição**, nos prazos previstos nos arts. 205 e 206. Pretensão é o direito de ação, ou seja, a faculdade de exigir a aplicação das consequências previstas em lei para a violação de um direito. Portanto, o ofendido deve provar a violação de seu direito perante o Poder Judiciário ou tribunal arbitral, o que implica: (a) identificar o ofensor (ou, eventualmente, seus sucessores); (b) determinar a natureza da consequência a ser imputada ao ofensor, que pode ser uma obrigação de dar (como ocorre no caso de indenização por dano moral ou material) ou outra espécie de obrigação; (c) determinar o valor. Portanto, com a pretensão, o ofendido tem o direito de constituir um direito. A perda da pretensão, a rigor, libera o ofensor. O art. 207 do Código Civil trata da decadência, que é a perda de um direito já constituído, ou seja, o titular de um direito que não o exerce no prazo legal deixa de tê-lo. Com a **decadência**, desaparecem o direito e a obrigação correspondente, ou seja, o devedor se exonera pela inércia do titular do direito, que, podendo, não o exerce no referido prazo.

9.3 PERSONALIDADE JURÍDICA

Personalidade jurídica é a consequência da atribuição, pelo ordenamento jurídico, a uma pessoa física ou natural (portanto, nascida com vida) ou a uma pessoa jurídica (coletiva ou individual), de um conjunto de poderes, direitos e deveres que lhes dão aptidão para serem sujeitos de direitos e participar de relações jurídicas de direito privado ou direito público. A pessoa natural e a pessoa jurídica adquirem personalidade jurídica a partir do momento em que passam a existir. Em princípio, a personalidade jurídica não se confunde com a capacidade jurídica, embora esta seja uma medida daquela. Excepcionalmente, a ordem jurídica permite que entes que não tenham personalidade jurídica possam praticar atos jurídicos válidos.[3]

9.3.1   PESSOA NATURAL

Pessoa natural é todo ser humano. De acordo com o art. 1º do Código Civil, toda pessoa natural é capaz de direitos e deveres na ordem civil, e o art. 2º afirma que a personalidade civil começa do nascimento com vida; mas a lei põe a salvo, desde a concepção, os direitos do nascituro. A lei, neste caso, atribui personalidade a qualquer pessoa independentemente de registro do nascimento nos órgãos competentes (os cartórios de registros civis); logo, a personalidade jurídica é algo inerente à sua própria existência, isto é, independe de qualquer formalidade. Assim sendo, um hospital público não pode negar tratamento a uma criança que não tenha registro civil.

9.3.2   PESSOA JURÍDICA

O art. 40 do Código Civil faz distinção entre pessoas jurídicas de direito público (interno e externo) e de direito privado. O art. 41 do Código estabelece que as **pessoas jurídicas de direito público interno** são a União, os Estados, Distrito Federal, Territórios, municípios, autarquias (inclusive as associações públicas) e demais entidades de caráter público que a lei assim definir. Por outro lado, **pessoas jurídicas de direito público externo** são os Estados estrangeiros e todas as pessoas que forem regidas pelo direito internacional público. O art. 44 do Código Civil considera como pessoas jurídicas de direito privado: (a) as associações; (b) as sociedades; (c) as fundações; (d) as organizações religiosas; (e) os partidos políticos; (d) as empresas individuais de responsabilidade limitada. As pessoas de direito público que formam a federação brasileira são criadas pela Constituição Federal e podem criar outras, como são as autarquias, por intermédio de lei. As pessoas jurídicas de direito privado são criadas por ato de vontade ou, excepcionalmente, por lei, como é o caso da sociedade de economia mista. A criação de pessoas jurídicas, em qualquer caso, exige a instituição de um estatuto ou a celebração de um contrato, que devem ser registrados nos órgãos públicos competentes, como são, por exemplo, os órgãos do Registro do Comércio (Juntas Comerciais), ou no Cartório de Registro de Pessoas Jurídicas.

A constituição de uma pessoa jurídica de direito privado permite a criação de um ente dotado de autonomia e que é distinto dos fundadores. Esse ente é considerado uma pessoa capaz de contrair obrigações e direitos e tem nome e patrimônio próprio, separado e autônomo em relação aos patrimônios dos integrantes do grupo ou da pessoa individual que a cria. Ela subsiste enquanto permanecer o ente personificado – como a sociedade e a

---

[3] O art. 75, IX, do Código de Processo Civil de 2015 permite que sociedades e associações irregulares postulem e respondam em juízo.

associação, por exemplo – e, por essa razão, não deixa de existir em caso de morte de seus fundadores, acionistas e administradores. Ela age nas relações firmadas com terceiros por ação de seus administradores ou representantes legais ou voluntários.

9.4 CAPACIDADE JURÍDICA

Para firmar e assumir direitos e obrigações que dependam da manifestação da vontade – como é a assinatura de um contrato para constituição de uma sociedade –, é necessário que pessoa natural ou jurídica tenha **capacidade jurídica**, que é a aptidão para adquirir, exercer, defender e dispor de direitos, e para adquirir e cumprir deveres ou resistir às exigências julgadas ilegítimas. Nem toda pessoa natural tem capacidade jurídica, mas as que têm a receberam da ordem normativa que a concede com diferentes configurações, em que são levados em conta diversos critérios relacionados à maturidade e à sanidade intelectual ou à situação em que se encontra em certas circunstâncias.

A extensão da capacidade jurídica é delimitada pela ordem jurídica, de modo que ninguém é absolutamente livre para fazer ou deixar de fazer o que recomendar sua vontade ou consciência, ou, no caso de pessoa jurídica, a vontade dos integrantes e seus administradores.

Restrições à capacidade jurídica podem ocorrer. No caso de pessoa natural capaz em razão da maioridade, é possível haver interdição por incapacidade relativa; neste caso, a pessoa deixa de ter a possibilidade de agir em seu próprio nome e vontade própria; nestes casos, porém, o direito prevê a escolha de outra pessoa que possa agir no interesse alheio (curador, tutor etc.). Restrições podem ocorrer, em virtude da aplicação de penalidade, como ocorre com o empresário que tem suspenso seu direito de empreender, em razão da prática de certos crimes ou em virtude de ter sido declarado falido. Para as pessoas jurídicas, é possível haver proibição da prática de certos atos, como ocorre na hipótese prevista no parágrafo 3º do art. 195 da Constituição Federal, segundo o qual: "A pessoa jurídica em débito com o sistema da seguridade social, como estabelecido em lei, não poderá contratar com o poder público nem dele receber benefícios ou incentivos fiscais ou creditícios". Ademais, limitações à capacidade das pessoas jurídicas são as estabelecidas em lei e em seus documentos de constituição.

9.4.1 CAPACIDADE JURÍDICA DAS PESSOAS NATURAIS

Uma **pessoa** que não tenha **capacidade jurídica** não pode firmar atos ou negócios jurídicos válidos. O art. 3º do Código Civil afirma que: "são absolutamente incapazes de exercer pessoalmente os atos da vida civil os menores de 16 anos". Em seguida, o art. 4º afirma que são incapazes, relativamente a certos atos ou à maneira de exercê-los: (a) os maiores de 16 e menores de 18 anos; (b) os ébrios habituais e os viciados em tóxico; (c) aqueles que, por causa transitória ou permanente, não puderem exprimir sua vontade; e (d) os pródigos. Uma pessoa considerada absolutamente incapaz, como um recém-nascido, por exemplo, pode adquirir bens, mas a aquisição será documentada com a intervenção dos seus pais ou tutores. As pessoas relativamente incapazes também podem adquirir bens e direitos com assistência de seus pais ou curadores; em caso de assistência, há ação em conjunto do assistido e do assistente em um mesmo ato ou em razão de procuração. Na forma do art. 180 do Código Civil, o menor, entre 16 e 18 anos, não pode, para eximir-se de uma obrigação, invocar sua idade se dolosamente a ocultou quando inquirido pela outra parte, ou se, no ato de obrigar-se, declarou-se maior.

9.4.2 EMANCIPAÇÃO

Emancipação é o ato jurídico pelo qual menores de 18 anos adquirem capacidade jurídica plena sem que sejam considerados maiores de idade para quaisquer outros fins. O parágrafo único do art. 5º do Código Civil afirma que a incapacidade (absoluta ou relativa) para os menores cessará em certas circunstâncias, desde que não estejam arrolados entre as pessoas referidas nos incisos II a IV do art. 4º. Essa cessação se dá: (a) pela concessão dos pais, ou de um deles na falta do outro, mediante instrumento público, independentemente de homologação judicial, ou por sentença do juiz, ouvido o tutor, se o menor tiver 16 anos completos; (b) pelo casamento; (c) pelo exercício de emprego público efetivo; (d) pela colação de grau em curso de ensino superior; e (e) pelo estabelecimento civil ou comercial, ou pela existência de relação de emprego, desde que, em função deles, o menor com 16 anos completos tenha economia própria.

9.4.3 CAPACIDADE JURÍDICA DAS PESSOAS JURÍDICAS

A capacidade **jurídica das pessoas jurídicas** é adquirida a partir do momento em que ela passa a existir, ou seja, com a personalização, surge a capacidade jurídica. O art. 45 do Código Civil estabelece que:

> começa a existência legal das pessoas jurídicas de direito privado com a inscrição do ato constitutivo no respectivo registro, precedida, quando necessário, de autorização ou aprovação do Poder Executivo, averbando-se no registro todas as alterações por que passar o ato constitutivo.

A extensão da capacidade jurídica das pessoas jurídicas decorre de lei de ordem pública e das normas constantes dos atos normativos internos – o contrato social ou estatuto social –, que devem ser redigidos e cumpridos de acordo com as normas de direito público aplicáveis em cada caso. Nas pessoas jurídicas de direito privado, a tipologia estabelecida pelo Código Civil estabelece uma limitação ao escopo de cada uma delas, de acordo com a natureza da atividade que justificou sua criação; assim, por exemplo, a um partido político é vedada a prática de atos incompatíveis com suas finalidades institucionais, ou seja, ele fica impedido de praticar atos de comércio, porquanto isto constitui desvio de finalidade. Essa espécie de restrição existe também nas sociedades, associações e demais pessoas jurídicas; assim sendo, um empreendedor não pode constituir uma associação e fazê-la operar como se empresa fosse.

9.4.4 CAPACIDADE JURÍDICA DE ENTES SEM PERSONALIDADE

Em caráter excepcional, o ordenamento jurídico atribui **capacidade jurídica** para a prática de certos atos a **entes impessoais**, como a herança jacente e o espólio. Esses dois entes são sujeitos de direito processual civil, com base no disposto nos incisos VI e VII do art. 75 do Código de Processo Civil de 2015, e, por isso, podem agir em processos judiciais e outorgar poderes a advogados. O espólio é sujeito passivo de obrigação tributária, com base no inciso III do art. 131 do CTN. A massa falida também pode agir em certas circunstâncias. De acordo com a decisão do STJ, quando do julgamento do Recurso Especial 1.372.243, ocorrido em 11 de dezembro de 2013, a massa falida "não detém personalidade jurídica, mas personalidade judiciária – isto é, atributo que permite a participação nos processos instaurados pela empresa, ou contra ela, no Poder Judiciário". A sociedade em conta de participação não tem personalidade jurídica, por expressa determinação do art. 993 do Código Civil, mas foi eleita contribuinte do imposto de renda, pelo Decreto-lei n. 2.303/86. Por fim, o art. 986 do Código Civil prevê a existência de sociedade em comum (as antigas sociedades irregulares). Havendo prova da existência real dessas sociedades, são atribuídos efeitos jurídicos às relações internas (entre sócios).

9.4.5 EXTINÇÃO DA CAPACIDADE JURÍDICA

A capacidade jurídica nasce e morre com a personalidade jurídica. No caso de uma pessoa natural, a **capacidade se extingue** quando termina sua existência em razão de morte. De acordo com art. 6º do Código Civil, a morte pode ser presumida em relação aos ausentes; além disso, pode vir a ser declarada a morte presumida, sem decretação de ausência (art. 7º): (a) se for extremamente provável a morte de quem estava em perigo de vida; e (b) se alguém, desaparecido em campanha ou feito prisioneiro, não for encontrado até dois anos após o término da guerra. A capacidade jurídica de uma pessoa viva pode ser extinta em virtude de interdição por incapacidade absoluta, na forma do disposto no inciso III do art. 9º do Código Civil.

O término da existência da pessoa jurídica de direito privado ocorre quando houver extinção da sociedade ou da associação, em virtude de ato voluntário, em razão de lei ou de decretação judicial. A extinção de pessoa jurídica de direito público é cogitada pela Constituição Federal; assim, pode ocorrer em virtude de incorporação de estados entre si, enquanto os municípios podem se fundir ou incorporar, na forma do disposto nos parágrafos 3º e 4º do art. 18 da Constituição Federal.

9.5 DIREITO DAS OBRIGAÇÕES E DOS CONTRATOS

Direito das obrigações é a parcela do conjunto de normas do direito civil que regula as relações jurídicas obrigacionais firmadas ou estabelecidas entre devedor e credor. As obrigações têm diversas fontes, e os fatos que ensejam o nascimento delas podem ser lícitos ou ilícitos (como a obrigação de indenizar por responsabilidade civil); a fonte mais comum das obrigações são os contratos. As obrigações sujeitas às regras do direito público (como são as obrigações tributárias, por exemplo) não são regidas pelas normas do Código Civil, e, por isso, estão sujeitas a regime jurídico próprio, cujos contornos são estabelecidos em lei ou regulamentos específicos.

9.5.1 CONTRATOS

Contrato é um acordo de vontade que vincula as partes que podem exercer os direitos e devem cumprir os deveres que assumiram. São válidos os contratos escritos e os firmados tacitamente, isto é, sem haver formalização de um documento escrito – neste caso, a prova de sua existência se obtém a partir do exame do comportamento das partes. A liberdade de contratar é uma importante parcela da autonomia privada, que, segundo Orlando Gomes,[4] consiste em: (a) liberdade de celebrar contratos ou de não celebrar; (b) liberdade de determinar as condições e as cláusulas do contrato; (c) liberdade de estabelecer o conteúdo do contrato para determiná-lo bilateralmente; (d) liberdade de estabelecer o regime legal do contrato com o uso de normas dispositivas ou supletivas; (e) liberdade de escolher o outro contratante; e (f) liberdade de celebrar contratos atípicos. Nos denominados "contratos de adesão", não há possibilidade de escolhas, tendo em vista que o aderente não tem a opção de discutir seu conteúdo.

Os critérios de validade dos contratos são os aplicáveis aos negócios jurídicos em geral, além de outros estabelecidos em lei. É o caso, por exemplo, da hipótese prevista no art. 548 do Código Civil, que considera nula a doação de todos os bens sem reserva de parte ou renda suficiente para a subsistência do doador. Nesse caso, portanto, o proprietário perde o direito de doar se não mantiver bens suficientes para seu próprio sustento, e, o donatário, de igual modo, fica proibido de receber a doação quando houver transgressão da norma, salvo se estiver de boa-fé. Todo contrato deve ser firmado e cumprido de boa-fé das partes; assim, o direito não protege comportamentos maliciosos ou oportunistas que visem a lesar direitos de outrem. Enfim, o mandamento de ação de boa-fé repele quaisquer formas de abuso do direito.

9.5.2 DEVER DE CONTRATAR

Há casos em que a lei impõe a **obrigação de contratar** independentemente da vontade. Um exemplo pode ser visto na regra do art. 93 da Lei n. 8.213/91. De acordo com esse preceito, a empresa que tenha 100 ou mais empregados fica obrigada a preencher de 2% a 5% dos seus cargos com beneficiários reabilitados ou pessoas portadoras de deficiência, habilitadas. Em tais circunstâncias, a empresa não tem liberdade de escolha e, se não cumprir a obrigação de contratar, fica sujeita a penalidades.

9.5.3 PROIBIÇÃO DE CONTRATAR

Por vezes, o ordenamento jurídico interfere na autonomia privada para impor restrições absolutas ao exercício do direito de contratar, isto é, **proíbe contratações**. Assim, é proibida a prática de negócios jurídicos nos casos previstos no parágrafo 4º do art. 199 da Constituição, que veda todo tipo de comercialização de órgãos, tecidos e substâncias humanas, inclusive o sangue e seus derivados. É igualmente proibida a celebração de qualquer negócio que envolva um filho ou um pupilo, em razão do preceito do art. 238 do Estatuto da Criança e do Adolescente, que prevê a aplicação de pena de um a quatro anos de reclusão e multa àquele que "prometer ou efetivar a entrega de filho ou pupilo a terceiro, mediante paga ou recompensa". É também proibida a celebração de contratos em que a operação é caracterizada como crime, como é, por exemplo, a compra e venda de

---

[4] GOMES, Orlando. *Novos temas de direito civil*. Rio de Janeiro: Forense, 1983. p. 103.

tecidos, órgãos ou partes do corpo humano, que é conduta punível com pena de reclusão e de multa, na forma do disposto no art. 15 da Lei n. 9.434/97.

A proibição de contratar recai sobre os bens alienáveis, por determinação legal ou em razão de ato voluntário. Exemplo de bens da primeira espécie são os bens públicos de uso comum do povo, na forma do disposto no art. 100 do Código Civil. Em princípio, os particulares não podem estabelecer cláusulas de inalienabilidade para seus próprios bens, exceto na hipótese prevista no art. 1.848 do Código Civil, que outorga ao testador o direito de estabelecer cláusula de inalienabilidade sobre os bens da legítima, desde que haja justa causa, isto é, que seja demonstrada a adequação e necessidade. Em tais casos, o herdeiro não pode alienar os bens recebidos enquanto permanecer a razão justificativa para a imposição da restrição.

9.5.4 FUNÇÃO SOCIAL DOS CONTRATOS

O art. 421 do Código Civil é claro, ao enunciar que: "a liberdade de contratar será exercida em razão e nos limites da função social do contrato". Esse preceito contém dois mandamentos com distintas finalidades; em primeiro lugar, visa proibir que as pessoas em geral utilizem o contrato para legitimar qualquer espécie de abuso de direito; e, por outro lado, rechaça comportamentos egoísticos, de modo que as partes não podem se comportar como se a sociedade (as outras pessoas) não existisse.

9.6 MANIFESTAÇÃO DA VONTADE

O exercício dos direitos e poderes inerentes à capacidade jurídica se dá pela **manifestação de vontade**, não obstante alguns efeitos jurídicos possam ser produzidos por atos involuntários. Uma pessoa natural pode manifestar sua vontade por ato próprio (como a aposição de assinatura em um contrato) ou por intermédio de seu representante legal (curador, tutor etc.) ou voluntário; para as pessoas jurídicas, a manifestação da vontade ocorre por intermédio de atos de seus diretores ou outras pessoas que agem como representantes ou prepostos.

9.6.1 ASSISTÊNCIA E REPRESENTAÇÃO DE PESSOAS NATURAIS

A manifestação da vontade de uma pessoa natural pode ter a participação de assistentes ou ficar integralmente a cargo de representantes voluntariamente eleitos, indicados por força de lei ou ato judicial. Ambas as figuras são mencionadas no art. 1.690 do Código Civil, que diz: "compete aos pais, e na falta de um deles ao outro, com exclusividade, representar os filhos menores de 16 anos, bem como assisti-los até completarem a maioridade ou serem emancipados". Logo, os pais **representam** ou **assistem** os filhos; a assistência ocorre nos atos praticados por maiores de 16 anos até que sejam emancipados ou atinjam a maioridade; a assistência só pode ser exercida em atos nos quais os assistidos intervêm; há, portanto, atuação conjunta. Se não houver intervenção dos filhos, os pais podem agir como representantes, mediante instrumento de procuração outorgado pelos filhos devidamente assistidos.

São também representantes legais das pessoas naturais: (a) tutores; e (b) curadores. O papel jurídico do tutor está delineado nos arts. 1.728 a 1.734 do Código Civil; ele é o responsável pela manifestação de pessoas órfãs ou cujos pais perderam o poder familiar (art. 1.728), e que sejam absoluta ou relativamente incapazes. São nomeados pelos pais em conjunto, em testamento ou documento separado (art. 1.729), ou são escolhidos pela própria lei entre os parentes (art. 1.731); em outras circunstâncias, a nomeação de tutor será feita por juiz (art. 1732). O curador é mencionado no art. 1.767 do Código Civil; de acordo com esse preceito, estão sujeitos à curatela: (a) aqueles que, por causa transitória ou permanente, não puderem exprimir sua vontade; (b) os ébrios habituais e os viciados em tóxico; e (c) os pródigos.

Os mandatários ou representantes voluntários são constituídos e podem ser uma pessoa natural ou uma pessoa jurídica. Na forma do art. 653 do Código Civil: "opera-se o mandato quando alguém recebe de outrem poderes para, em seu nome, praticar atos ou administrar interesses". Como regra geral, os poderes outorgados no instrumento de procuração habilitam o representante a agir em nome do representado, que assume as consequências dos atos praticados por aquele. Em qualquer caso, a lei declara que são ineficazes os atos praticados pelo representante sem mandato, salvo se houver posterior ratificação (art. 662 do Código Civil).

9.6.2 A MANIFESTAÇÃO DA VONTADE DAS PESSOAS JURÍDICAS

A **manifestação da vontade das pessoas jurídicas** é feita pelos diretores, representantes e prepostos. O art. 47 do Código Civil é claro, ao estatuir que: "obrigam a pessoa jurídica os atos dos administradores, exercidos nos limites de seus poderes definidos no ato constitutivo". A lei exige que os administradores sejam eleitos e investidos nos respectivos poderes, de acordo com as normas de ordem pública e com observância das regras internas, constantes dos estatutos ou dos contratos sociais; todavia, o ordenamento jurídico admite como válidos, em certas circunstâncias, os atos ou negócios em que há intervenção de administrador de fato, assim considerado aquele que não é formalmente investido de poderes legais, e, a despeito disso, age para dar curso aos negócios da pessoa jurídica. Os administradores recebem poderes da lei e do contrato ou estatuto, e, por isso, não são meros representantes da pessoa jurídica; eles fazem que ela aja e manifeste sua vontade, criando relações jurídicas para si, tendo como garantia seu próprio patrimônio social.

Salvo disposição legal em contrário, os representantes legais ou voluntários da pessoa jurídica podem ser pessoas naturais ou jurídicas. Nas pessoas jurídicas, é comum a exigência da assinatura de mais de um diretor para a outorga de poderes de representação; por isso, em qualquer caso, devem ser observadas as regras constantes do estatuto ou contrato social.

No direito das sociedades, há a figura do preposto. Prepostos, de acordo com os arts. 1.169 a 1.178 do Código Civil de 2002, são: os gerentes, os contabilistas e os outros auxiliares nas sociedades empresárias ou simples. Em julgamento ocorrido em 21 de dezembro de 2010, ao apreciar o Recurso Especial 1.020.237-MG, a Quarta Turma do STJ decidiu que: "Para o reconhecimento do vínculo de preposição, não é preciso que exista um contrato típico de trabalho; é suficiente a relação de dependência ou que alguém preste serviço sob o interesse e o comando de outrem".

Nos negócios firmados por uma pessoa jurídica, a validade deles depende da legitimação das pessoas que "falam" ou "assinam" em seu nome. Assim, como regra geral, os contratos escritos são assinados por um ou mais diretores (na forma que dispuser o estatuto), que devem apresentar os documentos de nomeação (contrato social ou ata de assembleia) como prova da legitimação. Se a pessoa jurídica estiver representada por terceira pessoa (não integrante do quadro de diretores), é necessário apresentar o instrumento de mandato – a conhecida "procuração", que contenha os poderes inerentes e necessários à prática do ato. A assinatura de um contrato por pessoa legitimada em nome da pessoa jurídica produz efeitos para esta última perante terceiros, mesmo que ela venha a morrer durante o cumprimento de um contrato ou que venha a ser destituída de seu cargo (o diretor), ou tenha a procuração finda ou cassada. A condição de validade é aferida no momento da prática do ato, salvo erro ou fraude.

9.6.3 SÍNDICOS E INVENTARIANTES

O ordenamento jurídico contém regras especiais para representação de outras entidades jurídicas que não se qualificam como pessoas naturais ou jurídicas. É o que ocorre com a figura do condomínio edilício, que é gerido pelo **síndico**. A este, nos termos do inciso II do art. 1.348 do Código Civil, compete: "representar, ativa e passivamente, o condomínio, praticando, em juízo ou fora dele, os atos necessários à defesa dos interesses comuns". De igual modo, o **inventariante** age em nome do espólio, que não é uma pessoa jurídica; em razão do disposto nos incisos II e VII do art. 618 do Código de Processo Civil de 2015, cabe ao inventariante "administrar o espólio, velando-lhe os bens com a mesma diligência que teria se seus fossem", e, ainda, "prestar contas de sua gestão".

9.6.4 INTERVENTOR OU LIQUIDANTE

O ordenamento jurídico prevê a possibilidade de nomeação judicial de **administrador**, de **interventor** ou de **liquidante**. É o que ocorre nas hipóteses de recuperação judicial ou falência de sociedade. O art. 21 da Lei n. 11.101/2005 prevê a nomeação do administrador judicial, que agirá sob a fiscalização do juiz e do Comitê de Credores no desempenho das atribuições enumeradas no art. 22. A Lei n. 6.024/74 prevê a nomeação de interventor em instituições financeiras que substituirá os administradores; tal ato será praticado pelo Banco Central do Brasil *ex officio* ou a pedido dos administradores (art. 3º). Nas sociedades por ações em processo de liquidação, a assembleia geral ou o juiz nomearão um liquidante que, de acordo com o art. 211 da Lei n. 6.404/76, passará a representar a companhia e a praticar todos os atos necessários à liquidação, inclusive alienar bens móveis ou imóveis, transigir, receber e dar quitação.

9.7 VÍCIOS DA VONTADE

Nos atos e negócios jurídicos, a manifestação da vontade pode ser afetada – de modo intencional ou involuntário – por vícios que interferem na validade deles, em razão das anomalias na configuração e no exercício de direitos ou no cumprimento de obrigações no âmbito da autonomia privada. A ordem jurídica prevê consequências para os denominados **vícios da vontade** ou **vícios do consentimento**, que estão catalogados entre os defeitos dos negócios jurídicos. Esses vícios têm em comum o fato de serem praticados em prejuízo das partes. Enquadram-se nessa categoria, de acordo com o Código Civil: (a) o erro ou a ignorância; (b) o dolo; (c) a coação; (d) o estado de perigo; e (e) a lesão. Esses defeitos dos negócios jurídicos nem sempre causam apenas anulação deles, outras normas sancionatórias sobre responsabilidade civil e sobre crimes também podem vir a ser aplicadas.

9.7.1   ERRO OU IGNORÂNCIA

Na forma do disposto no art. 138 do Código Civil, são anuláveis os negócios jurídicos, quando as declarações de vontade contiverem **erro** substancial que poderia ser percebido por pessoa de diligência normal, em face das circunstâncias do negócio. O erro é substancial quando: (a) interessa à natureza do negócio, ao objeto principal da declaração, ou a alguma das qualidades a ele essenciais; (b) concerne à identidade ou à qualidade essencial da pessoa a quem se refira a declaração de vontade, desde que tenha influído nesta de modo relevante; e (c) sendo de direito e não implicando recusa à aplicação da lei, for o motivo único ou principal do negócio jurídico.

Em sentido comum, erro é a falsa representação da realidade; o erro difere da **ignorância**, porque nesta não há qualquer conhecimento – nem conhecimento falso – sobre a realidade, um objeto ou situação. Pode ser considerado erro qualquer anomalia do juízo, o qual pode decorrer de problemas de percepção ou de valoração sobre fatos e normas. Assim, uma pessoa pode agir pressupondo uma situação que existe de fato ou estimando de forma inadequada a existência desse mesmo fato ou de uma realidade representada. Nem todo erro justifica a anulação dos atos jurídicos; a lei prevê essa consequência apenas quando houver erro substancial capaz de trazer prejuízo às partes ou terceiros.

9.7.2   DOLO

Na forma do disposto no art. 145 do Código Civil, os negócios jurídicos são anuláveis por **dolo**, quando este for sua causa. O art. 147 do Código Civil prevê que:

> nos negócios jurídicos bilaterais, o silêncio intencional de uma das partes a respeito de fato ou qualidade que a outra parte haja ignorado, constitui omissão dolosa, provando-se que sem ela o negócio não se teria celebrado.

O art. 148 prevê que o negócio pode vir a ser anulado por dolo de terceiro, se a parte a quem aproveite dele tivesse ou devesse ter conhecimento; em caso contrário, ainda que subsista o negócio jurídico, o terceiro responderá por todas as perdas e danos da parte a quem ludibriou. O dolo é toda ação ou omissão proposital para prejudicar alguém, negando-lhe um direito legítimo ou impedindo que o titular usufrua desse mesmo direito.

9.7.3   COAÇÃO, ESTADO DE PERIGO E LESÃO

A **coação** é vício da vontade suscetível de invalidar negócios jurídicos, na forma do art. 151 do Código Civil de 2002. Exemplo é o credor que, para obter o pagamento de dívida vencida, ameaça de execução judicial o devedor, para obter vantagens na renegociação dos termos da obrigação. De acordo com o art. 156 do Código Civil, configura-se o **estado de perigo** quando alguém, premido da necessidade de salvar a si mesmo, ou a pessoa de sua família, de grave dano conhecido pela outra parte, assume obrigação excessivamente onerosa. Por fim, o art. 157 do Código Civil prevê a ocorrência de **lesão** quando uma pessoa, por premente necessidade ou por inexperiência, se obriga a prestação manifestamente desproporcional ao valor da prestação oposta. Em razão do preceito do parágrafo 2º do art. 157, não se decretará a anulação do negócio se for oferecido suplemento suficiente, ou se a parte favorecida concordar com a redução do proveito. Há, portanto, nesse caso, possibilidade de convalidação.

9.7.4 EFEITOS JURÍDICOS DO SILÊNCIO

Nos atos e negócios jurídicos, o silêncio pode ter papel relevante. **Silêncio** não se confunde com omissão: o sujeito que tem um dever de agir comete ato ilícito quando se omite. O art. 111 do Código Civil estabelece que: "o silêncio importa anuência, quando as circunstâncias ou os usos o autorizarem, e não for necessária a declaração de vontade expressa". Por outro lado, o art. 147 do mesmo Código é claro, ao enunciar que:

> nos negócios jurídicos bilaterais, o silêncio intencional de uma das partes a respeito de fato ou qualidade que a outra parte haja ignorado, constitui omissão dolosa, provando-se que sem ela o negócio não se teria celebrado.

9.8 VÍCIOS SOCIAIS DOS ATOS OU NEGÓCIOS JURÍDICOS

Os **vícios sociais** atingem terceiros que se tornam vítimas de fraudes e simulações perpetradas por pessoas inescrupulosas. As consequências variam de acordo com a natureza da infração.

9.8.1 FRAUDE CONTRA CREDORES

O art. 158 do Código Civil trata da **fraude contra credores**. São passíveis de anulação os negócios de transmissão gratuita de bens ou remissão de dívida, se os praticar o devedor já insolvente, ou por eles reduzido à insolvência, ainda quando o ignore. A anulação pode ser requerida pelos credores quirografários que provarem que os negócios foram lesivos dos seus direitos. Igual direito assiste aos credores cuja garantia se tornar insuficiente, mas só os credores que já o eram ao tempo daqueles atos podem pleitear a anulação deles (§§ 1º e 2º). Essas normas não excluem as constantes do art. 792 do Código de Processo Civil, que trata da fraude à execução.

9.8.2 SIMULAÇÃO

Simulação é um ato ilícito típico, que, no ordenamento jurídico vigente, foi objeto de definição normativa. De acordo com o enunciado do parágrafo 1º do art. 167 do Código Civil, haverá simulação nos negócios jurídicos quando: (a) apresentarem conferir ou transmitir direitos a pessoas diversas daquelas às quais realmente se conferem, ou transmitem; (b) contiverem declaração, confissão, condição ou cláusula não verdadeira; (c) os instrumentos particulares forem antedatados, ou pós-datados. Toda simulação envolve uma mentira ou uma teia de mentiras ou de falsidades, que é tecida por acordo entre pessoas para prejudicar outrem; logo, a simulação pressupõe dolo ou ânimo de causar prejuízo, mas é possível a ocorrência de "simulação inocente", em que as partes simulam um negócio sem a finalidade de prejudicar outrem. Todo negócio simulado é precedido de um acordo, chamado **pacto simulatório**, por intermédio do qual as partes declaram querer algo distinto do que vem estampado nos documentos que assinam. A prática de negócio simulado pode resultar na prática de crime, em razão de uso de documentos falsos etc.

9.8.3 FRAUDE À LEI

Para Miguel Maria de Serpa Lopes,[5]

> o significado do negócio em fraude à lei é o de um ato realizado de um modo aparentemente legal, mas com o escopo de burlar uma norma coercitiva do Direito. Quando a lei veda um determinado ato, as partes simulam um ato permitido para atingir o objetivo proibido.

Portanto, age em **fraude** à **lei** (ou à norma) aquele que a viola, querendo dar a impressão de que não o faz. Fraudar, neste contexto, é agir sem ter em conta a finalidade ou objetivo da norma e produzir um ato ilícito, ainda que o comportamento nela previsto tenha sido formalmente observado.

9.9 DIREITO DAS COISAS

Coisa, para o direito, é qualquer objeto, exceto o ser humano, que é cogitado por alguma norma; bens, por outro lado, são espécies de coisas que se diferenciam de todas as outras por terem valor econômico. Existem diversas classes de bens, a saber: móveis ou imóveis; corpóreos ou incorpóreos; fungíveis ou não fungíveis; consumíveis ou inconsumíveis; divisíveis ou indivisíveis; singulares ou coletivos; comercializáveis ou fora do comércio; principais ou acessórios; e públicos ou particulares.

As normas que integram o **direito das coisas** fazem referência aos direitos reais. De acordo com o art. 1.225 do Código Civil, são direitos reais: (a) a propriedade; (b) a superfície; (c) as servidões; (d) o usufruto; (e) o uso; (f) a habitação; (g) o direito do promitente comprador do imóvel; (h) o penhor; (i) a hipoteca; (j) a anticrese; (k) a concessão de uso especial para fins de moradia; (l) a concessão de direito real de uso; e (m) a laje. Os direitos reais podem recair sobre coisas móveis e imóveis. No primeiro caso, quando constituídos, ou transmitidos por atos entre vivos, só se adquirem com a tradição (art. 1.226), e, no segundo caso, quando constituídos, ou transmitidos por atos entre vivos, só se adquirem com o registro no Cartório de Registro de Imóveis dos referidos títulos, salvo os casos de exceções legais.

---

[5] LOPES, Miguel Maria de Serpa. *Curso de direito civil*. 3. ed. Rio de Janeiro: Freitas Bastos, 1960. v. 1. p. 451.

9.9.1 DIREITO DE PROPRIEDADE

O proprietário tem a faculdade de usar, gozar e dispor da coisa, e o direito de reavê-la do poder de quem injustamente a possua ou detenha. Esse direito deve ser exercido em consonância com suas finalidades econômicas e sociais e de modo que sejam preservados, de conformidade com o estabelecido em lei especial, a flora, a fauna, as belezas naturais, o equilíbrio ecológico e o patrimônio histórico e artístico, bem como evitada a poluição do ar e das águas (art. 1.228 do CC).

A propriedade do solo abrange a do espaço aéreo e subsolo correspondentes, em altura e profundidade úteis ao seu exercício, não podendo o proprietário opor-se a atividades que sejam realizadas, por terceiros, a uma altura ou profundidade tais, que não tenha ele interesse legítimo em impedi-las. Todavia, a propriedade do solo não abrange as jazidas, minas e demais recursos minerais, os potenciais de energia hidráulica, os monumentos arqueológicos e outros bens referidos por leis especiais (arts. 1.229 e 1.230). Os frutos e demais produtos da coisa pertencem, ainda quando separados, ao seu proprietário, salvo se, por preceito jurídico especial, couberem a outrem.

9.9.2 SERVIDÃO E PASSAGEM FORÇADA

Os proprietários de lotes confrontes podem ser obrigados a permitir **servidão ou passagem** em benefício de vizinhos ou da comunidade. Existem duas espécies de servidões. A primeira é a que se estabelece por via contratual por conveniência e comodidade de dono de prédio não encravado, que pretende comunicação mais fácil e próxima, na forma do art. 1.378 do Código Civil. A servidão como direito de passagem tem origem em lei e tem a finalidade de evitar que um prédio fique sem destinação ou utilização econômica por conta do encravamento. O art. 1.285 trata do direito de passagem e dispõe que:

> O dono do prédio que não tiver acesso à via pública, nascente ou porto, pode, mediante pagamento de indenização cabal, constranger o vizinho a lhe dar passagem, cujo rumo será judicialmente fixado, se necessário.

9.9.3 CONDOMÍNIO EDILÍCIO

De acordo com o art. 1.331 do Código Civil, pode haver, em edificações, partes que são propriedade exclusiva e partes que são propriedade comum dos condôminos. Isso ocorrendo, há **condomínio edilício**. As partes suscetíveis de utilização independente, tais como apartamentos, escritórios, salas, lojas e sobrelojas, com as respectivas frações ideais no solo e nas outras partes comuns, sujeitam-se a propriedade exclusiva, podendo ser alienadas e gravadas livremente por seus proprietários, exceto os abrigos para veículos, que não poderão ser alienados ou alugados a pessoas estranhas ao condomínio, salvo autorização expressa na convenção de condomínio. O solo, a estrutura do prédio, o telhado, a rede geral de distribuição de água, esgoto, gás e eletricidade, a calefação e refrigeração centrais, e as demais partes comuns, inclusive o acesso ao logradouro público, são utilizados em comum pelos condôminos, não podendo ser alienados separadamente, ou divididos. Nenhuma unidade imobiliária pode ser privada do acesso ao logradouro público.

São direitos do condômino: (a) usar, fruir e livremente dispor das suas unidades; (b) usar das partes comuns, conforme sua destinação, e contanto que não exclua a utilização dos demais condôminos; (c) participar e votar nas deliberações da assembleia, se estiver quite (art. 1.335). Por outro lado, são deveres do condômino: (a) contribuir para as despesas do condomínio na proporção das suas frações ideais, salvo disposição em contrário na convenção; (b) não realizar obras que comprometam a segurança da edificação; (c) não alterar a forma e a cor da fachada, das partes e esquadrias externas; e (d) dar às suas partes a mesma destinação que tem a edificação, e não as utilizar de maneira prejudicial ao sossego, salubridade e segurança dos possuidores, ou aos bons costumes.

As regras do condomínio constarão de um documento escrito registrado do Cartório competente; dentre essas regras, há a que exige a eleição de um síndico que tem poderes próprios de um administrador, encarregado de gerir as contas e os acontecimentos relevantes do condomínio que sejam capazes de afetar a coletividade. A obrigação de pagar a contribuição para as despesas do condomínio decorre do direito de propriedade, não obstante a lei permita que ela (a obrigação) seja cumprida pelo inquilino. Se o inquilino não pagar, o proprietário é o responsável, tendo em vista que esse tipo de dívida acompanha o imóvel. A falta de pagamento pode ensejar execução da dívida e designação de leilão para venda do imóvel. As normas de direito civil não impedem a aplicação de normas de ordem pública editadas pelo município sobre padrões e limites de metragem de propriedade, de acesso a ruas e rodovias etc.

9.10 DESAPROPRIAÇÃO

O proprietário de um bem móvel ou imóvel pode perder o direito de propriedade em razão de desapropriação (ou expropriação) pelo poder público. Todavia, o Estado não pode decretar uma **desapropriação** por mero capricho, de modo que todo ato de expropriação deve ser motivado e justificado em razão da necessidade ou interesse social.

O inciso XXIV do art. 5º da Constituição Federal prevê que na expropriação haja justa e prévia indenização em dinheiro. Pode haver pagamento em títulos da dívida agrária, resgatáveis em até 20 anos, na hipótese prevista no art. 184 da Constituição, em que é admitida a expropriação, para fins de reforma agrária, de imóvel rural que não esteja cumprindo sua função social. Sobre a justa indenização, o professor Hely Lopes Meirelles[6] considera que ela inclui o "valor do bem, suas rendas, danos emergentes e lucros cessantes, além dos juros compensatórios e moratórios, despesas judiciais, honorários de advogados e correção monetária". Em outras palavras, se a indenização não for justa, há confisco parcial e inconstitucional. O direito de desapropriação recai sobre bens de particulares; excepcionalmente, no entanto, um bem público pode vir a ser desapropriado em razão da permissão contida no texto do parágrafo 2º do art. 2º do Decreto-lei n. 3.365/41.

---

[6] MEIRELLES, Hely Lopes. *Direito administrativo brasileiro*. 16. ed. São Paulo: Malheiros, 1991. p. 514.

Resumo esquemático

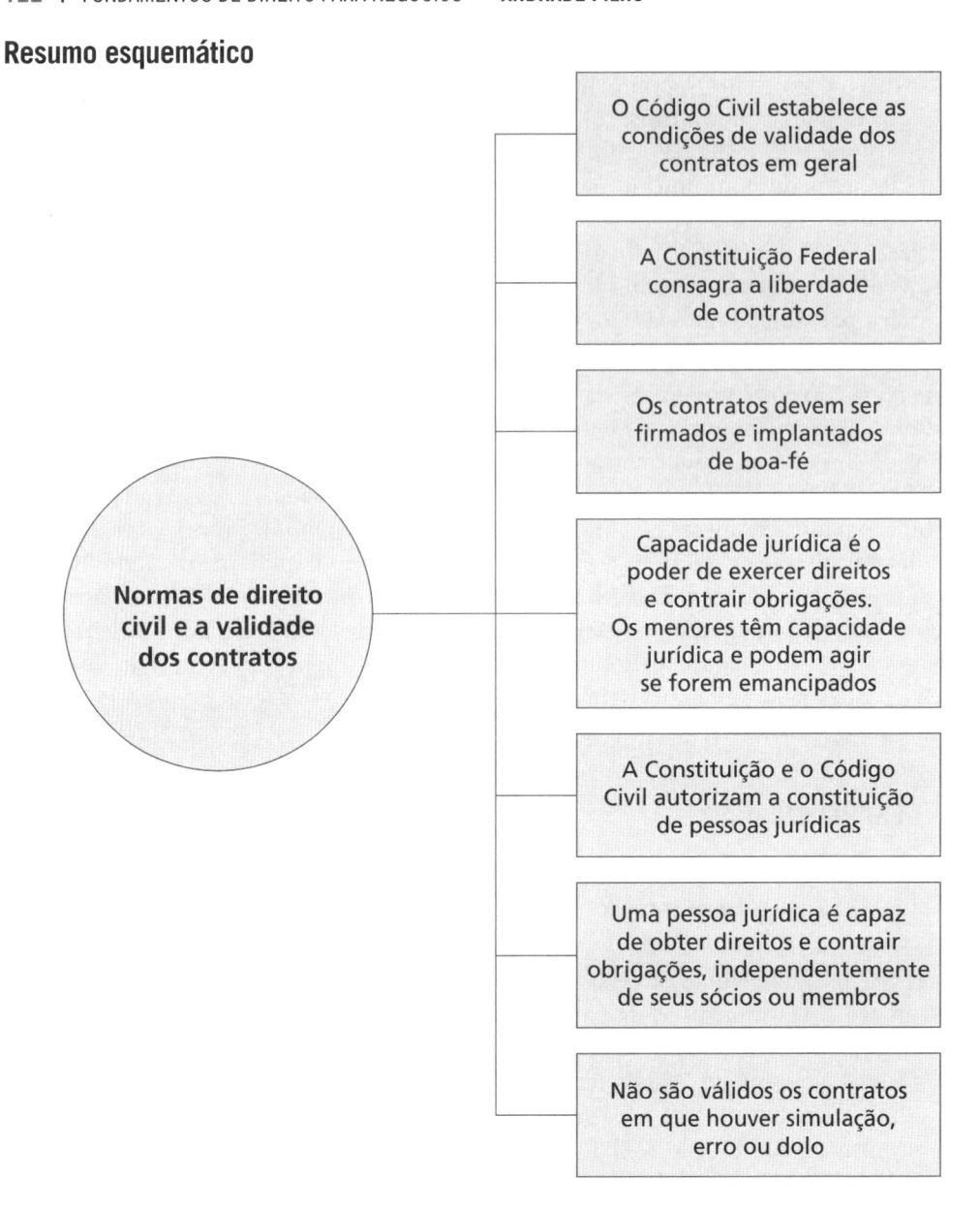

Normas de direito civil e a validade dos contratos

- O Código Civil estabelece as condições de validade dos contratos em geral
- A Constituição Federal consagra a liberdade de contratos
- Os contratos devem ser firmados e implantados de boa-fé
- Capacidade jurídica é o poder de exercer direitos e contrair obrigações. Os menores têm capacidade jurídica e podem agir se forem emancipados
- A Constituição e o Código Civil autorizam a constituição de pessoas jurídicas
- Uma pessoa jurídica é capaz de obter direitos e contrair obrigações, independentemente de seus sócios ou membros
- Não são válidos os contratos em que houver simulação, erro ou dolo

Minicaso

A empresa "Consultoria em tecnologia e negócios Ltda." firmou contrato com a Indústria Delta S.A. para prestação de serviços durante 60 dias. O serviço foi prestado de acordo com os termos do contrato, mas a contratante (Indústria Delta) se nega a pagar as faturas emitidas, sob o argumento de que o contrato foi assinado por um diretor da contratada (a empresa "Consultoria") que faleceu no mesmo dia em que assinou o contrato. Pergunta-se: a Indústria Delta tem razão em negar-se a pagar sob o argumento de que o contrato se tornou inválido com o falecimento da pessoa que o assinou em nome da "Consultoria"? A Indústria Delta age de boa-fé ao se negar a fazer o pagamento por um serviço que lhe foi prestado?

Exercício

Assinale Falso ou Verdadeiro:

a) Fato jurídico é qualquer acontecimento relevante para o direito que decorra ou não de conduta humana. ( )
b) Fatos ilícitos são todos os que violam direitos de outrem. ( )
c) Abuso de direito constitui modalidade de ato ilícito. ( )
d) O que causar dano a outra pessoa fica obrigado a indenizar, salvo se agiu em legítima defesa de direito seu. ( )
e) Todo contrato deve ser escrito, e deve ser feito o reconhecimento de firmas dos que o assinam. ( )
f) A existência legal das pessoas jurídicas começa com a assinatura de um contrato escrito. ( )
g) Os contratantes devem agir de boa-fé na formação e no cumprimento dos contratos em geral. ( )
h) Há proibição de contratar se o objeto constituir crime, como é, por exemplo, a venda de órgãos humanos. ( )
i) Os diretores são os únicos autorizados a representar as pessoas jurídicas perante terceiros. ( )

10 O DIREITO DE FAMÍLIA E OS NEGÓCIOS

Assista ao vídeo do autor sobre este Capítulo.

Após ler este capítulo, você estará apto a:
- Compreender as noções elementares sobre o direito de família e o direito das sucessões, e como algumas regras podem interferir nos negócios em determinadas circunstâncias.
- Conhecer as diferenças jurídicas entre casamento, união estável e concubinato e as consequências jurídicas respectivas.
- Saber quais são as consequências da morte de uma pessoa casada, ou em estado de união estável, e que tenha herdeiros.

10.1 O EMPREENDEDOR E SUAS RELAÇÕES DE PARENTESCO

Toda pessoa natural que é empreendedora deve devotar atenção especial às regras do **direito de família**, que protegem direitos de cônjuges, de filhos e de herdeiros. Quem assina um contrato de sociedade deve estar ciente de que os negócios podem ser afetados por problemas nos relacionamentos familiares, em caso de malogro em casamentos e morte dos sócios; por isso, é necessário que os eventuais problemas sejam regulados no contrato, de modo a permitir que a empresa (o negócio) possa continuar, a despeito dos problemas que surjam nas relações de parentesco, que são mais frequentes nas "empresas familiares". Cautelas não podem ser negligenciadas; afinal, as relações jurídicas sobrevivem à ganância e a egos inflados, e é capaz de resistir às fraturas ou ao rompimento de relações pessoais por quaisquer razões, inclusive, portanto, as motivadas pelo ódio.

10.1.1 CASAMENTO E REGIME DE BENS

O art. 226 da Constituição Federal faz referência ao **casamento** em três preceitos, para determinar que o casamento é civil e é gratuita sua celebração (§ 1º); que o casamento religioso tem efeito civil, nos termos da lei (§ 2º); e que o casamento pode ser dissolvido pelo divórcio (§ 6º). Não existem regimes de casamento ou de união estável; o que existem são **regimes de bens**, que são escolhidos pelos nubentes no momento do casamento. O Código Civil regula os regimes bens, que são: (a) comunhão parcial; (b) comunhão universal; e (c) separação universal. Nesses casos, há comunhão ou separação de bens; quando há comunhão, os bens de cada um dos nubentes se comunicam com os do outro, formando os "bens do casal". No regime de comunhão parcial, só se comunicam os bens adquiridos na constância do casamento ou da união estável; no regime de separação total, não há a comunicação em circunstância alguma; por fim, no regime de comunhão universal, todos os bens se comunicam, sejam eles adquiridos antes ou na constância do casamento ou da união estável. Bens que se comunicam ficam sujeitos à meação; os demais bens podem ou não entrar na herança do cônjuge sobrevivente. Em princípio, há liberdade de escolha, exceto nos casos em que a lei imponha um regime. É admitida a mudança de regime de bens, na forma do disposto no parágrafo 2º do art. 1.639 do Código Civil. A mudança requer autorização judicial em pedido motivado de ambos os cônjuges, apurada a procedência das razões invocadas e ressalvados os direitos de terceiros.

Imaginemos o caso da sociedade X, formada por Marlene, Sofia, Paulo, Pedro e João, e que este último venha a falecer, deixando esposa e filhos. Se o contrato social for omisso a respeito do que deve ser feito com as ações ou quotas do sócio falecido, a meeira (a esposa) e os herdeiros passarão a integrar a sociedade, independentemente da vontade dos sócios remanescentes. Se a sociedade X for uma grande companhia com administração profissional, o poder de interferência dos sócios recém-chegados tende a ser irrelevante; por outro lado, em uma sociedade pequena, a chegada de novos sócios, com novas ideias e diferentes níveis de experiência, pode afetar as relações de poder entre os administradores e colocar em risco a continuidade da empresa. Esses mesmos problemas podem surgir em caso de divórcio, em que haja divisão das quotas ou ações do capital da sociedade.

10.1.2 UNIÃO ESTÁVEL E CONCUBINATO

União estável é aquela que se forma entre duas pessoas que convivem e constituem uma família; no Brasil, não são reconhecidas a poligamia e a união estável múltipla. A respeito da união estável, o parágrafo 3º do art. 226 da Constituição Federal diz: "Para efeito da proteção do Estado, é reconhecida a união estável entre o homem e a mulher como entidade familiar, devendo a lei facilitar sua conversão em casamento". Esse preceito foi reproduzido pelo art. 1.723 do Código Civil, mas o STF decidiu que a união estável pode ser formada (para fins de formação de unidade familiar) por pessoas do mesmo sexo. Essa decisão foi proferida no julgamento da Ação Direta de Inconstitucionalidade 4.277, em 5 de maio de 2011. Posteriormente, o mesmo Tribunal afirmou ser inconstitucional a adoção de regimes sucessórios distintos em uniões estáveis formadas entres pessoas do mesmo sexo em relação às outras uniões, formadas por pessoas de diferentes sexos (Recurso Extraordinário 646.721, julgado em 10 de maio de 2017).

Julgando questão sobre união estável, o STJ considerou que há uma diferença entre namoro qualificado e união estável. O Tribunal decidiu que a união estável só se caracteriza se as partes têm intenção de formar família (Recurso Especial 1.263.015, julgado em 19 de junho de 2012). Assim, relacionamentos duradouros e provados nem sempre caracterizam união estável; entre namoro e união estável, há diferenças de propósitos, isto é, no namoro as partes não intentam constituir uma unidade familiar. Essa distinção é importante, porque, na hipótese de namoro, não incidem as regras sobre pensão alimentícia ou sucessão de bens, tal como ocorre em relação de concubinato.

A união estável não se constitui se uma das partes estiver impedida de se casar, na forma do disposto no art. 1.521 do Código Civil, ou, ainda, nas hipóteses de suspensão do direito de se casar, previstas no art. 1.523 do Código Civil. Todavia, o STJ considera que é possível a caracterização de união estável em caso de haver comprovada separação de fato (Agravo Interno no Agravo em Recurso Especial 817.045, julgado em 17 de novembro de 2016). Enfim, relacionamentos não eventuais entre pessoas impedidas de se casar não formam uniões estáveis, mas são qualificados como **concubinato**, na forma do art. 1.727 do Código Civil. Essa relação é considerada adulterina, porque envolve sempre uma pessoa casada, separada de fato ou não.

As relações de união estável ou concubinato podem produzir consequências idênticas às do casamento, em caso de morte ou separação, como foi exposto na seção 10.1.1.

10.2 FILIAÇÃO

Na forma do disposto no art. 1.630 do Código Civil, os filhos estão sujeitos ao poder familiar, enquanto menores. O poder familiar é extinto em caso de morte dos pais, morte do filho, emancipação, maioridade, adoção, e por decisão judicial. De acordo com o art. 227 da Constituição Federal:

> É dever da família, da sociedade e do Estado assegurar à criança, ao adolescente e ao jovem, com absoluta prioridade, o direito à vida, à saúde, à alimentação, à educação, ao lazer, à profissionalização, à cultura, à dignidade, ao respeito, à liberdade e à convivência familiar e comunitária, além de colocá-los a salvo de toda forma de negligência, discriminação, exploração, violência, crueldade e opressão.

O art. 1.689 do Código Civil afirma que o pai e a mãe, enquanto no exercício do poder familiar: (a) são usufrutuários dos bens dos filhos; e (b) têm a administração dos bens dos filhos menores sob sua autoridade. De acordo com parágrafo 6º do art. 227 da Constituição Federal, os filhos, havidos ou não da relação do casamento, ou por adoção, terão os mesmos direitos e qualificações, proibidas quaisquer designações discriminatórias relativas à filiação. O preceito consagra a igualdade jurídica dos filhos.

A **filiação** pode ser natural (baseada em consanguinidade) ou adotiva. Há algum tempo, o ordenamento jurídico passou a admitir a denominada "adoção socioafetiva", independentemente de qualquer registro; assim, quando do julgamento do Recurso Extraordinário 898.060, o STF decidiu que: "a paternidade socioafetiva, declarada ou não em registro, não impede o reconhecimento do vínculo de filiação concomitante, baseada na origem biológica, com os efeitos jurídicos próprios". O STJ decidiu que esse tipo de adoção pode ser requerido mesmo após a morte (Recurso Especial 1.500.999, julgado em 12 de abril de 2016). O art. 27 da Lei n. 8.069/90, que aprovou o Estatuto da Criança e do Adolescente, afirma que o reconhecimento do estado de filiação é direito personalíssimo, indisponível e imprescritível, podendo ser exercitado contra os pais ou seus herdeiros, sem qualquer restrição, observado o segredo de Justiça. As normas sobre filiação vão interferir na sucessão de algum sócio morto ou declarado incapaz, de modo que a solução sobre a entrada dos sucessores – nas sociedades fechadas – deve ser prevista em contrato.

10.3 DIREITO DAS SUCESSÕES

Direito das sucessões é o conjunto de normas do direito civil que tratam da transferência a outrem de direitos e obrigações em razão da morte (*causa mortis*). O morto é o sucedido, também denominado ***de cujus***; as pessoas que assumem os direitos e obrigações por sucessão universal são os herdeiros ou legatários. A sucessão pode ser legítima ou testamentária; no primeiro caso, a herança é transmitida segundo os critérios contidos na lei, enquanto na segunda espécie o falecido, ainda em vida, estabelece critérios específicos para herança, observados os limites impostos pela lei. A sucessão testamentária exige a formalização de um testamento, que é um documento solene, que contém uma declaração unilateral de última vontade em favor de herdeiros e legatários. A repartição final dos bens e obrigações (inclusive a parcela da meação) é feita em processo de inventário; trata-se de um procedimento que pode ser cumprido perante um juiz ou perante um cartório, se todos os herdeiros e meeiros forem maiores e capazes. Portanto, o inventário é instrumento necessário para a partilha ou atribuição a cada um dos herdeiros, legatários e ao cônjuge meeiro.

Nas sociedades fechadas, quando morre o sócio ou quanto ele se divorcia ou extingue relação estável, as ações ou quotas terão o destino estipulado em contrato, isto é, elas podem ser transmitidas: (a) para os herdeiros, cônjuge meeiro ou para qualquer beneficiário de partilha (em caso de divórcio ou extinção de união estável); ou (b) podem ser adquiridas pela própria sociedade ou pelos sócios remanescentes.

10.3.1 MEAÇÃO

No ordenamento jurídico brasileiro, o cônjuge sobrevivente é considerado meeiro, porquanto tem direito à meação dos bens do casal. **Meação** só existe nos regimes de bens em que há comunhão de bens, de modo universal ou parcial. Assim, se os nubentes adotaram o regime da comunhão universal, o cônjuge sobrevivente tem direito à metade de todo o patrimônio do falecido – incluindo os bens que ele possuía antes do casamento, mesmo aqueles recebidos por doação ou herança. Se o regime for o da comunhão parcial de bens, a meação recai apenas ao patrimônio adquirido pelo casal durante o casamento ou união estável. Por outro lado, o cônjuge sobrevivente poderá ser incluído entre os herdeiros necessários (art. 1.845 do Código Civil), exceto no caso de regime da separação legal de bens, prevista no art. 1.641 do Código Civil. Essa é a conclusão adotada pelo STJ, quando do julgamento do Recurso Especial 1.382.170, julgado em 22 de abril de 2015. Nos casos, previstos em lei, em que o cônjuge seja herdeiro necessário, o sobrevivente concorre com os demais herdeiros.

Essas mesmas regras são aplicáveis à pessoa sobrevivente em situação de união estável, como decidiu o STF, quando do julgamento do Recurso Extraordinário 646.721, de 10 de maio de 2017.

Na relação de concubinato, com a morte de um dos participantes, a partilha terá como objeto os bens que, comprovadamente, tenham sido adquiridos por esforço comum, na forma de decisão do STJ, quando do julgamento do Recurso Especial 1.628.701, julgado em 7 de novembro de 2017. Nesse julgado, a Corte decidiu, com base na Súmula 380 do STF, que tem o seguinte enunciado: "Comprovada a existência de sociedade de fato entre os concubinos, é cabível a sua dissolução judicial, com a partilha do patrimônio adquirido pelo esforço comum". A parte que caberia ao cônjuge do(a) falecido(a) será objeto de meação e herança.

Problemas relevantes podem surgir nas denominadas "relações paralelas" vividas concomitantemente. É o caso, por exemplo, da morte de pessoa casada que convive, ao mesmo tempo, com o cônjuge e com outra pessoa em regime de união estável. Nesse caso, existem dúvidas se a pessoa que mantém união estável tem ou não direito à meação. O preceito do parágrafo 1º do art. 1.723 do Código Civil de 2002 exige – para aperfeiçoamento da união estável – a prova de relacionamento duradouro com pessoa que esteja separada de fato. A jurisprudência do STJ, como ocorreu quando do julgamento do Recurso Especial 1.754.008, em 13 de fevereiro de 2018, não admite o reconhecimento de uniões estáveis paralelas ou de união estável concomitante a casamento em que não foi configurada separação de fato. Por isso, se mantida a vida em comum entre os cônjuges (ou seja, inexistindo separação de fato), não se poderá reconhecer a união estável de pessoa casada. Isto não impede, contudo, que haja partilha de bens adquiridos durante a união estável, mediante esforço comum – do *de cujus* e da concubina.

10.3.2 HERDEIROS E LEGATÁRIOS

A sucessão é consequência da morte, e os efeitos respectivos serão os decorrentes da lei (na chamada sucessão *legítima*) ou de testamento (ou, ainda, de codicilo, que é um testamento simplificado). Com a morte de pessoa casada ou convivente em união estável, dois fatos jurídicos ocorrem: (a) a separação da meação; e (b) a herança de bens, direitos e obrigações. Para cálculo do quinhão de cada **herdeiro** (correspondente à parte que lhe cabe na herança), os bens, direitos e obrigações são avaliados em dinheiro, para fins de determinação da partilha, de acordo com a ordem legal de sucessão.

De acordo com o art. 1.829 do Código Civil, a sucessão legítima defere-se na ordem seguinte: (a) aos descendentes, em concorrência com o cônjuge sobrevivente, salvo se casado este com o falecido no regime da comunhão universal, ou no da separação obrigatória de bens; ou se, no regime da comunhão parcial, o autor da herança não houver deixado bens particulares; (b) aos ascendentes, em concorrência com o cônjuge; (c) ao cônjuge sobrevivente; e (d) aos parentes colaterais. Autor da herança é o *de cujus*. Esse preceito estabelece uma ordem de sucessão; assim, se o falecido deixou filhos (letra *a*), seus pais (letra *b*) não herdam. Bens particulares são aqueles adquiridos antes do casamento. Convém notar que a lei não faz distinção entre filhos; assim, os filhos (como descendentes que são) herdam, independentemente da situação jurídica dos pais; logo, têm direitos iguais os filhos do cônjuge, da mulher em união estável e da concubina.

A condição de herdeiro do cônjuge sobrevivente não é automática, isto é, só existe se o casamento adotar o regime: (I) da separação convencional (ou consensual); ou (II) da comunhão parcial. Em qualquer caso, o cônjuge tem direito de herança apenas em relação aos bens particulares, na forma do que ficou decidido pelo STJ, por ocasião do julgamento do Recurso Especial 1.368.123, ocorrido em 22 de abril de 2015; portanto, o direito de participação recai sobre alguns bens, e não sobre todos os bens deixados pelo *de cujus*.

Em relação à sucessão testamentária, o art. 1.857 do Código Civil afirma que toda pessoa capaz pode dispor, por testamento, da totalidade dos seus bens (excluída a meação), ou de parte deles, para depois de sua morte. O testamento é ato personalíssimo, podendo ser mudado a qualquer tempo (art. 1.858). Há limites a serem observados, haja vista que o parágrafo único do art. 1.857 dispõe que a legítima dos herdeiros necessários não poderá ser incluída no testamento. A legítima é definida no art. 1.846 como sendo "a metade dos bens da herança", e que será calculada sobre o valor dos bens existentes na abertura da sucessão, abatidas as dívidas e as despesas do funeral, adicionando-se, em seguida, o valor dos bens sujeitos à colação (art. 1.847).

Bens sujeitos à colação são aqueles que anteriormente tenham sido recebidos em doação pelos descendentes; assim, os descendentes que concorrerem à sucessão do ascendente comum são obrigados, para igualar as legítimas, a conferir o valor das doações que dele em vida receberam, sob pena de sonegação (art. 2.002). De acordo com o art. 2.003, a colação tem por fim igualar as legítimas dos descendentes e do cônjuge sobrevivente; a lei obriga também os donatários que, ao tempo do falecimento do doador, já não possuírem os bens doados. Os bens anteriormente recebidos em doação não serão levados à colação se houver dispensa outorgada pelo doador em testamento, ou no próprio título de liberalidade (art. 2.006).

O legado é uma ordem contida no testamento para que determinado bem seja entregue a pessoa distinta dos herdeiros ou não. O legado deve sair da parte sujeita a testamento, que é a que supera o valor da legítima.

10.4 APURAÇÃO DE HAVERES

Havendo transmissão de ações ou quotas, em razão de morte do sócio ou acionista ou em virtude de partilha que ocorre nos casos de divórcio e extinção de união estável, pode ser necessário fazer a **apuração dos haveres**. A apuração pode ser exigida também nos casos em que a própria sociedade ou os demais sócios tenham preferência para adquirir as ações ou quotas. Os critérios de apuração do valor das quotas adquiridas pela sociedade ou pelos sócios remanescentes devem ser estabelecidos no contrato de cada sociedade, e, na ausência, devem adotar o valor justo na data do evento.

Resumo esquemático

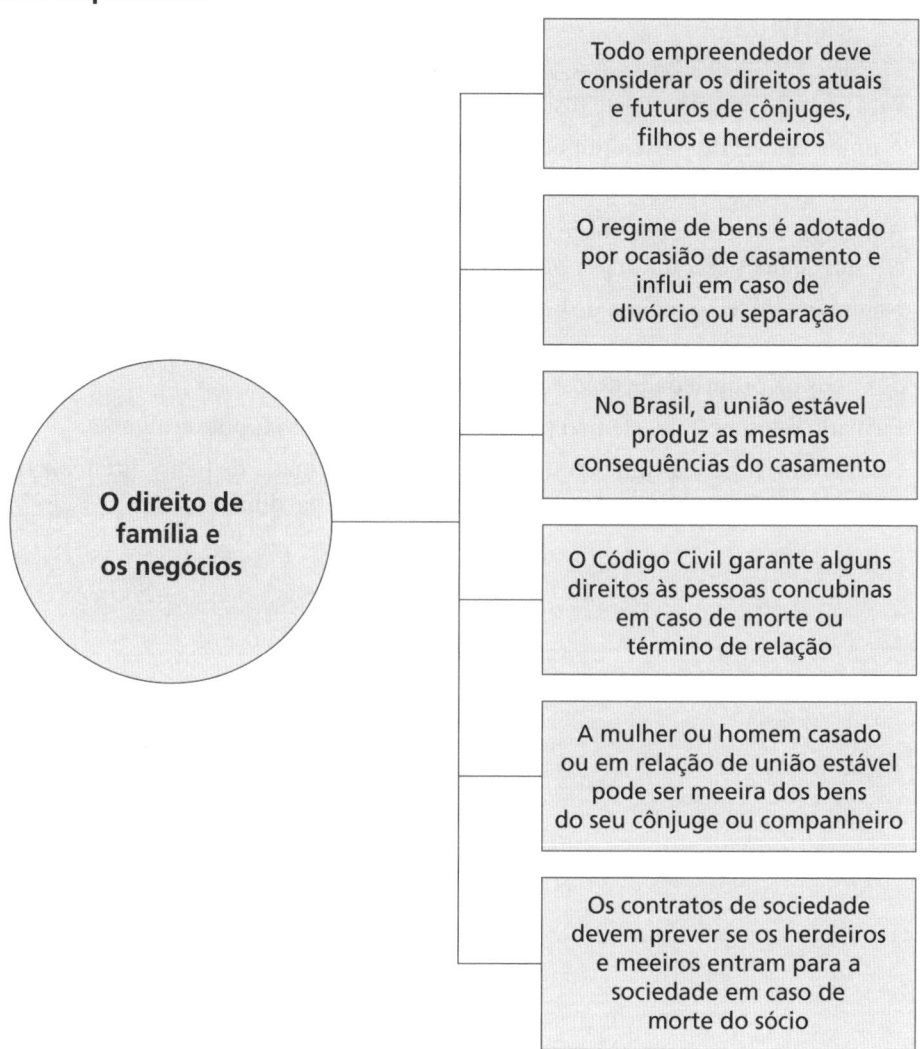

O direito de família e os negócios

- Todo empreendedor deve considerar os direitos atuais e futuros de cônjuges, filhos e herdeiros
- O regime de bens é adotado por ocasião de casamento e influi em caso de divórcio ou separação
- No Brasil, a união estável produz as mesmas consequências do casamento
- O Código Civil garante alguns direitos às pessoas concubinas em caso de morte ou término de relação
- A mulher ou homem casado ou em relação de união estável pode ser meeira dos bens do seu cônjuge ou companheiro
- Os contratos de sociedade devem prever se os herdeiros e meeiros entram para a sociedade em caso de morte do sócio

Minicaso

O senhor Salomão é o principal acionista da Comercial Monte Carmelo S.A. e acaba de falecer, deixando a esposa Ester e dois filhos. Foi aberto o inventário para determinar quem seriam os sucessores na sociedade como acionistas, quando surgiu Brigite, dizendo ter tido uma relação de convivência duradoura com o senhor Salomão e informando que, dessa união estável, nasceu Isaque, filho do falecido. Diante desses fatos, pergunta-se: como se estabelecerá a meação das ações? O menino Isaque será herdeiro do senhor Salomão?

Exercício

Assinale Falso ou Verdadeiro:

a) Para efeitos civis, não existe distinção entre casamento e união estável. ( )
b) A união estável de pessoa impedida de casar caracteriza concubinato. ( )
c) O cônjuge sobrevivente pode ser meeiro e herdeiro ao mesmo tempo. ( )
d) A meação só é calculada sobre os bens do casal que se comunicam de acordo com o regime de bens escolhido por ocasião do casamento. ( )
e) Na união estável, o regime de bens é o da separação parcial. ( )
f) Testamento é um documento pelo qual o testador designa os futuros proprietários dos bens de propriedade do casal em caso de morte. ( )
g) Firmado o testamento, ele não pode ser modificado em hipótese alguma. ( )
h) Com a morte, há transmissão da herança, que é formada de bens, direitos e obrigações, que serão avaliados em dinheiro, para fins de partilha. ( )

11 DIREITO DE EMPREENDER E A PROTEÇÃO JURÍDICA DOS TRABALHADORES

Assista ao vídeo do autor sobre este Capítulo.

Após ler este capítulo, você estará apto a:
- ✓ Saber que o direito de empreender é fortemente limitado pelas normas de proteção do trabalhador que constam das leis e da Constituição Federal.
- ✓ Compreender que as relações de trabalho são baseadas nos fatos em detrimento dos documentos escritos sempre que existam dúvidas sobre o direito dos trabalhadores, sejam eles empregados ou autônomos.
- ✓ Saber que o ordenamento jurídico proíbe e reprime a prática de trabalho em condições semelhantes às de escravos e o trabalho de menores e gestantes em atividades que trazem perigo à saúde.
- ✓ Saber que existem regras específicas sobre os diversos tipos de contratos de trabalho, e que tratam da fixação da remuneração, sobre a concessão de férias e gratificações, e, ainda, sobre aviso prévio e estabilidade.
- ✓ Conhecer a existência de normas especiais sobre o trabalho de pessoa com deficiência.

11.1 FUNÇÕES DO DIREITO DO TRABALHO

Todo empreendedor que pretender utilizar serviços prestados por pessoa natural deve cumprir as normas do direito do trabalho. A Constituição Federal faz referência aos "valores sociais do trabalho", e o art. 7º enumera 34 normas sobre a proteção dos trabalhadores urbanos e rurais, que visam "à melhoria de sua condição social". Normas sobre o **direito trabalhista** existem em acordos e tratados internacionais; todavia, a grande maioria das normas está na denominada **CLT** (Consolidação das Leis do Trabalho), que tem o *status* de lei ordinária. A CLT prevê a possibilidade de celebração de acordos ou convenções coletivas de trabalho, que criam regras especiais que interferem nos contratos individuais do trabalho. Por fim, regras obrigatórias podem provir de "sentenças normativas", editadas por Tribunais Regionais e pelo Tribunal Superior do Trabalho, em julgamento de dissídios coletivos, nos casos em que os sindicatos não cheguem a um consenso, para concluir acordos ou convenções coletivas.

11.2 PRINCÍPIOS DO DIREITO DO TRABALHO

Como visto na seção precedente, as relações de trabalho são regidas por diversas normas constitucionais, que não podem ser negligenciadas ou suprimidas por patrões e empregados. Dentre essas regras, estão alguns princípios jurídicos, que têm importante papel na interpretação e aplicação das normas da CLT e de outras leis.

11.2.1 PRIMAZIA DA REALIDADE

As normas do direito do trabalho são consideradas normas de ordem pública e, por esta razão, não podem ser desprezadas pelos particulares. Dentre as normas de ordem pública mais importantes, está aquela que estabelece que o contrato de emprego seja regido pelo **princípio da primazia da realidade**. Esse princípio tem como suporte enunciativo o texto do art. 9º da Consolidação das Leis do Trabalho, que tem a seguinte redação: "Art. 9º Serão nulos de pleno direito os atos praticados com o objetivo de desvirtuar, impedir ou fraudar a aplicação dos preceitos contidos" na referida Consolidação.

O texto normativo afirma que a relação de emprego é caracterizada em qualquer circunstância em que estiver provada prestação pessoal de serviços, de forma continuada e subordinada, ainda que as declarações formais das partes possam dizer o contrário ou simplesmente não tenham sido firmadas. Esse preceito visa evitar que a aplicação das normas do direito do trabalho seja frustrada por ajustes realizados com simulação ou fraude à lei. Esse princípio existe para proteção do trabalhador, de modo a garantir a exigência de direitos trabalhistas, quando eles forem frustrados mediante qualquer espécie de artifício que pretenda desnaturar a verdadeira relação de trabalho.

O mandamento do art. 9º da CLT é utilizado em determinadas circunstâncias, para negar efeitos à prática conhecida como "pejotização", pela qual trabalhadores constituem uma sociedade personalizada para prestar serviços. Em alguns casos, a jurisprudência considera que essa prática constitui burla aos direitos trabalhistas ou forma de evasão de obrigações previdenciárias. Assim, se a prestação dos serviços for feita em caráter contínuo e de modo pessoal, há caracterização de trabalho assalariado, e a "pejotização" não é aceita.

11.2.2 PRINCÍPIO DA PROTEÇÃO

O **princípio da proteção** é tradicional no nosso ordenamento jurídico e foi desenvolvido com o pressuposto de que o empregado – como parte mais frágil nas relações trabalhistas – deve receber tratamento compatível com essa condição. Na condição de hipossuficiente, o trabalhador deve receber especial proteção por parte dos aplicadores das normas trabalhistas. Esse princípio não legitima qualquer parcialidade por parte dos juízes e tribunais trabalhistas e nem sugere a aplicação de regras especiais não previstas no ordenamento jurídico; ele apenas indica que o empregado deve ter a seu favor a aplicação da norma mais benéfica, nos casos em que uma norma dessa natureza puder ser aplicada.

O princípio da proteção é antídoto contra fraudes que cometem alguns empregadores, que esvaziam o patrimônio de empresas para não pagar débitos trabalhistas e constituem novas empresas, com a utilização de interpostas pessoas – os conhecidos "laranjas" ou "testas de ferro". Em princípio, as pessoas interpostas não respondem pelos débitos passados se não participaram dos atos ilícitos; todavia, respondem se compreendem o caráter fraudulento de seus atos. Esse tipo de fraude os tribunais rechaçam com veemência, de modo que os credores trabalhistas podem requerer a responsabilização dos sócios, mesmo quando estejam agindo nas sombras e manipulando os denominados "laranjas". Por isso, quem quiser se tornar sócio de uma sociedade deve investigar o passado dos outros sócios e as responsabilidades ocultas que eles carregam, em razão de fraudes anteriores contra os direitos dos trabalhadores. Todo cuidado é pouco, especialmente nos casos de empresas novas, que exploram atividade, valendo-se de bens de outras, que foram fechadas ou abandonadas, para fugir dos credores.

11.2.3 PROIBIÇÃO DE TRABALHO ESCRAVO

O **trabalho escravo é proibido** no Brasil, porquanto atenta contra a dignidade humana, que constitui um dos fundamentos da República Federativa do Brasil, ao lado dos "valores sociais do trabalho", na forma do disposto nos incisos III e IV do art. 1º da Constituição Federal. Em razão do disposto no art. 243 do texto constitucional, serão expropriadas as propriedades rurais e urbanas de qualquer região do País onde houver a exploração de trabalho escravo. Além da perda da propriedade, há pena de reclusão, prevista no art. 149 do Código Penal, que considera crime o fato de reduzir alguém a condição análoga à de escravo, quer submetendo-o a trabalhos forçados ou a jornada exaustiva, quer sujeitando-o a condições degradantes de trabalho, quer restringindo, por qualquer meio, sua locomoção, em razão de dívida contraída com o empregador ou preposto. Nas mesmas penas, incorre quem: (a) cerceia o uso de qualquer meio de transporte por parte do trabalhador, com o fim de retê-lo no local de trabalho; ou (b) mantém vigilância ostensiva no local de trabalho ou se apodera de documentos ou objetos pessoais do trabalhador, com o fim de retê-lo no local de trabalho (§ 1º).

De acordo com *site* da Secretaria do Trabalho do Ministério da Economia, considera-se trabalho realizado em condição análoga à de escravo o que resulte das seguintes situações, quer em conjunto, quer isoladamente: a submissão de trabalhador a trabalhos forçados; a submissão de trabalhador a jornada exaustiva; a sujeição de trabalhador a condições degradantes de trabalho; a restrição da locomoção do trabalhador, seja em razão de dívida contraída, seja por meio do cerceamento do uso de qualquer meio de transporte por parte do trabalhador, ou por qualquer outro meio, com o fim de retê-lo no local de trabalho; a vigilância ostensiva no local de trabalho por parte do empregador ou seu preposto, com o fim de retê-lo no local de trabalho; a posse de documentos ou objetos pessoais do trabalhador, por parte do empregador ou seu preposto, com o fim de retê-lo no local de trabalho.

11.2.4 PROIBIÇÃO DE *DUMPING* SOCIAL

O ordenamento jurídico brasileiro rechaça a prática empresarial conhecida como ***dumping* social**, pela qual uma empresa oferece produtos por preços menores que os concorrentes, em razão da ofensa sistemática à legislação trabalhista, pelo não pagamento de direitos trabalhistas, ou, ainda, por submeter trabalhadores a condições degradantes à sua saúde ou individualidade. Portanto, o *dumping* social é tratado como um modo de concorrência desleal.

Não há uma definição normativa sobre as práticas – ações ou omissões – que caracterizam o *dumping* social. Não obstante a falta de definição normativa, inúmeras empresas já foram condenadas por dano à sociedade como um todo, em razão da prática reiterada de atos ilícitos contrários à lei e à dignidade humana.

11.3 CONTRATO INDIVIDUAL DO TRABALHO

Em princípio, quem necessita adquirir mão de obra a título oneroso tem liberdade para escolher a forma de aquisição de trabalho; ele pode contratar um **empregado**, um **trabalhador autônomo**, uma **empresa fornecedora** de mão de obra ou uma **cooperativa de trabalho**. Essas espécies de contratação estão sujeitas a distintos regimes jurídicos. O *caput* do art. 444 da CLT é claro, ao dispor que as relações contratuais de trabalho podem ser objeto de livre estipulação das partes interessadas em tudo quanto não contravenha às disposições de proteção ao trabalho, aos contratos coletivos (acordos e convenções) que lhes sejam aplicáveis e às decisões das autoridades competentes. Havendo contrato de trabalho, empregado e empregador assumem obrigações recíprocas e adquirem direitos recíprocos.

Empregado, de acordo com a definição contida no art. 3º da CLT, é toda pessoa física que prestar serviços de natureza não eventual a empregador, sob a dependência deste e mediante salário. Para firmar um contrato de trabalho na condição de empregada, uma pessoa deve ter capacidade civil, tendo em vista que a Constituição Federal e a CLT proíbem o trabalho do menor.

Empregador, na forma do art. 2º da CLT, é a empresa, individual ou coletiva, que explora atividade econômica em que o risco é inerente, e admite, assalaria e dirige a prestação pessoal de serviço. Equiparam-se ao empregador, para os efeitos exclusivos da relação de emprego, os profissionais liberais, as instituições de beneficência, as associações recreativas ou outras instituições sem fins lucrativos que admitirem trabalhadores como empregados. O preceito do parágrafo 2º do art. 2º da CLT *é claro*, ao atribuir responsabilidade solidária às empresas integrantes de um mesmo grupo econômico, ou seja, as sociedades ligadas respondem pelos débitos trabalhistas de outras em qualquer circunstância e independentemente da prova da ocorrência de abuso de direito ou fraude. A regra visa dar maior eficácia ao princípio da proteção do trabalhador, que é considerado hipossuficiente em relação ao empregador e, por isso, não pode exigir garantias, como ocorre com os negócios comerciais entre corporações.

11.3.1 O VÍNCULO EMPREGATÍCIO

O contrato de trabalho pode ser firmado tácita ou expressamente, isto é, verbalmente ou por escrito, por prazo determinado ou indeterminado, ou para prestação de trabalho intermitente (art. 443 da CTL) ou teletrabalho. A Figura 11.1 ilustra as espécies de contrato de trabalho com vínculo de emprego.

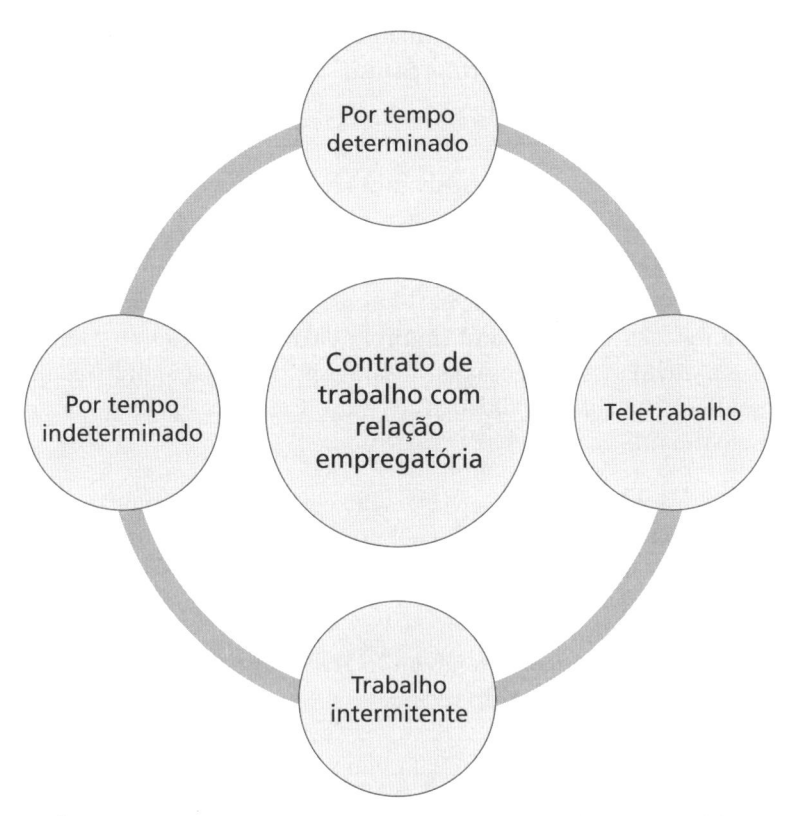

CAP. 11 • DIREITO DE EMPREENDER E A PROTEÇÃO JURÍDICA DOS TRABALHADORES | 137

Figura 11.1 Tipos de contrato de trabalho com vínculo empregatício.
(Diagrama: Contrato de trabalho com relação empregatória — Por tempo determinado; Por tempo indeterminado; Teletrabalho; Trabalho intermitente)

Com o início da prestação dos serviços, se estabelece o **vínculo** ou **relação empregatícia**, que só se configura se presentes os seguintes elementos fundamentais: (a) a pessoalidade; (b) a onerosidade; (c) a subordinação.

Ao firmar um contrato de trabalho, o empregado se obriga a prestar pessoalmente os serviços contratados, ou seja, sem possibilidade de substituição. Pessoalidade não se confunde com exclusividade; assim, um empregado pode ter mais de um vínculo de emprego com diferentes empregadores. O contrato de trabalho é oneroso, porquanto o empregado tem direito à remuneração pactuada e demais benefícios previstos em lei; no regime da CLT, não se admite trabalho gratuito. A Lei n. 9.608/98 admite o trabalho voluntário apenas em entidades públicas de qualquer natureza ou instituição privada de fins não lucrativos que tenha objetivos cívicos, culturais, educacionais, científicos, recreativos ou de assistência à pessoa. Por fim, no trabalho assalariado, há relação de subordinação, já que o empregador tem o poder de dirigir a prestação de serviços, e, se for o caso, aplicar penalidades ao trabalhador que descumpre obrigações contratuais; todavia, não pode submetê-lo a humilhações, sob pena de ficar obrigado a indenizar o ofendido por danos morais. A lei prevê que o trabalhador pode ser obrigado a indenizar a empresa por danos materiais e morais.

Em princípio, as partes que têm liberdade de contratar têm também a faculdade de modificar o contrato; todavia, a validade da eventual modificação está sujeita a alguns requisitos. Assim, o art. 468 da CLT é claro, ao dispor que só é lícita a alteração das respectivas condições por mútuo consentimento, e ainda assim desde que não resultem, direta ou indiretamente, prejuízos ao empregado. As modificações que não atendam a esses requisitos são nulas de pleno direito.

11.3.2 A PROIBIÇÃO DE CONTRATAR E O TRABALHO INFANTIL

O inciso XXXIII do art. 7º dispõe sobre a proibição de trabalho noturno, perigoso ou insalubre por **menores** de 18 anos, e de qualquer trabalho para os menores de 16 anos, salvo na condição de aprendiz, a partir de 14 anos. Na CLT, é **proibida a contratação de menores de 14 anos** (art. 403), e é também proibida a contratação de menores de 18 anos para trabalhar em atividades perigosas ou insalubres, ou, ainda, para trabalhar em locais ou serviços prejudiciais à sua moralidade (art. 405). Em outras palavras, a ordem jurídica proíbe o trabalho infantil, que se refere

> às atividades econômicas e/ou atividades de sobrevivência, com ou sem finalidade de lucro, remuneradas ou não, realizadas por crianças ou adolescentes em idade inferior a 16 anos, ressalvada a condição de aprendiz a partir dos 14 anos, independentemente da sua condição ocupacional.

Considera-se trabalho infantil, também, o trabalho noturno, perigoso ou insalubre praticado por adolescentes menores de 18 anos.

11.3.3 PESSOA COM DEFICIÊNCIA

O trabalho da **pessoa com deficiência** tem proteção constitucional explícita. O art. 7º, XXXI, da Constituição Federal é claro, ao estabelecer a "proibição de qualquer discriminação no tocante a salário e critérios de admissão do trabalhador portador de deficiência". A matéria é tratada na Convenção 159 da OIT, ratificada pelo Brasil em 1990, e na Convenção da ONU sobre os Direitos das Pessoas com Deficiência e seu Protocolo Facultativo, que foi ratificada pelo Decreto Legislativo n. 186/2008.

Além de vedar discriminações, o art. 93 da Lei n. 8.213/91 estabeleceu um sistema de quotas, de modo que a empresa que contar com 100 ou mais empregados é obrigada a preencher de 2% a 5% dos seus cargos com beneficiários reabilitados ou pessoas portadoras de deficiência, habilitadas, na seguinte proporção: (a) 2%, até 200 empregados; 3%, de 201 a 500 empregados; 4%, de 501 a 1.000 empregados; e 5% a partir de 1.001. Além disso, a dispensa de pessoa com deficiência ou de beneficiário reabilitado da Previdência Social ao final de contrato por prazo determinado de mais de 90 dias e a dispensa imotivada em contrato por prazo indeterminado somente poderão ocorrer após a contratação de outro trabalhador com deficiência ou beneficiário reabilitado da Previdência Social (§ 1º). Se a empresa não cumpre a determinação, o empregado demitido pode requerer judicialmente a reintegração.

11.3.4 EMPREGADO DE CONFIANÇA E EXECUTIVOS

Na forma do disposto no art. 62 da CLT, são ocupantes de **cargos de confiança** os gerentes, assim considerados aqueles que exercem cargos de direção, os diretores e chefes de departamento ou filial. Esses empregados possuem regimes especiais de jornada de trabalho; assim, por exemplo, o Enunciado 232 do TST afirma que os bancários ocupantes dos cargos de chefia, subchefia, gerência, subgerência e tesouraria têm a jornada de oito horas diárias, que é distinta da jornada normal, de seis horas.

O preceito do parágrafo único do art. 444 da CLT contém uma norma especial destinada ao empregado portador de diploma de nível superior e que perceba salário mensal igual ou superior a duas vezes o limite máximo dos benefícios do Regime Geral de Previdência Social. Esse empregado, em relação às matérias referidas no art. 611-A da CLT, pode estabelecer critérios diferentes que terão a mesma eficácia legal e preponderância sobre os instrumentos coletivos. Instrumentos coletivos são os acordos e convenções coletivas; estas são negócios jurídicos firmados entre sindicatos (federações ou confederações sindicais) que representam interesses de empregados e empregadores, enquanto os acordos são negócios jurídicos celebrados entre empregadores e sindicatos de empregados (art. 611).

11.4 DURAÇÃO DO CONTRATO DE TRABALHO

O contrato de trabalho pode ser firmado por prazo determinado ou não. De acordo com o parágrafo 1º do art. 443 da CLT, considera-se como de prazo determinado o contrato cuja **vigência** dependa de termo prefixado ou da execução de serviços especificados, ou, ainda, da realização de certo acontecimento suscetível de previsão aproximada. O contrato por prazo determinado só será válido em caso de: (a) serviço cuja natureza ou transitoriedade justifique a predeterminação do prazo; (b) atividades empresariais de caráter transitório; e (c) contrato de experiência.

11.4.1 DEMISSÃO SEM E COM JUSTA CAUSA

A lei não impede que empregado ou empregador rescindam o contrato de trabalho a qualquer tempo. A **despedida** de empregado pode ser feita **com** ou **sem justa causa**. No primeiro caso, o empregador terá que pagar, além do salário, alguns benefícios específicos, como o aviso prévio indenizado e uma multa de 40% sobre os valores depositados em conta especial do FGTS; além disso, deve pagar em dinheiro as férias vencidas ou não, e deve pagar o décimo terceiro salário. Outras verbas podem ser exigidas se previstas em instrumentos coletivos – acordos ou convenções. A demissão, nos contratos de trabalho por prazo determinado, obriga o empregador a pagar uma indenização e, por metade, a remuneração a que teria direito até o término do contrato.

A despedida por justa causa só poderá ser feita nas hipóteses previstas no art. 482 da CLT. São razões que justificam a justa causa, dentre outras: (a) ato de improbidade; (b) incontinência de conduta ou mau procedimento; (c) embriaguez habitual ou em serviço; (d) ato de indisciplina ou de insubordinação; e (e) abandono de emprego. Além de não obter os benefícios próprios da despedida sem justa causa, o empregado perde o direito a férias proporcionais, se o período de duração do trabalho tiver sido inferior a um ano.

Convém notar que a aposentadoria não constitui causa de extinção do contrato de trabalho. Por outro lado, há extinção, em caso de fechamento da empresa ou do estabelecimento, haja vista que essa situação torna impossível a prestação dos serviços, e as consequências são equivalentes às da demissão sem justa causa.

11.4.2 AVISO PRÉVIO

Em razão do disposto no art. 487 da CLT, se não houver prazo estipulado, a parte que, sem justo motivo, quiser rescindir o contrato deverá avisar a outra da sua resolução com a antecedência mínima de: (a) oito dias, se o pagamento for efetuado por semana ou tempo inferior; e (b) 30 dias, aos que perceberem por quinzena ou mês, ou que tenham mais de 12 meses de serviço na empresa. O **aviso prévio**, portanto, deve ser dado pelo empregador ou pelo empregado, e a falta por parte do empregador dá ao empregado o direito aos salários correspondentes ao prazo do aviso, garantida sempre a integração desse período no seu tempo de serviço. A falta de aviso prévio por parte do empregado dá ao empregador o direito de descontar os valores relativos aos salários correspondentes ao prazo respectivo.

O horário normal de trabalho do empregado, durante o prazo do aviso prévio, caso a rescisão tenha sido determinada pelo empregador, será reduzido de duas horas diárias, sem prejuízo do salário integral. É facultado ao empregado trabalhar sem a redução das duas horas diárias previstas, caso em que poderá faltar ao serviço, sem prejuízo do salário integral, por um dia, na hipótese do inciso I, e por sete dias corridos, na hipótese do inciso II do art. 487 (art. 488, parágrafo único, da CLT). Dado o aviso prévio, a rescisão torna-se efetiva, depois de expirado o respectivo prazo, mas, se a parte notificante reconsiderar o ato, antes de seu termo, à outra parte, é facultado aceitar ou não a reconsideração. O período do aviso prévio integra o tempo de duração do contrato de trabalho para todos os fins.

11.4.3 ESTABILIDADE

Estabilidade existe quando o empregador fica impedido de despedir um empregado. Trata-se de um período em que o empregado tem garantia de emprego, e o empregador, se vier a despedi-lo, terá de pagar uma indenização correspondente aos salários do período respectivo. As hipóteses de estabilidade são as previstas em lei ou em acordo ou convenção coletiva.

A Constituição e a lei garantem a estabilidade da gestante. O art. 391-A da CLT é claro, ao dispor sobre a estabilidade, de modo que a confirmação do estado de gravidez advindo no curso do contrato de trabalho, ainda que durante o prazo do aviso prévio trabalhado ou indenizado, garante à empregada gestante a estabilidade provisória, prevista na alínea *b* do inciso II do art. 10 do Ato das Disposições Constitucionais Transitórias. O art. 165 da CLT afirma que os titulares da representação dos empregados na Comissão Interna de Prevenção de Acidentes (CIPA) não poderão ser despedidos, salvo por motivo disciplinar, técnico, econômico ou financeiro. O parágrafo 3º do art. 543 da CLT proíbe a dispensa do empregado sindicalizado ou associado, a partir do momento do registro de sua candidatura a cargo de direção ou representação, de entidade sindical ou associação profissional, até um ano após o final do seu mandato, caso seja eleito, inclusive como suplente, salvo se cometer falta grave devidamente apurada nos termos da legislação.

De acordo com o art. 118 da Lei n. 8.213/90, o segurado que sofreu acidente do trabalho tem garantida, pelo prazo mínimo de 12 meses, a manutenção do seu contrato de trabalho na empresa, após a cessação do auxílio-doença acidentário, independentemente de percepção de auxílio-acidente. Essa mesma norma aplica-se aos casos de doença decorrente do trabalho. De acordo com o Tribunal Superior do Trabalho:

> Não há lógica em excluir da proteção prevista no art. 118 da Lei 8.213/91 a moléstia adquirida em razão das condições especiais em que o labor é desenvolvido, quando a própria lei a equipara a acidente de trabalho, da mesma forma como fez com a doença profissional (Recurso de Revista 7593220165110014, julgado em 29 de junho de 2018).

11.5 REMUNERAÇÃO

Remuneração, em sentido comum, é a contraprestação pactuada como retribuição econômica pelo trabalho. Na CLT, remuneração é gênero de contraprestação; e salário, uma espécie. O art. 457 da CLT afirma que a remuneração do empregado, para todos os efeitos legais, é composta do valor do salário e as gorjetas que sejam espontaneamente dadas pelos clientes ao empregado e o valor cobrado pela empresa, como serviço ou adicional, a qualquer título, e destinado à distribuição aos empregados (§ 3º). De acordo com o parágrafo 1º do citado artigo, integram o salário a importância fixa estipulada, as gratificações legais e as comissões. Em seguida, o *caput* do art. 458 da CLT afirma que integram o valor do salário, para todos os efeitos legais, a alimentação, habitação, vestuário ou outras prestações *in natura* que o empregador, por força do contrato ou do costume, fornecer habitualmente ao empregado. Em caso algum será permitido o pagamento com bebidas alcoólicas ou drogas nocivas.

Certos valores que são pagos em dinheiro aos empregados não integram a remuneração. O enunciado do parágrafo 2º do art. 457 é claro, ao dispor que as importâncias, ainda que habituais, pagas a título de ajuda de custo, auxílio-alimentação, diárias para viagem, prêmios e abonos não integram a remuneração do empregado, não se incorporam ao contrato de trabalho e não constituem base de incidência de qualquer encargo trabalhista e previdenciário. Consideram-se prêmios as liberalidades concedidas pelo empregador em forma de bens, serviços ou valor em dinheiro a empregado ou a grupo de empregados, em razão de desempenho superior ao ordinariamente esperado no exercício de suas atividades, na forma do disposto no parágrafo 4º do art. 457.

Por fim, o parágrafo 2º do art. 458 enumera as utilidades concedidas pelo empregador que não integram o salário:

I - vestuários, equipamentos e outros acessórios fornecidos aos empregados e utilizados no local de trabalho, para a prestação do serviço;

II - educação, em estabelecimento de ensino próprio ou de terceiros, compreendendo os valores relativos à matrícula, mensalidade, anuidade, livros e material didático;

III - transporte destinado ao deslocamento para o trabalho e retorno, em percurso servido ou não por transporte público;

IV - assistência médica, hospitalar e odontológica, prestada diretamente ou mediante seguro-saúde;

V - seguros de vida e de acidentes pessoais;

VI - previdência privada;

VII - (*Vetado*.);

VIII - o valor correspondente ao vale-cultura.

Por fim, na forma do parágrafo 5º do art. 458, o valor relativo à assistência prestada por serviço médico ou odontológico, próprio ou não, inclusive o reembolso de despesas com medicamentos, óculos, aparelhos ortopédicos, próteses, órteses, despesas médico-hospitalares e outras similares, mesmo quando concedido em diferentes modalidades de planos e coberturas, não integra o salário do empregado para qualquer efeito, nem mesmo para fins previdenciários.

Portanto, há pagamentos que são feitos em dinheiro que não integram a remuneração (ou o salário), como é o caso da ajuda de custo; por outro lado, algumas utilidades (que, por isso, não são pagas em dinheiro) integram o salário, como a habitação fornecida pelo empregador.

Sobre a remuneração paga ao empregado há incidência de contribuição previdenciária, que deve ser paga pelo empregador, sendo que também é obrigatório o depósito do FGTS. O empregado também contribui para a Previdência Social, e o empregador desconta o valor dos salários e faz o recolhimento posterior. Havendo desconto da contribuição sem pagamento posterior, há crime de apropriação indébita. Além disso, a retenção dolosa de salários pode ser considerada crime por lei, na forma do disposto no inciso X do art. 7º da Constituição Federal; não há lei que estipule penalidades para esse crime. Logo, a conduta é atípica e crime não há.

O denominado "seguro-desemprego" não é pago pelo empregador; trata-se de uma prestação de caráter social devida, por força de lei, pelo Estado, em caráter temporário.

11.5.1 FÉRIAS

De acordo com o art. 7º, XVII, da Constituição Federal, os trabalhadores urbanos e rurais têm direito ao gozo de **férias** anuais remuneradas, com, pelo menos, 1/3 a mais do que o salário normal. Na forma do disposto nos arts. 129 e 130 da CLT, as férias terão o período de 30 dias, exceto no caso de faltas, em que o período é reduzido para 24, 18 ou 12 dias; não há direito a férias em caso de: (a) empregado afastado por motivo de acidente do trabalho ou doença por mais de 180 dias; e (b) paralisação total ou parcial das atividades da empresa por mais de 30 dias. Durante o período em que estiver gozando férias, o empregado não pode ser demitido e não pode conceder aviso prévio do empregador em caso de pedido de demissão.

As férias vencem após um ano de trabalho, e o empregador tem o dever de conceder férias nos 12 meses seguintes ao do vencimento; se não fizer a concessão (e o pagamento), ficará sujeito ao pagamento de férias em dobro, na forma do art. 137 da CLT. Em razão do disposto no parágrafo 1º do art. 134 da CLT, somente se houver concordância do empregado as férias poderão ser usufruídas em até três períodos, sendo que um deles não poderá ser inferior a 14 dias corridos, e os demais não poderão ser inferiores a cinco dias corridos, cada um. É facultado ao empregado converter (1/3) do período de férias a que tiver direito em abono pecuniário, no valor da remuneração que lhe seria devida nos dias correspondentes (art. 143).

O empregado que for despedido sem justa causa, ou cujo contrato de trabalho se extinguir em prazo predeterminado, antes de completar 12 meses de serviço, terá direito à remuneração relativa ao período incompleto de férias (art. 147), mas conservará o direito às férias vencidas na data do encerramento do contrato de trabalho.

11.5.2 DÉCIMO TERCEIRO SALÁRIO

O inciso VIII do art. 7º da Constituição Federal afirma que os trabalhadores urbanos e rurais têm direito ao **décimo terceiro salário** com base na remuneração integral ou no valor da aposentadoria. O benefício devido aos aposentados é pago pela Previdência Social. Os critérios de cálculo foram estabelecidos pela Lei n. 4.090/62. O pagamento desse benefício (denominado "gratificação natalina") deve ser feito em até duas parcelas; a primeira, entre os meses de fevereiro e novembro de cada ano, e a segunda, até 20 de dezembro. O valor a ser pago corresponde a 1/12 da remuneração devida em dezembro, por mês de serviço do ano correspondente, considerando-se mês integral a fração igual ou superior a 15 dias de trabalho, no mês civil.

11.5.3 PARTICIPAÇÃO NOS LUCROS OU RESULTADOS

A **participação nos lucros ou resultados** foi instituída pela Lei n. 10.101/2000, como instrumento de integração entre o capital e o trabalho e como incentivo à produtividade, para dar cumprimento ao disposto no inciso XI do art. 7º da Constituição Federal de 1988. O preceito constitucional afirma que essa participação constitui direito dos trabalhadores, de modo que parece claro que também os empregados de associações sem fins lucrativos têm esse direito.

De acordo com a citada lei, a participação nos lucros ou resultados será objeto de negociação entre a empresa e seus empregados, mediante um dos procedimentos a seguir descritos, escolhidos pelas partes de comum acordo: (a) comissão escolhida pelas partes, integrada, também, por um representante indicado pelo sindicato da respectiva categoria; ou (b) convenção ou acordo coletivo. Dos instrumentos decorrentes da negociação deverão constar regras claras e objetivas quanto à fixação dos direitos substantivos da participação e regras adjetivas, inclusive mecanismos de aferição das informações pertinentes ao cumprimento do acordado, periodicidade da distribuição, período de vigência e prazos para revisão do acordo, podendo ser considerados, entre outros, os seguintes critérios e condições: (a) índices de produtividade, qualidade ou lucratividade da empresa; e (b) programas de metas, resultados e prazos, pactuados previamente.

11.5.4 EQUIPARAÇÃO SALARIAL

O princípio da **igualdade** tem aplicação no direito do trabalho, e o art. 461 da CLT visa torná-lo eficaz, ao dispor que: "Sendo idêntica a função, a todo trabalho de igual valor, prestado ao mesmo empregador, no mesmo estabelecimento empresarial, corresponderá igual salário, sem distinção de sexo, etnia, nacionalidade ou idade". Trabalho de igual valor, neste caso, será o que for feito com igual produtividade e com a mesma perfeição técnica, entre pessoas cuja diferença de tempo de serviço para o mesmo empregador não seja superior a quatro anos e a diferença de tempo na função não seja superior a dois anos. Essas normas não são aplicáveis se o empregador tiver adotado quadro de carreira ou adotar, por meio de norma interna da empresa ou de negociação coletiva, plano de cargos e salários, que não necessita de homologação ou registro em órgão público.

11.5.5 SALÁRIO MÍNIMO

Acerca do **salário mínimo**, o inciso IV do art. 7º da Constituição dispõe que ele será fixado em lei, nacionalmente unificado, e deverá ser capaz de atender às suas necessidades vitais básicas e às de sua família, com moradia, alimentação, educação, saúde, lazer, vestuário, higiene, transporte e Previdência Social, com reajustes periódicos que lhe preservem o poder aquisitivo, sendo vedada sua vinculação para qualquer fim. Cabe à lei federal estabelecer o valor do salário mínimo para vigorar em todo o País; é possível, no entanto, que categorias de trabalhadores venham a negociar a fixação de um piso salarial superior ao valor do salário mínimo legal. Neste último caso, haverá negociação entre patrões e empregados, com a assinatura de acordos ou convenções coletivas. Órgãos profissionais podem fixar pisos salariais, como ocorre com advogados, engenheiros etc.

11.6 REGIMES ESPECIAIS DE PRESTAÇÃO DE SERVIÇOS

A CLT contém regras sobre **regimes especiais** de prestação de trabalho que diferem em alguns aspectos das normas aplicáveis ao contrato comum.

11.6.1 TRABALHO INTERMITENTE

O preceito do parágrafo 3º do art. 443 da CLT trata do trabalho intermitente. De acordo com o citado preceito, considera-se como **intermitente** o contrato de trabalho no qual a prestação de serviços, com subordinação, não é contínua, ocorrendo com alternância de períodos de prestação de serviços e de inatividade, determinados em horas, dias ou meses, independentemente do tipo de atividade do empregado e do empregador, exceto para os aeronautas, regidos por legislação própria. É obrigatória a adoção de contrato escrito, que deve conter especificamente o valor da hora de trabalho, que não pode ser inferior ao valor horário do salário mínimo ou àquele devido aos demais empregados do estabelecimento que exerçam a mesma função em contrato intermitente ou não (art. 452-A).

O empregador convocará, por qualquer meio de comunicação eficaz, para a prestação de serviços, informando qual será a jornada, com, pelo menos, três dias corridos de antecedência; o convocado, por outro lado, terá o prazo de um dia útil para responder ao chamado, presumindo-se, no silêncio, a recusa. A recusa da oferta não descaracteriza a subordinação. Se for aceita a oferta, a parte que descumprir, sem justo motivo, pagará à outra, no prazo de 30 dias, multa equivalente a 50% da remuneração que seria devida, permitida a compensação em igual prazo. O período de inatividade não será considerado tempo à disposição do empregador, de modo que é lícito ao trabalhador prestar serviços a outros contratantes. Ao final de cada período de prestação de serviço, o empregado receberá o pagamento imediato das seguintes parcelas: (a) remuneração; (b) férias proporcionais com acréscimo de 1/3; (c) décimo terceiro salário proporcional; (d) repouso semanal remunerado; e (e) adicionais legais, se for o caso. Por fim, o empregador efetuará o recolhimento da contribuição previdenciária e o depósito do Fundo de Garantia do Tempo de Serviço, na forma da lei, com base nos valores pagos no período mensal, e fornecerá ao empregado comprovante do cumprimento dessas obrigações.

11.6.2 TELETRABALHO

Na forma do disposto no art. 75-B da CLT, há **teletrabalho** quando a prestação de serviços é preponderantemente fora das dependências do empregador, com a utilização de tecnologias de informação e de comunicação que, por sua natureza, não se constituam como trabalho externo. Não descaracteriza esse regime de contratação o eventual comparecimento às dependências do empregador para a realização de atividades específicas. A prestação de serviços nessa modalidade deverá constar expressamente do contrato individual de trabalho, que especificará as atividades que serão realizadas pelo empregado (art. 75-C). Poderá ser realizada a alteração entre regime presencial e de teletrabalho, desde que haja mútuo acordo entre as partes, registrado em aditivo contratual. As normas sobre esse regime disciplinam apenas o local da prestação de serviços, e, portanto, não modificam as obrigações e os direitos de qualquer empregado.

11.6.3   TRABALHO AUTÔNOMO E TRABALHO AVULSO

Trabalho autônomo é aquele prestado por alguém em regime eventual; assim, trabalhador autônomo é aquele que empreende e oferece serviços por sua própria conta e risco. De acordo com o preceito do art. 442-B da CLT, a contratação do autônomo, cumpridas por este todas as formalidades legais, com ou sem exclusividade, de forma contínua ou não, afasta a qualidade de empregado prevista no art. 3º. Todavia, a prestação de serviços autônomos não pode mascarar o trabalho assalariado em regime subordinado, sob o risco de ser o contratante condenado a pagar os direitos trabalhistas em caso de desvio de finalidade desse regime de prestação de trabalho. Sobre os pagamentos feitos ao trabalhador autônomo que for pessoa jurídica deve-se recolher contribuição previdenciária. O trabalhador também contribui para a Previdência com recolhimentos mensais.

Trabalhador avulso, por outro lado, é aquele que presta serviços inerentes às atividades de movimentação de mercadorias em geral que são desenvolvidas em áreas urbanas ou rurais sem vínculo empregatício, mediante intermediação obrigatória do sindicato da categoria, por meio de Acordo ou Convenção Coletiva de Trabalho para execução das atividades. Esse conceito é encontrado no enunciado do art. 1º da Lei n. 12.023/2009. O inciso XXXIV do art. 7º da Constituição Federal estabelece a igualdade de direitos entre o trabalhador com vínculo empregatício permanente e o trabalhador avulso.

11.6.4   TRABALHO INSALUBRE E TRABALHO PERIGOSO

A lei não proíbe o trabalho em condições insalubres ou perigosas. Na forma do art. 189 da CLT, são atividades ou operações **insalubres** aquelas que, por sua natureza, condições ou métodos de trabalho, exponham os empregados a agentes nocivos à saúde, acima dos limites de tolerância fixados em razão da natureza e da intensidade do agente e do tempo de exposição aos seus efeitos. Os incisos XXIII e XXXIII do art. 7º da Constituição Federal preveem: (a) o pagamento de adicional de remuneração para as atividades penosas, insalubres ou perigosas, na forma da lei; e (b) a proibição de trabalhos dessa natureza por menores de 18 anos. O empregador deverá tomar as devidas cautelas e oferecer equipamentos de proteção individuais que sejam eficazes e compatíveis com a natureza do trabalho prestado. O empregado deve observar as instruções dadas pelos empregadores e usar os equipamentos de proteção individual fornecido, e a recusa injustificada da observância desses deveres constitui ato faltoso.

11.7 DIREITO COLETIVO DO TRABALHO

O conteúdo do contrato individual de trabalho pode ser afetado por normas estabelecidas em **acordos coletivos** ou **convenções coletivas**. Os primeiros são firmados entre um empregador e um sindicato de empregados; as segundas são avenças estabelecidas em negócios jurídicos firmados entre sindicatos patronais e de empregados. De acordo com art. 611-B da CLT, constituem objeto ilícito de convenção coletiva ou de acordo coletivo de trabalho, exclusivamente, a supressão ou a redução de direitos relativos elencados nos 30 itens que enumera. Nesses casos, portanto, não há poder de disposição, de modo que prevalecem as normas imperativas aplicáveis, que dispõem sobre férias, FGTS, décimo terceiro salário, aposentadoria, seguros de acidentes, proteção à criança, licença-maternidade e paternidade, dentre outros temas.

Resumo esquemático

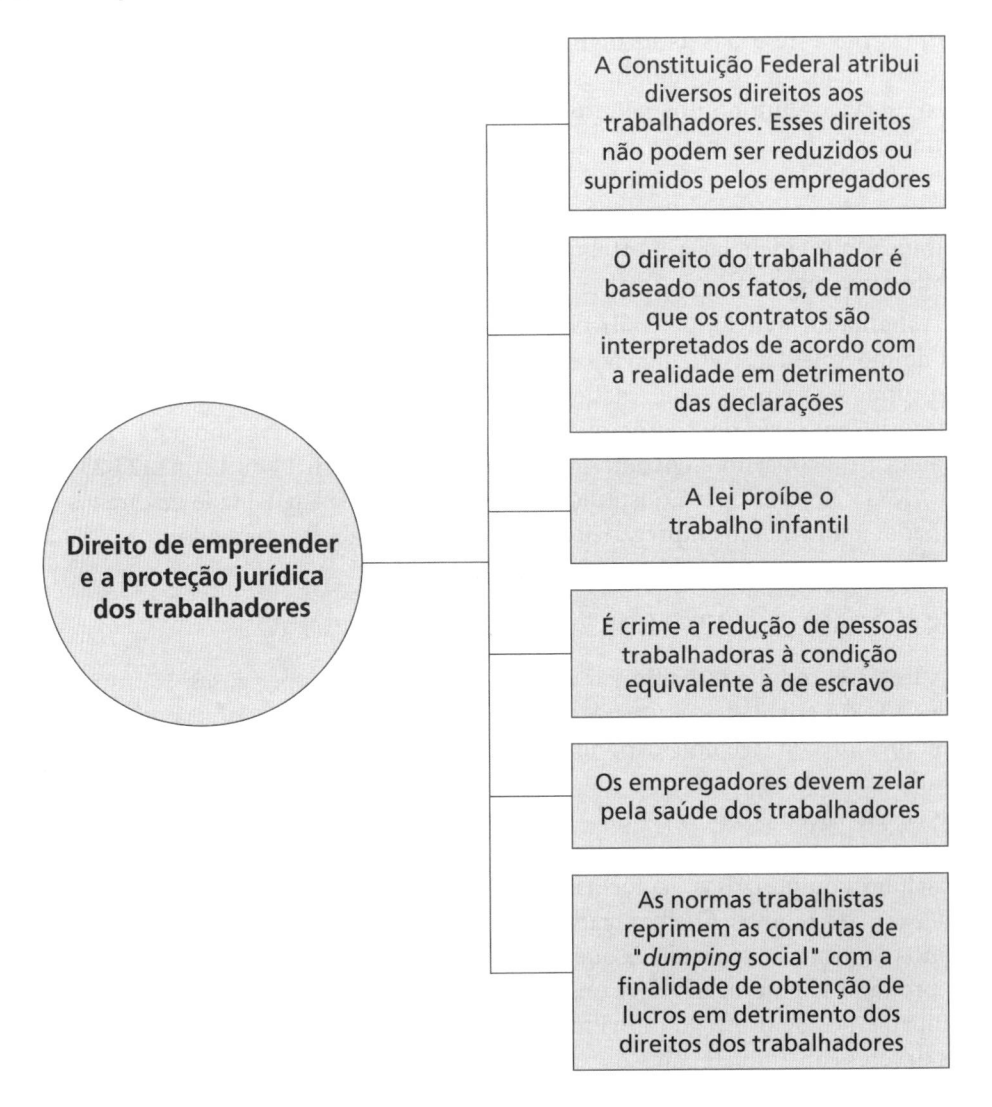

Direito de empreender e a proteção jurídica dos trabalhadores

- A Constituição Federal atribui diversos direitos aos trabalhadores. Esses direitos não podem ser reduzidos ou suprimidos pelos empregadores
- O direito do trabalhador é baseado nos fatos, de modo que os contratos são interpretados de acordo com a realidade em detrimento das declarações
- A lei proíbe o trabalho infantil
- É crime a redução de pessoas trabalhadoras à condição equivalente à de escravo
- Os empregadores devem zelar pela saúde dos trabalhadores
- As normas trabalhistas reprimem as condutas de "*dumping* social" com a finalidade de obtenção de lucros em detrimento dos direitos dos trabalhadores

CAP. 11 • DIREITO DE EMPREENDER E A PROTEÇÃO JURÍDICA DOS TRABALHADORES | 147

Minicaso

O senhor Jorge é o principal sócio da sociedade Magazine Luzia Ltda., que está enfrentando problemas de liquidez, já tendo sido penhorados seus bens. Jorge, que é seu cunhado, convida você para criar uma nova sociedade "zero quilômetro", cujos sócios serão você e sua mulher, e que irá suceder aquela que está em estado falimentar, e lhe garante que você não terá problemas futuros quanto aos débitos passados da sociedade Magazine Luzia, tendo em conta que você não cometeu fraude alguma e não participou da administração. O nome da nova sociedade será "Armarinhos Santa Luzia Ltda.".

Diante desses fatos, pergunta-se: o negócio entabulado pelo senhor Jorge é autorizado pelo direito? Você acredita em Jorge, quando este diz que você não terá que responder pelos débitos passados?

Exercício

Assinale Falso ou Verdadeiro:

a) O contrato de trabalho se extingue com a aposentadoria do empregado. ( )
b) A retenção dolosa de salários constitui crime. ( )
c) Contribuição para a Previdência é paga pelo empregado e pelo empregador. ( )
d) O trabalhador autônomo não é contribuinte da Previdência Social. ( )
e) Empregado que trabalha em casa (teletrabalho) tem direito a férias. ( )
f) A contribuição ao FGTS será paga diretamente ao empregado por ocasião das férias. ( )
g) O aviso prévio deve ser dado única e exclusivamente pelo empregador. ( )
h) Trabalho intermitente é uma modalidade de trabalho assalariado. ( )
i) O empregador pode impor penalidades ao trabalhador que descumprir o contrato. ( )
j) Constitui causa de demissão por justa causa a embriaguez habitual ou em serviço. ( )
k) O empregado não é obrigado a reparar os danos que vier a causar ao empregador. ( )
l) A lei não proíbe o trabalho em condições insalubres ou perigosas em qualquer circunstância. ( )
m) A Constituição Federal prevê o pagamento de adicional de remuneração para as atividades penosas, insalubres ou perigosas, na forma da lei. ( )
n) Há trabalho intermitente quando há alternância de períodos de prestação de serviços e de inatividade. ( )
o) Remuneração e salário são coisas distintas; a remuneração é constituída do salário e das gorjetas e outras parcelas legalmente exigíveis ou pagas com habitualidade. ( )
p) A empregada gestante tem estabilidade cujo período se estende desde a confirmação da gravidez até cinco meses após o parto. ( )

q) A estabilidade da gestante é garantida mesmo quando a confirmação da gravidez ocorre durante o prazo de aviso prévio por ela concedido ou concedido pelo empregador. ( )

r) São elementos fundamentais do contrato de trabalho com vínculo empregatício: a pessoalidade; a onerosidade; e a subordinação. ( )

12 DIREITOS DOS CONSUMIDORES

Assista ao vídeo do autor sobre este Capítulo.

Após ler este capítulo, você estará apto a:
- ✓ Saber que a Constituição Federal protege os consumidores, que são considerados a parte mais fraca dos contratos de fornecimento de bens e serviços em geral.
- ✓ Compreender quais os principais direitos dos consumidores de acordo com a lei e a jurisprudência.
- ✓ Conhecer quais as consequências das infrações ao Código de Defesa do Consumidor (CDC).

12.1 LIVRE-INICIATIVA E DIREITOS DOS CONSUMIDORES

A Constituição Federal consagra o direito de empreender, ao mesmo tempo em que exige que os direitos dos consumidores sejam respeitados. O inciso XXXII do art. 5º da Constituição Federal afirma que: "o Estado promoverá, na forma da lei, a defesa do consumidor", enquanto o inciso V do art. 170 dispõe que a defesa do consumidor constitui fundamento da ordem econômica. A Lei n. 8.078/90 instituiu o Código de Defesa do Consumidor (CDC). O art. 7º da referida lei é claro, ao dizer que os direitos nela previstos não excluem outros decorrentes de tratados ou convenções internacionais de que o Brasil seja signatário, da legislação interna ordinária, de regulamentos expedidos pelas autoridades administrativas competentes, bem como dos que derivem dos princípios gerais do direito, analogia, costumes e equidade.

12.2 PRINCÍPIOS APLICÁVEIS ÀS RELAÇÕES DE CONSUMO

As relações de consumo estão sujeitas aos **princípios gerais aplicáveis** aos contratos em geral e aos previstos no CDC.

12.2.1 O CONSUMIDOR COMO PARTE VULNERÁVEL

O primeiro princípio é o de que **o consumidor é a parte vulnerável** em qualquer relação de consumo; por isso, justifica-se a existência de grande quantidade de normas que interferem na autonomia privada dos fornecedores. Trata-se de uma presunção legal, de modo que as normas do Código devem proteger tanto os direitos do trabalhador que contratou um plano de saúde quanto os do homem rico que adquire um automóvel Lamborghini e que pode contar com os melhores advogados de defesa se seus direitos forem violados.

12.2.2 DEVER DE AGIR DE BOA-FÉ

O segundo princípio é o da **boa-fé**. Ele rechaça toda e qualquer cláusula abusiva (não razoável, ardilosa, mentirosa) ou qualquer forma de comportamento abusivo do fornecedor que cause algum transtorno que seja muito além de meros aborrecimentos que podem surgir nas relações de consumo. O dever de boa-fé é endereçado também ao consumidor, já que este não pode se valer de sua condição de vulnerável para obter vantagem ilícita ou injustificável.

12.2.3 TRANSPARÊNCIA

O terceiro princípio é o da **transparência**. O consumidor tem direito de obter todas as informações que possam afetar sua decisão de adquirir um bem ou serviço. Por isso, as informações divulgadas e os prospectos de propaganda vinculam o fornecedor, na forma do disposto no art. 30 do Código; em razão disso, ele deve cumprir o que anuncia e promete. O quarto princípio é o da ampla proteção. Ao consumidor é garantido o direito à ampla proteção e, para isto, a lei estabelece hipóteses de responsabilidade solidária entre fornecedores ou outras pessoas, na forma dos arts. 7º, 18 e 19 do Código. Vejamos um exemplo: o STJ decidiu que:

> A seguradora de seguro de responsabilidade civil, na condição de fornecedora, responde solidariamente perante o consumidor pelos danos materiais decorrentes de defeitos na prestação dos serviços por parte da oficina que credenciou ou indicou, pois, ao fazer tal indicação ao segurado, estende sua responsabilidade também aos consertos realizados pela credenciada, na forma dos arts. 7º, parágrafo único, 14, 25, § 1º, e 34 do Código de Defesa do Consumidor (Recurso Especial 827.833/MG, julgado em 24 de abril de 2012).

Em outra ocasião, o STJ decidiu que:

> A constatação de defeito em veículo zero-quilômetro revela hipótese de vício do produto e impõe a responsabilização solidária da concessionária (fornecedor) e do fabricante, conforme preceitua o art. 18, caput, do CDC (Recurso Especial 611.872, julgado em 2 de outubro de 2012).

12.3 ÂMBITO DE PROTEÇÃO E RELAÇÃO DE CONSUMO

Relação de consumo é formada por consumidor e fornecedor e está sujeita às regras do CDC. Nesse tipo de relação, as partes – os consumidores e os fornecedores – adquirem **direitos** e **obrigações** e, em alguns casos, geram efeitos a terceiros.

12.3.1 CONSUMIDOR

De acordo com o art. 2º da Lei n. 8.078/90, **consumidor** é toda pessoa física ou jurídica que adquire ou utiliza produto ou serviço como destinatário final. Também se considera como tal a coletividade de pessoas, ainda que indetermináveis, que haja intervindo nas relações de consumo. O art. 17 do CDC trata da figura do consumidor por equiparação e outorga proteção legal a todos aqueles que, embora não tendo participado diretamente da relação de consumo, sejam vítimas de evento danoso resultante dessa relação.

Em julgamento do Recurso Especial 1.156.735, ocorrido em 16 de fevereiro de 2017, o STJ discutiu o alcance desse conceito normativo e decidiu que: "considera-se consumidor aquele que retira o produto do mercado e o utiliza em proveito próprio". Sob esse enfoque, como regra, não é considerado destinatário final aquele que, de alguma forma, adquire o produto ou serviço com intuito profissional, com a finalidade de integrá-lo no processo de produção, transformação ou comercialização. Em seguida, o Tribunal disse:

> As normas do CDC não são aplicáveis à aquisição e à importação de sistema de discos magnéticos e de *software* por empresa, não hipossuficiente nem vulnerável, no intuito de incrementar sua atividade industrial, ampliar a gama de produtos e aumentar os lucros.

12.3.2 FORNECEDOR

As normas contidas no CDC devem ser cumpridas por todos os fornecedores. Na forma do art. 3º do referido Código, **fornecedor** é toda pessoa física ou jurídica, pública ou privada, nacional ou estrangeira, bem como os entes despersonalizados, que desenvolvem atividade de produção, montagem, criação, construção, transformação, importação, exportação, distribuição ou comercialização de produtos ou prestação de serviços. De acordo com texto da Súmula 297 do STJ, as regras sobre o CDC devem ser cumpridas pelas instituições financeiras.

Os importadores se responsabilizam pelo cumprimento das normas do Código do Consumidor, de modo que devem adequar as embalagens aos preceitos da lei brasileira e informar o consumidor sobre a composição e características dos produtos, e, ainda, os eventuais riscos para a saúde dos usuários. Essa responsabilização decorre da lei, e, portanto, não pode ser ignorada nem retirada em virtude de contrato por declaração unilateral.

12.3.3 RESPONSABILIDADE SOLIDÁRIA

O CDC impõe **responsabilidade solidária** de todos os que participam da introdução de um serviço no mercado e que causem eventuais prejuízos ao consumidor, na forma do disposto no parágrafo único do art. 7º e art. 14. Por esta razão, parece claro que os princípios da boa-fé, cooperação, transparência e informação devem ser observados pelos fornecedores, diretos ou indiretos, principais ou auxiliares; enfim, todos aqueles que, para o consumidor, participem da cadeia de fornecimento. A responsabilidade solidária significa que, se o fornecedor direto não vier a cumprir suas obrigações ou não indenizar o consumidor por danos morais, os devedores solidários serão convocados a cumprir as obrigações legalmente estabelecidas.

12.3.4 CLÁUSULAS ABUSIVAS

Cláusulas abusivas são as que, sem justificação razoável, desrespeitam aos direitos dos consumidores ou que sejam contrárias à boa-fé e ao princípio da transparência. O STJ considerou que:

> considera-se prática abusiva tanto o cancelamento de voos sem razões técnicas ou de segurança inequívocas como o descumprimento do dever de informar o consumidor, por escrito e justificadamente, quando tais cancelamentos vierem a ocorrer (Recurso Especial 1.469.087, julgado em 18 de agosto de 2016).

O STJ, quando do julgamento do Recurso Especial 1.348.532, ocorrido em 10 de outubro de 2010, considerou abusiva a cláusula de um contrato de cartão de crédito que autorizava a contratante a compartilhar dados dos consumidores com terceiros. O Tribunal decidiu que a impossibilidade de contratação do serviço de cartão de crédito, sem a opção de negar o compartilhamento dos dados do consumidor, é abusiva, porque revela exposição que o torna indiscutivelmente vulnerável, de maneira impossível de ser mensurada e projetada. É que, a partir da exposição de seus dados financeiros, abre-se possibilidade para intromissões diversas na vida do consumidor. Conhecem-se seus hábitos, monitoram-se a maneira de viver e a forma de efetuar despesas. Na mesma linha, o STJ aprovou a Súmula 302, que tem a seguinte redação: "É abusiva a cláusula contratual de plano de saúde que limita no tempo a internação hospitalar do segurado".

12.4 DIREITOS BÁSICOS DO CONSUMIDOR

Os incisos I e II do art. 6º do Código de Defesa do Consumidor afirmam que são **direitos básicos do consumidor** a proteção da vida, saúde e segurança contra os riscos que possam vir a ser provocados por produtos e serviços considerados perigosos ou nocivos, e, ainda, o direito à educação e divulgação sobre o consumo adequado dos produtos e serviços. São garantidas a liberdade de escolha e a igualdade nas contratações, sendo vedadas práticas discriminatórias ou a imposição de dever de contratar (a famigerada "venda casada"). O consumidor tem o direito de informação adequada e clara sobre os diferentes produtos e serviços, com especificação correta de quantidade, características, composição, qualidade, tributos incidentes e preço, bem como sobre os riscos que apresentem (inciso III). Tem também direito à proteção contra a publicidade enganosa e abusiva, contra métodos comerciais coercitivos ou desleais, bem como contra práticas e cláusulas abusivas ou impostas no fornecimento de produtos e serviços (inciso IV).

Após a contratação, o consumidor tem direito: (a) à modificação das cláusulas contratuais que estabeleçam prestações desproporcionais ou sua revisão em razão de fatos supervenientes que as tornem excessivamente onerosas (inciso V), e, ainda, a efetiva prevenção e reparação de danos patrimoniais e morais, individuais, coletivos e difusos (inciso VI). Além dessas e outras consequências previstas na lei, os contratos não produzirão efeitos, e, portanto, não obrigarão os consumidores, se não lhes for dada a oportunidade de tomar conhecimento prévio de seu conteúdo, ou se os respectivos instrumentos forem redigidos de modo a dificultar a compreensão de seu sentido e alcance.

12.4.1 DIREITO DE DEVOLUÇÃO E RESSARCIMENTO

Em razão do disposto no art. 18 do Código de Defesa do Consumidor, os fornecedores de produtos de consumo duráveis ou não duráveis respondem solidariamente pelos vícios de qualidade ou quantidade que os tornem impróprios ou inadequados ao consumo a que se destinam ou lhes diminuam o valor, assim como por aqueles decorrentes da disparidade com as indicações constantes do recipiente, da embalagem, rotulagem ou mensagem publicitária, desde que respeitadas eventuais variações decorrentes de sua natureza, podendo o consumidor exigir a substituição das partes viciadas. Não sendo o vício sanado no prazo máximo de 30 dias, pode o consumidor exigir, alternativamente e à sua escolha: (a) a **substituição** do produto por outro da mesma espécie, em perfeitas condições de uso; (b) a **restituição** imediata da quantia paga, monetariamente atualizada, sem prejuízo de eventuais perdas e danos; e (c) o **abatimento** proporcional do preço.

Normas com igual conteúdo constam dos arts. 19 e 20. De acordo com o primeiro, os fornecedores respondem solidariamente pelos vícios de quantidade do produto sempre que, respeitadas as variações decorrentes de sua natureza, seu conteúdo líquido for inferior às indicações constantes do recipiente, da embalagem, rotulagem ou de mensagem publicitária, podendo o consumidor exigir, alternativamente e à sua escolha: (a) o abatimento proporcional do preço; (b) a complementação do peso ou medida; (c) a substituição do produto por outro da mesma espécie, marca ou modelo, sem os aludidos vícios; e (d) a restituição imediata da quantia paga, monetariamente atualizada, sem prejuízo de eventuais perdas e danos. Na forma do disposto no art. 20, o fornecedor de serviços responde pelos vícios de qualidade que os tornem impróprios ao consumo ou lhes diminuam o valor, assim como por aqueles decorrentes da disparidade com as indicações constantes da oferta ou mensagem publicitária, podendo o consumidor exigir, alternativamente e à sua escolha: (a) a reexecução dos serviços, sem custo adicional e quando cabível; (b) a restituição imediata da quantia paga, monetariamente atualizada, sem prejuízo de eventuais perdas e danos; e (c) o abatimento proporcional do preço.

12.5 PENALIDADES

A infração às normas do Código do Consumidor está sujeita à aplicação de normas que impõem devolução de dinheiro ou a reposição de mercadorias com vícios ou defeitos, e, ainda, o eventual desconto no valor de serviços. Entretanto, algumas condutas podem atrair a aplicação de normas de direito criminal e que imponham o pagamento de multas pecuniárias. Em benefício do consumidor, poderão ser pleiteadas indenizações por dano moral ou material.

12.5.1 MULTAS E RESTRIÇÕES DE DIREITOS

Em razão do disposto no art. 56 do CDC, as infrações das normas de defesa do consumidor ficam sujeitas às seguintes sanções administrativas, sem prejuízo das de natureza civil, penal e das definidas em normas específicas: (a) multa; (b) apreensão do produto; (c) inutilização do produto; (d) cassação do registro do produto junto ao órgão competente; (e) proibição de fabricação do produto; (f) suspensão de fornecimento de produtos ou serviços; (g) suspensão temporária de atividade; (h) revogação de concessão ou permissão de uso; (i) cassação de licença do estabelecimento ou de atividade; (j) interdição, total ou parcial, de estabelecimento, de obra ou de atividade; (k) intervenção administrativa; (l) imposição de contrapropaganda.

12.5.2 DESCONSIDERAÇÃO DA PERSONALIDADE JURÍDICA

Para dar efetividade aos direitos do consumidor, o art. 28 do Código prevê que

> o juiz poderá desconsiderar a personalidade jurídica da sociedade quando, em detrimento do consumidor, houver abuso de direito, excesso de poder, infração da lei, fato ou ato ilícito ou violação dos estatutos ou contrato social.

A **desconsideração** também será efetivada quando houver falência, estado de insolvência, encerramento ou inatividade da pessoa jurídica que decorram de má administração. O parágrafo 2º afirma que "as sociedades integrantes dos grupos societários e as sociedades controladas são subsidiariamente responsáveis pelas obrigações", enquanto as sociedades consorciadas são solidariamente responsáveis. Por fim, o parágrafo 5º diz que também "poderá ser desconsiderada a pessoa jurídica sempre que sua personalidade for, de alguma forma, obstáculo ao ressarcimento de prejuízos causados aos consumidores". Essas normas visam estender a malha de proteção ao consumidor, para alcançar empresas de um mesmo grupo ou administradores.

12.6 DANO MORAL E PATRIMONIAL

A eventual troca de um produto ou a devolução de dinheiro em razão do desfazimento da compra de um bem ou serviço não exime o fornecedor de suportar as consequências decorrentes da prática de **dano moral ou material**, na forma do disposto no art. 927 do Código Civil. Exemplo disso ocorreu no caso julgado pelo STJ, em 27 de agosto de 2013, em que o Tribunal confirmou a validade da condenação por dano moral, nos seguintes termos:

> 1. A jurisprudência desta Corte Superior possui entendimento uniforme no sentido de que a inscrição/manutenção indevida do nome do devedor no cadastro de inadimplente enseja o dano moral *in re ipsa*, ou seja, dano vinculado à própria existência do ato ilícito, cujos resultados são presumidos. 2. A quantia de R$ 15.000,00 (quinze mil reais) não se mostra exorbitante, o que afasta a necessidade de intervenção desta Corte Superior (Agravo Regimental no Agravo em Recurso Especial 346.089).

Resumo esquemático

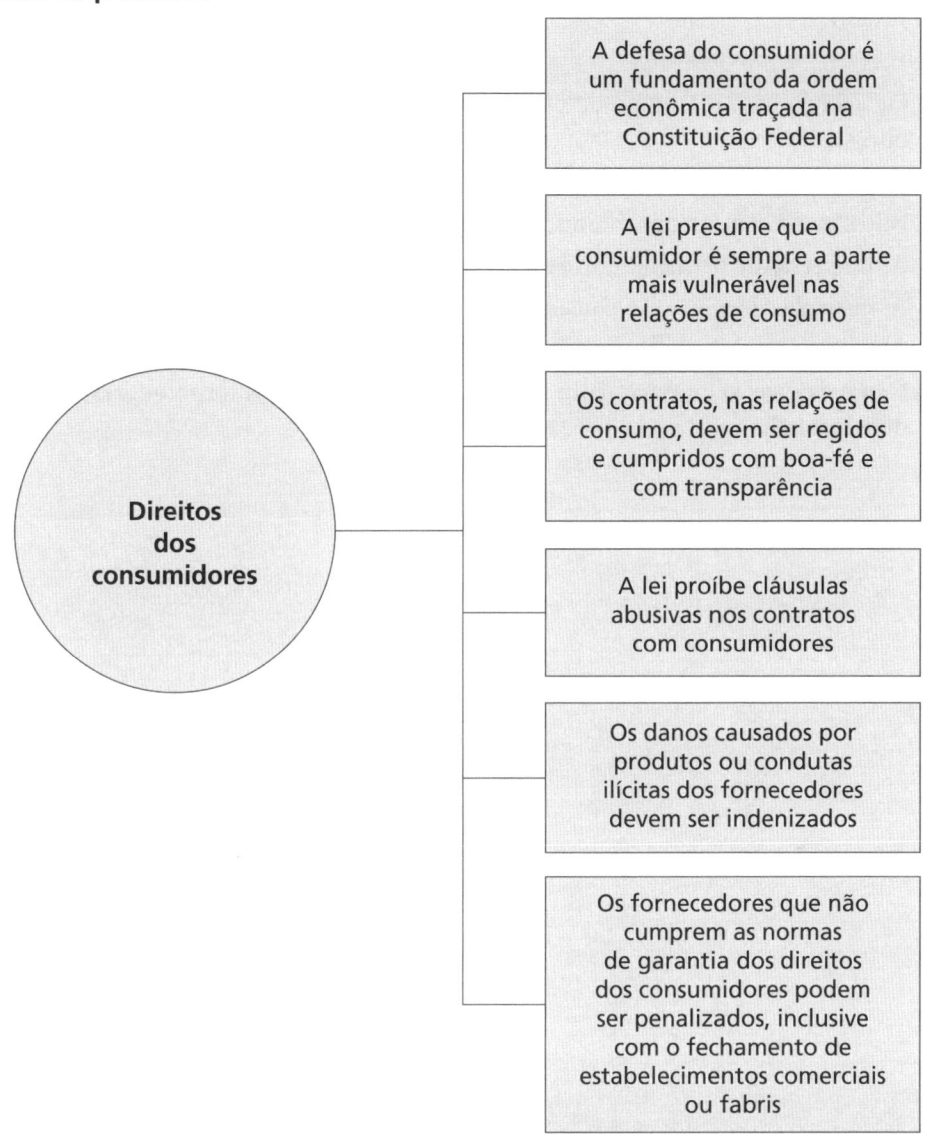

Direitos dos consumidores
- A defesa do consumidor é um fundamento da ordem econômica traçada na Constituição Federal
- A lei presume que o consumidor é sempre a parte mais vulnerável nas relações de consumo
- Os contratos, nas relações de consumo, devem ser regidos e cumpridos com boa-fé e com transparência
- A lei proíbe cláusulas abusivas nos contratos com consumidores
- Os danos causados por produtos ou condutas ilícitas dos fornecedores devem ser indenizados
- Os fornecedores que não cumprem as normas de garantia dos direitos dos consumidores podem ser penalizados, inclusive com o fechamento de estabelecimentos comerciais ou fabris

Minicaso

Marília e Josefa resolveram empreender e criar uma empresa para explorar a atividade de comércio varejista de brinquedos que serão importados da China e de Singapura. Na embalagem dos produtos, há uma declaração dizendo que a vendedora não se responsabiliza por problemas decorrentes do mau funcionamento dos brinquedos e não há indicação alguma – em língua portuguesa – sobre a composição dos brinquedos e sobre os eventuais cuidados no seu manuseio.

Com base nesses fatos, pergunta-se: essas práticas (a declaração de não responsabilidade e a embalagem sem informações claras e compreensíveis) são lícitas diante do Código de Defesa do Consumidor?

Exercício

Assinale Falso ou Verdadeiro:

a) De acordo com o Código de Defesa do Consumidor, o consumidor tem direitos e obrigações. ( )

b) Apenas o fornecedor responde por eventuais danos causados ao consumidor. ( )

c) Não são exigíveis danos morais nas relações de consumo. ( )

d) As empresas de pequeno porte estão desobrigadas de cumprir o CDC. ( )

e) As cláusulas abusivas são consideradas nulas e não obrigam o consumidor. ( )

f) As peças de publicidade não podem enganar os consumidores. ( )

g) Não é exigível o cumprimento das promessas feitas pelos fornecedores em campanhas publicitárias. ( )

13 DIREITO EMPRESARIAL: SOCIEDADES E OS EMPRESÁRIOS INDIVIDUAIS

Assista ao vídeo do autor sobre este Capítulo.

Após ler este capítulo, você estará apto a:
- ✓ Conhecer as principais normas sobre a formação de sociedades para exploração de atividade econômica.
- ✓ Identificar os principais tipos societários e as regras que lhes são aplicáveis e as condições para que um empreendedor possa atuar como empresário individual.
- ✓ Conhecer as normas que regem a estrutura de poder das sociedades e as funções dos diversos órgãos (assembleia dos sócios, conselho de administração, diretoria, conselho fiscal etc.).
- ✓ Conhecer quais são os direitos e as obrigações dos sócios ou acionistas.
- ✓ Saber que as decisões nas assembleias ou reuniões de sócios devem ser tomadas por um quórum mínimo estipulado em lei.
- ✓ Compreender quais são os elementos essenciais em toda espécie de sociedade.
- ✓ Saber quais as regras fundamentais sobre incorporação, fusão e cisão de sociedades.
- ✓ Compreender a importância das medidas de governança corporativa e de *compliance* nas sociedades.

13.1 IMPORTÂNCIA E FUNÇÃO DO DIREITO EMPRESARIAL

O **direito empresarial** é o conjunto de normas (regras e princípios) que dispõem sobre direitos e obrigações inerentes à exploração de atividade econômica por intermédio de sociedades simples ou empresárias e que compreende as relações internas e externas das citadas sociedades. Tais normas visam permitir o exercício do direito de empreender e regulam os direitos e deveres dos sócios e empresários individuais no âmbito de uma empresa ou de uma sociedade simples de prestação de serviços de caráter intelectual.

13.2 SOCIEDADE E EMPRESA

Sociedade e **empresa** são utilizadas como palavras sinônimas, mas o direito positivo atribui regime jurídico distinto a uma e a outra. As sociedades permitem a reunião de pessoas, de capitais e de competências técnicas para exploração de atividades econômicas com finalidade de obtenção de lucro; o instrumento dessa exploração é a empresa, representada por uma fábrica, uma loja etc. Portanto, as pessoas que decidem pela constituição de uma sociedade separam parcelas de seus recursos e os colocam em um "negócio" com o objetivo de lucro, mesmo que este (o lucro) não possa ser garantido, pois depende do jogo econômico e do modo como essa riqueza – a empresa em si – será administrada.

13.2.1 CONCEITOS DE SOCIEDADE E EMPRESA

De acordo com o art. 981 do Código Civil: "Celebram contrato de sociedade as pessoas que reciprocamente se obrigam a contribuir, com bens ou serviços, para o exercício de atividade econômica e a partilha, entre si, dos resultados". **Sociedade** é uma espécie de pessoa jurídica, na forma do art. 44 do Código Civil; todavia, para que receba os atributos próprios das pessoas jurídicas, é imprescindível que obtenha personalidade jurídica. Uma sociedade só adquire personalidade jurídica com a inscrição, no registro próprio e na forma da lei, dos seus atos constitutivos, segundo dispõe o art. 985 do Código Civil. Portanto, a simples assinatura de um contrato de sociedade é apenas o início do processo de criação de uma pessoa jurídica, que só passará a existir quando os documentos de constituição forem registrados nos órgãos competentes – as Juntas Comerciais ou os Cartórios de Registros de Pessoas Jurídicas. Para constituição de sociedades por ações, não é necessário firmar um contrato; elas são constituídas com base num estatuto, que é aprovado pelos acionistas fundadores e que deve ser registrado exclusivamente nas Juntas Comerciais.

Empresa é o empreendimento criado para explorar uma atividade econômica, que consiste na venda de bens ou prestação de serviços e de onde provêm as receitas e rendimentos que irão compor o lucro ou prejuízo a ser partilhado entre os sócios ou acionistas. Pode existir sociedade sem empresa; é o que ocorre quando pessoas assinam um contrato de sociedade, que é registrado nos órgãos competentes sem que tenham começado a adquirir os bens e insumos necessários ao aparelhamento da empresa; há, em tais casos, um acordo entre pessoas e um documento de criação inscrito nos órgãos de registro, mas não há empresa. Por vezes, a empresa nasce antes da sociedade; é o que ocorre se as senhoras Eufrásia e Euterpe iniciam a produção e venda de bolos e quitutes e concordam com a distribuição periódica dos lucros; nesse caso, a sociedade personalizada não existe, mas existe a empresa e uma sociedade em comum, isto é, sem personalidade jurídica. A empresa pode ser um ou mais estabelecimentos.

13.2.2 A AUTONOMIA PATRIMONIAL DA SOCIEDADE

Com a personalização, a sociedade passa a ter um nome, um endereço (domicílio) e um patrimônio próprio e distinto dos seus constituintes; além disso, pode vir a contrair direitos e obrigações em seu próprio nome, o que inclui a possibilidade de exploração de atividade econômica com a finalidade de obtenção de lucros repartíveis entre os sócios ou acionistas. A Lei n. 13.874/2019, que instituiu a Declaração de Direitos da Liberdade

Econômica, criou o art. 49-A do Código Civil para reafirmar que: "a pessoa jurídica não se confunde com seus sócios, associados, instituidores ou administradores". Considerando que a pessoa jurídica não se confunde com seus sócios ou acionistas, logo, a extinção ou a morte de um, ou de todos eles, não implica necessariamente a extinção da sociedade. Como consequência, a sociedade personificada (a pessoa jurídica) nasce com **autonomia patrimonial**, de modo que há separação entre seu patrimônio e o patrimônio dos sócios ou acionistas. O texto do parágrafo único do art. 49-A do Código Civil é claro ao dizer que: "a autonomia patrimonial das pessoas jurídicas é um instrumento lícito de alocação e segregação de riscos, estabelecido pela lei com a finalidade de estimular empreendimentos, para a geração de empregos, tributo, renda e inovação em benefício de todos". Essa autonomia patrimonial existe independentemente do regime de responsabilidade a que estão submetidos seus sócios ou acionistas; como consequência, a pessoa jurídica passa a responder sem limites pelas obrigações que porventura vier a contrair voluntariamente ou em virtude de lei, de modo que seu patrimônio social é a garantia dos credores. A autonomia patrimonial não absoluta é possível, nas hipóteses previstas em lei, em que os sócios se tornam responsáveis por dívidas da sociedade, e vice-versa. O Código Civil regula as sociedades em comum (as antigas sociedades de fato) e as sociedades em conta de participação, que não têm personalidade jurídica, e, por isso, não podem agir em seu próprio nome e não podem ter patrimônio próprio.

13.2.3 SOCIEDADE EMPRESÁRIA E SOCIEDADE SIMPLES

De acordo com o art. 982 do Código Civil, **sociedade empresária** é aquela que tem por objeto o exercício de atividade própria de empresário, isto é, aquele que organiza fatores de produção (a empresa) para explorar atividade econômica com habitualidade e intuito de lucro. Por outro lado, a **sociedade simples** é a constituída para prestação de serviços típicos de profissão intelectual, na forma do parágrafo único do art. 966 do Código Civil. Entretanto, se a sociedade que explora a prestação de serviços intelectuais tiver uma estrutura organizada, ela é considerada como sociedade empresária. A sociedade por ações, regida pela Lei n. 6.404/76, é uma sociedade empresária em qualquer circunstância. O parágrafo 1º do art. 2º é claro, ao estabelecer que: "Qualquer que seja o objeto, a companhia é mercantil e se rege pelas leis e usos do comércio".

De acordo com o art. 983, a sociedade empresária deve constituir-se segundo um dos tipos regulados nos arts. 1.039 a 1.092, a saber: (a) sociedade em nome coletivo (art. 1.039); (b) sociedade em comandita simples (art. 1.045); (c) sociedade limitada (art. 1.052); (d) sociedade anônima (art. 1.088); e (e) sociedade em comandita por ações (art. 1.090). A sociedade simples pode constituir-se de conformidade com um desses tipos, e, não o fazendo, subordina-se às normas que lhe são próprias.

13.2.4 RESPONSABILIDADE LIMITADA E ILIMITADA

O ordenamento jurídico prevê a criação de sociedades em que a responsabilidade dos sócios seja **limitada** ou **ilimitada**. Há sociedade de responsabilidade limitada quando os sócios ou acionistas respondem apenas pelo valor do capital que vierem a subscrever, e não pelas dívidas das sociedades às quais integram. A responsabilidade limitada é atribuída ao sócio ou acionista, e, por isso, a sociedade sempre responde ilimitadamente com seu patrimônio pelas suas dívidas. A responsabilização limitada ao valor do capital social subscrito pelos sócios ou acionistas não é absoluta, tendo em vista que a lei pode vir a estabelecer hipóteses de responsabilidade solidária; assim, se a sociedade não paga suas dívidas, os sócios se tornam devedores junto com ela. Nas sociedades de responsabilidade ilimitada, a responsabilidade dos sócios já nasce solidária e ilimitada, ou seja, caso a sociedade não consiga pagar suas dívidas, os sócios respondem com seu patrimônio pessoal perante os credores.

13.2.5 RESPONSABILIDADE DO EMPRESÁRIO INDIVIDUAL

O Código Civil permite que uma pessoa natural empreenda e explore uma empresa sob pelo menos dois regimes jurídicos com diferentes consequências em matéria de responsabilidade. É possível adotar a figura do empresário individual com responsabilidade ilimitada ou como Empresa Individual de Responsabilidade Limitada (EIRELI), prevista no art. 44, VI, do Código Civil.

O **empresário individual** não pode usufruir dos privilégios da limitação da responsabilidade e, por isso, se não pagar suas dívidas – sejam elas derivadas de negócios pessoais ou decorrentes da exploração da empresa –, seu patrimônio servirá como garantia dos credores, assim como, eventualmente, os bens de seu cônjuge ou companheiro em união estável. Diferente consequência existe no caso da EIRELI, que é pessoa jurídica distinta do seu titular e tem responsabilidade limitada. Trata-se de espécie de sociedade unipessoal com capital social mínimo e patrimônio próprio; com efeito, de acordo com o art. 980-A do referido Código, a EIRELI deve ser constituída por uma única pessoa, que será a titular da totalidade do capital social, o qual será devidamente integralizado, e não será inferior a 100 vezes o maior salário mínimo vigente no País. O nome empresarial deverá ser formado pela inclusão da expressão "EIRELI" após a firma ou a denominação social da empresa individual de responsabilidade limitada. A pessoa natural que constituir empresa individual de responsabilidade limitada somente poderá figurar em uma única empresa dessa modalidade. Em 2 de março de 2017, o Departamento de Registro Empresarial e Integração divulgou a Instrução Normativa n. 32, para permitir que uma pessoa jurídica, brasileira ou estrangeira, possa vir a ser titular de uma EIRELI.

Em 25 de abril de 2019, foi publicada a Lei Complementar n. 167, que permite a criação da Empresa Simples de Crédito (ESC), de atuação exclusivamente em âmbito municipal ou distrital e entidades limítrofes, para a realização de operações de empréstimo, de financiamento e de desconto de títulos de crédito, exclusivamente com recursos próprios, tendo como contrapartes microempreendedores individuais, microempresas e empresas de pequeno porte. A ESC deve adotar a forma de empresa individual de responsabilidade limitada (EIRELI), empresário individual ou sociedade limitada constituída exclusivamente por pessoas naturais, e terá por objeto social exclusivo as atividades antes referidas.

13.3 TIPOLOGIA DAS SOCIEDADES

As sociedades são as figuras centrais do direito empresarial. Elas são estabelecidas pela lei com regime jurídico próprio, e os empreendedores podem adotar os modelos que entendam mais convenientes para seus propósitos. Nas seções a seguir, abordaremos apenas os traços fundamentais dos tipos de sociedade adotados com maior frequência no Brasil, que são: a sociedade por cotas – empresária ou simples – e a sociedade por ações. O direito societário trata de outras figuras igualmente importantes, como são as sociedades cooperativas, as *joint ventures* sob a forma de consócio, os grupos societários, as empresas individuais e as empresas de pequeno porte.

13.3.1 SOCIEDADE POR QUOTAS

Sociedades por quotas são assim denominadas, porque seu capital social é dividido em quotas, que são títulos de participação atribuídos aos sócios. As características essenciais das sociedades por quotas regidas pelo Código Civil são: (a) elas podem ser sociedades empresárias ou simples; (b) elas podem adotar o regime de responsabilidade limitada ou responsabilidade ilimitada dos sócios. Em razão do disposto no art. 1.052 do Código Civil, na sociedade limitada, a responsabilidade de cada sócio é restrita ao valor de suas quotas, mas todos respondem solidariamente pela integralização do capital. A Lei n. 13.784/2019 prevê que a sociedade limitada seja constituída por um ou mais sócios; logo, é permitida a criação de sociedade unipessoal, isto é, que tenha apenas um sócio desde o momento em que for constituída.

As quotas não são emitidas e o sócio não recebe um documento que possa livremente transferir a outras pessoas; por isso, toda mudança de titularidade das quotas requer mudança do contrato social, inclusive em razão da morte do sócio. As quotas não podem ser negociadas em Bolsa de Valores, mas podem vir a ser penhoradas para garantir pagamento de dívidas do sócio; a validade da penhora foi reconhecida pelo STJ, quando do julgamento, em 14 de novembro de 2017, do Agravo Interno no Agravo em Recurso Especial 1.058.599. O Tribunal decidiu que: "a penhora de quotas sociais não encontra vedação legal e nem afronta o princípio da *affectio societatis*".

13.3.2 SOCIEDADE POR AÇÕES

Sociedades por ações são aquelas que têm o capital social dividido em ações, e são regidas pela Lei n. 6.404/76. São sociedades empresárias com responsabilidade limitada dos acionistas, e divididas em: (a) companhia (ou sociedade anônima); e (b) sociedade em comandita por ações. As ações são emitidas ou são escriturais, e, por isso, podem ser transferidas sem modificação do estatuto social, ou seja, basta haver lavratura de termo no livro "Transferência de Ações Nominativas". As ações de companhias abertas podem ser negociadas em Bolsa de Valores, desde que seja obtido um registro especial de "companhia de capital aberto". Elas podem emitir outros títulos e valores mobiliários – como são as debêntures – para captação de poupança popular.

As sociedades por ações são denominadas "sociedades de capital", em oposição à noção de sociedades de pessoas. Essa classificação é feita em razão da suposta ausência da *affectio societatis*; todavia, essa distinção nem sempre é justificável, tendo em vista que certas sociedades por ações fechadas de pequeno porte ou formadas por familiares funcionam como se sociedades de pessoas fossem.

13.3.3 MICROEMPRESA E EMPRESA DE PEQUENO PORTE

Microempresa e **empresa de pequeno porte** não são espécies de sociedades e nem espécies de pessoas jurídicas; elas são assim denominadas em razão do valor do faturamento anual. Na forma do disposto no art. 3º da Lei Complementar n. 123/2006, consideram-se microempresas ou empresas de pequeno porte a sociedade empresária, a sociedade simples, a empresa individual de responsabilidade limitada e o empresário, a que se refere o art. 966 do Código Civil, devidamente registrados no Registro de Empresas Mercantis ou no Registro Civil de Pessoas Jurídicas, conforme o caso, desde que:

a) no caso da microempresa, aufira, em cada ano-calendário, receita bruta igual ou inferior a R$ 360.000,00; e

b) no caso de empresa de pequeno porte, aufira, em cada ano-calendário, receita bruta superior a R$ 360.000,00 e igual ou inferior a R$ 4.800.000,00.

Portanto, os conceitos não devem ser confundidos. De acordo com a lei, podem ser inscritas como microempresas e empresas de pequeno porte: (a) as sociedades empresárias ou simples; (b) a EIRELI; e (c) o empresário individual. O montante da receita bruta anual é o fator fundamental para caracterização de cada uma das espécies de contribuinte.

13.3.4 MICROEMPREENDEDOR INDIVIDUAL

O ordenamento jurídico prevê a figura do **microempreendedor individual** (MEI), que é uma espécie de empresário individual, ao qual faz referência o art. 966 do Código Civil. De acordo com art. 18-A da Lei Complementar n. 123/2006, modificada pela Lei Complementar n. 155/2016, podem ser inscritos como MEI o empresário individual e a pessoa que, como empreendedora, exerça as atividades de industrialização, de comercialização e de prestação de serviços no âmbito rural ou não, que tenha auferido receita bruta, no ano-calendário anterior, de até R$ 81.000,00. Se um empresário individual quiser e puder se inscrever como MEI, deverá modificar os registros nos órgãos públicos competentes. A vantagem do MEI é que ele está sujeito a um processo simplificado de inscrição e cumprimento de obrigações tributárias, já que fica obrigado a pagar um valor fixo a cada mês, e não um percentual sobre sua receita ou rendimento. O MEI só pode ter um empregado.

13.3.5 SOCIEDADE COOPERATIVA

Em razão do disposto no parágrafo único do art. 982 do Código Civil, a **sociedade cooperativa** será sempre uma sociedade simples, e a responsabilidade dos sócios pode ser limitada ou ilimitada. É limitada a responsabilidade na cooperativa em que o sócio responde somente pelo valor de suas quotas e pelo prejuízo verificado nas operações sociais, guardada a proporção de sua participação nas mesmas operações. Por outro lado, é ilimitada a responsabilidade na cooperativa em que o sócio responde solidária e ilimitadamente pelas obrigações sociais (art. 1.095).

De acordo com art. 3º da Lei n. 5.764/71, celebram contrato de sociedade cooperativa as pessoas que reciprocamente se obrigam a contribuir com bens ou serviços para o exercício de uma atividade econômica, de proveito comum, sem objetivo de lucro. São sociedades constituídas para prestar serviços aos associados (art. 4º), de modo que a função econômica delas é a reunião de recursos para criação de estruturas e capitais necessários à prestação de serviços aos cooperados. Os resultados apurados (sobras e prejuízos) são distribuídos ou suportados pelos sócios após a formação de reservas legais. Elas exploram atividade econômica sem intuito de lucro, mas podem ratear prejuízos e sobras apuradas em cada período; nesse sentido, o STJ decidiu que o rateio de prejuízos deve ser feito proporcionalmente na razão direta dos serviços usufruídos pelo cooperado. Esse mesmo critério de proporcionalidade deve ser adotado para distribuição das eventuais sobras que ocorrem quando as receitas suplantam as despesas no período (Recurso Especial 1.303.150, julgado em 5 de março de 2013).

As cooperativas estão sujeitas aos preceitos do Código de Defesa do Consumidor em relação aos empreendimentos habitacionais que vierem a promover; essa afirmação decorre da decisão tomada pelo STJ, quando do julgamento do Agravo Interno em Agravo no Recurso Especial 916.969, de 6 de junho de 2017. Acerca da distribuição dos resultados obtidos pela cooperativa, eles são rateados sob a forma de sobras ou prejuízos.

13.3.6 SOCIEDADE EM COMUM E EM CONTA DE PARTICIPAÇÃO

Sociedade em comum e sociedade em conta de participação são espécies de sociedades não personalizadas, ou seja, não são pessoas jurídicas, e, por isso, não podem participar de negócios jurídicos ou relações jurídicas.

De acordo com art. 986 do Código Civil, **sociedades em comum** são aquelas cujos atos constitutivos não foram inscritos nos órgãos competentes. Nesse caso, os sócios, nas relações entre si ou com terceiros, somente por escrito podem provar a existência da sociedade, mas os terceiros podem prová-la de qualquer modo. Os bens e dívidas sociais constituem patrimônio especial, do qual os sócios são titulares em comum; os bens sociais respondem pelos atos de gestão praticados por qualquer dos sócios, salvo pacto expresso limitativo de poderes, que somente terá eficácia contra o terceiro que o conheça ou deva conhecer. Todos os sócios respondem solidária e ilimitadamente pelas obrigações sociais. Antes do advento do Código Civil, essa sociedade era conhecida como "sociedade de fato" ou "sociedade irregular".

A **sociedade em conta de participação** é tratada no art. 991 do Código Civil. A atividade constitutiva do objeto social é exercida unicamente pelo sócio ostensivo, em seu nome individual e sob sua própria e exclusiva responsabilidade, e os demais (denominados "sócios ocultos") apenas colhem os resultados. A constituição da sociedade independe de qualquer formalidade e pode provar-se por todos os meios de direito; além disso, o contrato social produz efeitos somente entre os sócios, e a eventual inscrição de seu instrumento em qualquer registro não confere personalidade jurídica à sociedade (art. 993). Sem prejuízo do direito de fiscalizar a gestão dos negócios sociais, o sócio participante ("sócio oculto") não pode tomar parte nas relações do sócio ostensivo com terceiros, e, se vier a fazê-lo, passará a responder solidariamente pelas obrigações em que intervier. A contribuição do sócio participante constitui, junto com a do sócio ostensivo, patrimônio especial, objeto da conta de participação relativa aos negócios sociais. O patrimônio da sociedade (resultante da contribuição dos sócios) integra o patrimônio do sócio ostensivo que se torna devedor da parcela dos lucros e aportes que devam ser distribuídos ou devolvidos aos sócios ocultos.

13.3.7 *JOINT VENTURES* E CONSÓRCIO DE EMPRESAS

Joint venture não é um tipo de sociedade; trata-se de uma forma de reunião de esforços para exploração de empresa com finalidade de obtenção e distribuição de lucros sem vínculos societários entre os empreendedores. No Brasil, o **consórcio** é o tipo de *joint venture* adotado com maior frequência e que conta com regras de funcionamento. De acordo com o art. 278 da Lei n. 6.404/76, as companhias e quaisquer outras sociedades, sob o mesmo controle ou não, podem constituir consórcio para executar determinado empreendimento. O consórcio não tem personalidade jurídica, e as consorciadas somente se obrigam nas condições previstas no respectivo contrato, respondendo cada uma por suas obrigações, sem presunção de solidariedade. Regras sobre solidariedade, no entanto, podem ser estabelecidas em contratos celebrados com terceiros, ou em razão da lei trabalhista.

O contrato deve ser registrado na Junta Comercial, por força da Instrução Normativa n. 19, de 5 de dezembro de 2013, do Departamento de Registro Empresarial e Integração (DREI). O contrato, para poder ser registrado, deve conter obrigatoriamente as seguintes informações: (a) a designação do consórcio, se houver; (b) o empreendimento que constitua o objeto do consórcio; (c) a duração, endereço e foro; (d) a definição das obrigações e responsabilidades de cada sociedade consorciada e das prestações específicas; (e) normas sobre recebimento de receitas e partilha de resultados; (f) normas sobre administração do consórcio, contabilização, representação das sociedades consorciadas e taxa de administração, se houver; (g) forma de deliberação sobre assuntos de interesse comum, com o número de votos que cabe a cada consorciado; e (h) contribuição de cada consorciado para as despesas comuns, se houver. Um consórcio deve ter sua própria contabilidade e é obrigado a prestar contas aos integrantes; eles estão sujeitos à inscrição no Cadastro Nacional das Pessoas Jurídicas (CNPJ), do Ministério da Fazenda, e, por isso, cumprem obrigações fiscais.

13.3.8 SOCIEDADES DE PROPÓSITOS ESPECÍFICOS

A **Sociedade de Propósitos Específicos** (SPE) é um tipo de *joint venture* baseada em vínculos societários sem que seja um tipo societário específico e sujeito a um regime jurídico próprio; portanto, ninguém pode requerer o registro de uma SPE, mas, sim, de uma sociedade por quotas, por ações etc. Em outras palavras, uma SPE só pode adotar a forma de qualquer sociedade empresária ou simples dentre as admitidas pelo ordenamento jurídico. Como consequência, elas são constituídas com base em contrato de sociedade ou pela instituição de um estatuto. O nome advém da finalidade, que é a exploração de um empreendimento determinado, tal como ocorre com um consórcio. A diferença entre uma SPE e um consórcio, além da existência de um vínculo societário, é o fato de que aquela tem personalidade jurídica e este não tem.

13.3.9 *HOLDINGS*

Sociedades *holdings* são constituídas para serem titulares de ações ou quotas de outras sociedades, como ocorre com frequência nos grupos de sociedades. Uma sociedade **holding** não é um tipo específico de sociedade e, por isso, ela adotará os modelos previstos na ordem jurídica para as sociedades em geral – isto é, sempre será sociedade por quotas, sociedade por ações etc. Para justificar a criação de sociedades *holdings*, os advogados e administradores de fortunas (*private equity services*) enfatizam que elas facilitam os processos de sucessão familiar, na medida em que evitam a avaliação de bens (e as controvérsias inerentes à subjetividade de toda espécie de avaliação) a serem rateados entre os sucessores. Outros profissionais "vendem" esse modelo como meio eficaz de fazer o que chamam de "blindagem patrimonial", que é, na essência, um modo de dificultar a satisfação dos credores nos casos em que haja malogro econômico da empresa e que possa vir a atingir os bens particulares dos empresários. Estratégias de blindagem patrimonial também são oferecidas para esconder bens, em caso de divórcio ou separação. Estratégias como estas são perigosas e devem ser analisadas com cuidado e diligência; afinal, qualquer ação de esconder bens com a finalidade de causar prejuízos a terceiros (credores, cônjuges etc.) cria o risco de prisão por crime de fraude e figuras assemelhadas, além da responsabilização pessoal, em razão da aplicação das regras que autorizam a "desconsideração da personalidade jurídica". Enfim, todo cuidado é pouco.

13.3.10 *STARTUPS*

A Lei Complementar n. 167, publicada em 25 de abril de 2019, criou a regra do art. 65-A da Lei Complementar n. 123/2006, a respeito das **startups**, que são divididas em duas classes: (a) incrementais; e (b) disruptivas. As primeiras têm caráter inovador e visam oferecer ferramentas para o aperfeiçoamento de sistemas, de métodos ou de modelos de negócio, de produção, de serviços ou de produtos já existentes. As segundas visam à criação de algo totalmente novo. A norma reconhece que essas empresas, por desenvolverem suas inovações em condições de incerteza, requerem experimentos e validações constantes, inclusive mediante comercialização experimental provisória, antes de proceder à comercialização plena e à obtenção de receita (art. 2º).

A Lei Complementar n. 167 cria o Inova Simples, um regime especial simplificado que visa estimular a criação, formalização, o desenvolvimento e consolidação de *startups* ou de empresas de inovação como agentes indutores de avanços tecnológicos e da geração de emprego e renda. Por isso, a lei estabelece um rito sumário e simplificado para abertura e fechamento de empresas, por meio da utilização de formulário digital próprio, disponível em janela ou ícone intitulado "Inova Simples", nas páginas eletrônicas dos órgãos de registro. No espaço destinado ao preenchimento de dados do Inova Simples, será criado campo ou ícone para comunicação automática ao Instituto Nacional da Propriedade Industrial (INPI) do conteúdo inventivo do escopo da iniciativa empresarial, se houver, para fins de registro de marcas e patentes (art. 65-A, § 7º, da Lei Complementar n. 123/2006).

De acordo com o enunciado do parágrafo 6º do art. 65-A, a empresa submetida ao regime do Inova Simples deverá abrir, imediatamente, conta bancária de pessoa jurídica, para fins de captação e integralização de capital, proveniente de aporte próprio de seus titulares ou de investidor domiciliado no exterior, de linha de crédito público ou privado e de outras fontes previstas em lei.

13.3.11 GRUPO DE SOCIEDADES

Grupo de sociedades é um conglomerado de sociedades de quaisquer tipos vinculadas entre si, em que existem a sociedade controladora (uma ou mais) e as sociedades controladas ou coligadas. De acordo com o art. 265 da Lei n. 6.404/76, a sociedade controladora e suas controladas podem constituir grupo de sociedades, mediante convenção pela qual se obriguem a combinar recursos ou esforços para a realização dos respectivos objetos, ou a participar de atividades ou empreendimentos comuns. A sociedade controladora, ou de comando do grupo, deve ser brasileira, e exercer, direta ou indiretamente, e de modo permanente, o controle das sociedades filiadas.

O grupo pode estar ou não baseado em convenção; por isso, existem os grupos de fato e os grupos de direito. Os grupos de direito são aqueles em que as sociedades componentes formalizam uma convenção (uma espécie de contrato), que é levada para ser registrada na Junta Comercial, em atendimento aos preceitos da Instrução Normativa n. 19, de 5 de dezembro de 2013, do Departamento de Registro Empresarial e Integração (DREI). De acordo com esse ato normativo, o grupo de sociedades será constituído por convenção aprovada pelas sociedades que o componham, a qual deverá conter: (a) a designação do grupo; (b) a indicação da sociedade de comando e das filiadas; (c) as condições de participação das diversas sociedades; (d) o prazo de duração, se houver, e as condições de extinção; (e) as condições para admissão de outras sociedades e para a retirada das que o componham; (f) os órgãos e cargos da administração do grupo, suas atribuições e as relações entre a estrutura administrativa do grupo e as das sociedades que o componham; (g) a declaração da nacionalidade do controle do grupo; e (h) as condições para alteração da convenção. O uso da palavra "grupo" só é admitido para os que tenham sido devidamente registrados na Junta Comercial, na forma do disposto no parágrafo único do art. 267 da Lei n. 6.404/76.

13.3.12 SOCIEDADE DE ECONOMIA MISTA E EMPRESAS PÚBLICAS

O art. 2º da Lei n. 13.303/2016 afirma que a exploração de atividade econômica pelo Estado será exercida por meio de empresa pública, de sociedade de economia mista e de suas subsidiárias. Essas sociedades são, portanto, instrumentos de ação do Estado na economia como fornecedor de bens e serviços em regime de competição (concorrência com outras empresas) com finalidade lucrativa. De acordo com o art. 4º da Lei 13.303/2016, **sociedade de economia mista** é a entidade dotada de personalidade jurídica de direito privado, com criação autorizada por lei, sob a forma de sociedade anônima, cujas ações com direito a voto pertençam em sua maioria à União, aos Estados, ao Distrito Federal, aos municípios ou a entidade de administração indireta. Portanto, a sociedade de economia mista não é tipo societário, mas, sim, uma sociedade anônima, em que se aglutinam capitais de entidades públicas e de particulares. De acordo com o enunciado do art. 3º da Lei 13.303/2016, **empresa pública** é a entidade dotada de personalidade jurídica de direito privado, com criação autorizada por lei e com patrimônio próprio, cujo capital social é integralmente detido pela União, pelos Estados, pelo Distrito Federal ou pelos municípios.

As empresas estatais estão sempre sujeitas a injunções políticas; por isso, as pessoas que adquirem ações dessas sociedades quando vendidas em Bolsa de Valores devem saber que os resultados delas podem ser afetados por decisões políticas que podem interferir nas perspectivas de resultados e valorização das ações.

13.4 ELEMENTOS FUNDAMENTAIS DAS SOCIEDADES

As sociedades simples ou empresárias têm estruturas jurídicas que coincidem em muitos pontos; todavia, cada espécie ou tipo de sociedade está sujeita a um regime jurídico próprio e requer atenção dos investidores, especialmente os que entram em sociedades ainda não consolidadas nem economicamente ativas. Normalmente, os **elementos fundamentais das sociedades** são os estabelecidos em lei; todavia, a mesma lei outorga poderes de criação de mecanismos de funcionamento e controle que são estabelecidos nos documentos de constituição – os contratos sociais e os estatutos sociais. Esses documentos são leis internas da sociedade e devem ser cumpridos pelos sócios ou acionistas, pelos administradores e por qualquer membro ou órgão exigido por lei (como o conselho fiscal) ou pelo próprio estatuto.

Quem quiser ingressar em qualquer sociedade deve atentar para as regras contidas no estatuto social, especialmente as que tratam:

a) do objeto social, para que se possa conhecer qual a atividade que será ou está sendo explorada, tendo em vista seu potencial de subsistir como fonte de geração de lucros e para aquilatar os riscos inerentes;

b) do tipo de sociedade, tendo em vista a possibilidade de haver sociedades com ou sem responsabilidade limitada dos sócios e sujeitas a regras de divulgação pública de informações, como são, por exemplo, as sociedades por ações;

c) a periodicidade e forma de distribuição de lucros, já que a lei admite a distribuição desproporcional ao capital em certas circunstâncias;

d) da eleição, destituição e forma de renumeração dos administradores, tendo em vista que a remuneração deve ser compatível com o valor de mercado dos serviços nela computados, os benefícios sob a forma de concessão de automóveis, moradia, verba de representação etc.;

e) da entrada de novos sócios e o modo de pagamento do valor do capital subscrito que não seja feito em dinheiro e a fixação do preço de emissão de novas quotas ou ações e as justificativas a serem apresentadas para novas "chamadas" para aumento do valor do capital;

f) da saída de sócios, especialmente a caracterização de justa causa para o afastamento (expulsão) de sócios e as que dizem respeito aos critérios de apuração de haveres em caso de morte ou expulsão de sócios;

g) da divisão de poderes entre os administradores, se for o caso, com a definição de limites para a contratação de empréstimos e para outorga de procuração a terceiros e a realização periódica de reuniões de prestação de contas sobre os resultados e perspectivas da empresa;

h) da contratação entre a sociedade e os sócios ou acionistas (seus parentes, amigos e empresas sob seu controle ou de parentes e amigos), para verificar a existência de mecanismos de proteção da sociedade em caso de negócios em conflitos de interesse e fora dos parâmetros de mercado;

i) dos critérios de desempate de votações no caso de sociedades formadas por apenas dois sócios e a forma de resolução de conflitos sobre direitos e obrigações entre os sócios e entre estes e a sociedade, ou seja, se as questões serão resolvidas por arbitragem ou somente por via do Poder Judiciário; e

j) do prazo de duração da sociedade.

A seguir, são feitas considerações sobre os elementos fundamentais das sociedades limitadas e sociedades por ações, porquanto esses tipos são os mais utilizados em nosso País.

13.4.1 O PRINCÍPIO MAJORITÁRIO E O PODER DE CONTROLE

As decisões nas assembleias de acionistas ou sócios são baseadas no **princípio majoritário**, de modo que a maioria vence. Segundo esse princípio, à maioria do capital é outorgado o direito de estabelecer o governo da sociedade; assim sendo, as principais decisões acerca da estrutura da sociedade e os rumos da empresa são tomados pela maioria, de acordo com os diversos quóruns legais de votação em assembleias ou reuniões de sócios. Em outras palavras, não se exige unanimidade, e os acionistas ou sócios que tenham votado contra alguma deliberação social ficam sujeitos a suportar as consequências das decisões da maioria, nos casos em que elas sejam validamente produzidas. Por vezes, a lei exige maioria qualificada ou quórum mínimo para aprovação de certas matérias; assim, por exemplo, a mudança do contrato social exige o quórum de 75% das quotas, na forma do disposto no inciso I do art. 1.076 do Código Civil. A unanimidade é exigida apenas em casos especialíssimos, como ocorre na hipótese prevista no art. 1.061 do Código Civil, segundo o qual:

> a designação de administradores não sócios dependerá de aprovação da unanimidade dos sócios, enquanto o capital não estiver integralizado, e de 2/3, no mínimo, após a integralização.

A maioria pode ser exercida pelo acionista ou sócio controlador. De acordo com o *caput* do art. 116 da Lei n. 6.404/76, é considerado acionista controlador a pessoa, natural ou jurídica, ou grupo de pessoas vinculadas por acordo de voto ou sob controle comum, que: (a) é titular de direitos de sócio que lhe assegurem, de modo permanente, a maioria dos votos nas deliberações da assembleia geral e o poder de eleger a maioria dos administradores da companhia; e (b) usa efetivamente seu poder para dirigir as atividades sociais e orientar o funcionamento dos órgãos da companhia. O acionista controlador não pode agir como um tirano, já que a lei impõe limites aos seus poderes; assim, ele é obrigado a usar o poder para fazer a companhia realizar seu objetivo e cumprir sua função social. A lei impõe deveres e responsabilidades para com os demais acionistas da empresa, os que nela trabalham e para com a comunidade em que atua, cujos direitos e interesses deve lealmente respeitar e atender (parágrafo único do art. 116). O Código Civil não trata dos limites de atuação do sócio controlador, mas parece claro que ele não pode agir de modo abusivo, porquanto o contrato de sociedade deve ser cumprido – por qualquer sócio – com probidade e boa-fé, na forma do disposto no art. 422 do referido Código.

O sócio controlador, aquele que exerce os poderes majoritários em razão da expressividade de sua participação individual ou em razão de acordos com outras pessoas ou grupos, governa de fato a sociedade. Se ele for também administrador, seus poderes aumentam, à medida que passa a gerir o caixa da empresa e a autorizar contratos e pagamentos. A posição privilegiada do sócio controlador permite, em tese, que ele adote decisões oportunistas em seu próprio benefício ou de pessoas a ele vinculadas, como são os parentes, os amigos e as empresas controladas por essas pessoas ou por interpostas pessoas a serviço do sócio controlador. Um sócio controlador que tenha compromisso com a transparência e se considere dono do negócio tenderá a extrair benefícios injustificáveis da empresa e adotar políticas de opressão aos demais sócios, especialmente os minoritários, que não terão acesso a informações e nunca poderão julgar se estão recebendo os lucros devidos ou se a empresa está indo bem ou não.

13.4.2 CAPITAL SOCIAL

Capital social representa a contribuição de cada sócio ou acionista para aquisição de ações ou quotas que lhes serão entregues pela sociedade. O capital é um valor fixo registrado no Balanço e que pode ser aumentado ou diminuído com alteração dos estatutos ou do contrato social. Nas companhas abertas – e só nelas –, é possível a existência de um capital autorizado aprovado pela assembleia geral, que pode ser aumentado por ato do conselho de administração sem necessidade de alteração do estatuto. Havendo transferência de titularidade de ações ou quotas (por negócios entre vivos ou *causa mortis*), não há alteração do capital social, mas nas sociedades por quotas deverá ser feita alteração contratual para mudança do quadro social, enquanto nas sociedades por ações as operações serão registradas apenas no Livro Registro de Transferência de Ações.

A contribuição deve ser feita em dinheiro ou outros bens tangíveis ou intangíveis, e, excepcionalmente, é admitida a contribuição sob a forma de serviços. Os bens entregues à sociedade passam a integrar seu próprio patrimônio que não se confunde com os patrimônios individuais dos sócios, de modo que tais bens "mudam de mãos", isto é, passam do patrimônio do subscritor para o patrimônio da sociedade. Os pagamentos do valor do capital subscrito que não seja feito em dinheiro só devem ser aprovados pelos sócios se os bens oferecidos forem úteis para a sociedade e capazes de servir de fonte para geração de lucro distribuível entre os sócios. Portanto, há abuso de direito do sócio controlador que entrega ou autoriza a entrega de bens inservíveis para a empresa ou que não possam ser utilizados para o desempenho do objeto social. É igualmente proibida a entrega de bens com valor superior ao de mercado, porquanto o capital representa a garantia inicial dos credores.

Nos aumentos de capital em que for prevista a entrada de novos sócios ou acionistas, os antigos (que lá já estão) têm direito de preferência para subscrição de novas ações ou quotas, para que possam manter, sem modificação, seu percentual de participação. Na hipótese de haver aumento de capital de sociedade que explora empresa em pleno funcionamento, a fixação do valor das ações ou quotas (na Lei n. 6.404/76, há menção ao "preço de emissão") deve levar em conta o valor justo das novas ações, que pode ser fixado por diversos critérios de avaliação. Esse mesmo critério pode ser adotado nas sociedades por quotas.

A redução do capital, depois de deliberada, só se tornará eficaz no prazo de 60 dias para as sociedades anônimas, na forma do art. 174 da Lei n. 6.404/76. Nas sociedades limitadas, a regra a ser cumprida é a do art. 1.082 do Código Civil, segundo o qual a sociedade pode reduzir o capital, mediante a correspondente modificação do contrato: (a) depois de integralizado, se houver perdas irreparáveis; e (b) se excessivo em relação ao objeto da sociedade. A eficácia da redução, no Código Civil, é de 90 dias. O prazo de 60 ou 90 dias é concedido aos credores da sociedade, que podem, eventualmente, se opor à redução, se considerarem justificadamente que serão diminuídas suas possibilidades do recebimento de seus créditos. Em qualquer caso, os prazos referidos não se aplicam quando há a redução por perdas já experimentadas pela sociedade e registradas em seus balanços.

13.4.3 AÇÕES OU QUOTAS

Ações são títulos de participação atribuídos aos sócios das sociedades por ações (os acionistas), que entregam bens em pagamento do valor do capital subscrito. O capital é dividido em ações com ou sem valor nominal, e cada sócio recebe o número de títulos proporcionais à sua participação. Assim, por exemplo, se Samuel e Maria Luiza resolvem constituir uma sociedade com capital no valor de R$ 10.000,00, divididos em 10 ações no valor de R$ 1.000,00 cada uma, as ações serão atribuídas de acordo com a contribuição de cada um. Se houver igualdade de contribuição, cada um receberá cinco ações e passará a ter R$ 5.000,00 do valor do capital.

As ações são sempre nominativas, e, por isso, não é autorizada a emissão de ações ao portador. Elas podem ser ordinárias, preferenciais ou de fruição. As primeiras são ações comuns (art. 16 da Lei n. 6.404/76), enquanto ações preferenciais garantem algumas vantagens políticas ou econômicas (art. 17 da Lei n. 6.404/76) ao seu proprietário. As ações de fruição são raras e estão sujeitas a amortização, nas condições do estatuto. As ações das companhias abertas podem ser vendidas em Bolsa de Valores se emitidas por companhia aberta; nos demais casos, elas podem ser livremente negociadas, salvo se os acionistas tiverem instituído limitação de circulação no estatuto social. Nesse caso, a cláusula estatutária não pode impedir a negociação nem sujeitar o acionista ao arbítrio dos órgãos de administração da companhia ou da maioria dos acionistas. A companhia pode adquirir ações de seu próprio capital, em situações especiais e em valor limitado (art. 30 da Lei n. 6.404/76), e, nas companhias abertas, desde que sejam observadas as normas editadas pela Comissão de Valores Mobiliários (CVM).

As **quotas** das sociedades limitadas podem ter valor igual ou desigual, na forma do art. 1.055 do Código Civil. É admissível a criação de quotas preferenciais. A alienação das quotas deve ser regulada no contrato social, que não pode impedir a alienação, mas pode estabelecer adquirentes preferenciais, como são os demais sócios ou a própria sociedade. Observadas as regras que regem as sociedades por ações, é admissível a aquisição de quotas pela própria sociedade.

13.4.4 DENOMINAÇÃO E OBJETO SOCIAL

O enunciado do *caput* do art. 1.158 do Código Civil diz que a sociedade limitada pode adotar firma ou **denominação**, integradas pela palavra final "limitada" ou sua abreviatura. O art. 3º da Lei n. 6.404/76 afirma que a sociedade por ações será designada por denominação acompanhada das expressões "companhia" ou "sociedade anônima", expressas por extenso ou abreviadamente, sendo, no entanto, vedada a utilização da primeira ao final. O nome do fundador, acionista, ou pessoa que por qualquer outro modo tenha concorrido para o êxito da empresa, poderá figurar na denominação. Firma ou denominação identificam a sociedade e correspondem ao nome pelo qual ela se identifica em suas relações com terceiros. Firma é formada pelo nome dos sócios, enquanto a denominação é livremente criada pelos sócios ou acionistas. O nome, a marca e outros símbolos de identificação de uma empresa gozam de proteção legal; logo, ninguém pode criar uma empresa e se apropriar de nome de outrem, exceto se a expressão utilizada tiver caráter universal.

O art. 997 do Código Civil exige que o contrato social contenha a denominação, o objeto, a indicação da sede e do prazo da sociedade. **Objeto social** corresponde à atividade específica explorada pela sociedade simples ou empresária. O art. 2º da Lei n. 6.404/76 exige que a cláusula relativa ao objeto social seja redigida de modo preciso e completo, porquanto isto é importante para que os sócios novos façam análise sobre os riscos inerentes e a licitude da atividade explorada. Essa exigência, de acordo com a Exposição de Motivos do projeto de lei da Lei n. 6.404/76:

> Constitui providência fundamental para a defesa da minoria, pois limita a área de discricionariedade de administradores e acionistas majoritários e possibilita a caracterização de modalidade de abuso de poder.

13.4.5 ÓRGÃOS SOCIAIS E RESPONSABILIDADE DOS ADMINISTRADORES

Toda sociedade deve ter pelo menos dois órgãos: a assembleia ou reunião dos acionistas ou sócios e a diretoria. É admitida a criação de Conselho de Administração e, em alguns casos, são obrigatórias a instalação de um Conselho Fiscal e a contratação de auditores independentes.

Assembleia geral

Nas sociedades por ações, a assembleia geral dos acionistas é um órgão permanente cujo funcionamento é temporário. É convocada, se reúne no local, data e hora em que for estabelecida e delibera sobre os assuntos da "ordem do dia". Ao final dos trabalhos, há a confecção de uma ata das decisões, que será registrada no órgão do registro do comércio competente para fins de publicidade perante terceiros. Esse é o órgão máximo da sociedade, que detém poderes para modificar a sociedade e determinar sua dissolução, fusão, cisão ou incorporação. É também o órgão que pode determinar mudanças na empresa e que elege e destitui os membros do conselho de administração, da diretoria e do conselho fiscal. As sociedades limitadas devem observar o preceito do art. 1.072 do Código Civil, que prevê que as deliberações dos sócios serão tomadas em reunião ou em assembleia, na forma prevista no contrato social. A reunião, tal como a assembleia dos acionistas, detém poderes para modificar a sociedade e remodelar a empresa e escolher e demitir administradores e conselheiros fiscais.

Conselho de administração

A instalação do conselho de administração é facultativa, em caráter geral, mas é exigida nas companhias abertas (sociedades anônimas) e nas sociedades de economia mista.

Os membros são sempre eleitos pela assembleia geral. As atribuições desse órgão estão definidas no art. 142 da Lei n. 6.404/76 e devem ser exercidas de acordo com as regras do estatuto social, e compreendem, dentre outros, os poderes para: (a) fixar a orientação geral dos negócios da companhia; (b) eleger e destituir os diretores da companhia e fixar-lhes as atribuições, observado o que a respeito dispuser o estatuto; e (c) fiscalizar a gestão dos diretores e, a qualquer tempo, examinar os livros e papéis da companhia, e, ainda, solicitar informações sobre contratos celebrados ou em via de celebração, e quaisquer outros atos. Nas sociedades por quotas, a criação do conselho de administração é facultativa e pode ser decidida pelos sócios em reunião ou assembleia que aprovar a mudança do contrato para contemplar órgão dessa natureza.

Diretoria

A diretoria é um órgão permanente nas sociedades em geral que detém poderes de gerir a empresa e fazer com que a pessoa jurídica exerça sua capacidade jurídica nas relações com terceiros, ou seja, os diretores dão voz à pessoa jurídica. São eleitos e nomeados pela assembleia geral ou pelo conselho de administração, e a aceitação (investidura) ocorre com a assinatura de termo de posse, no livro de atas do conselho de administração ou da diretoria, conforme o caso, como exige a norma do *caput* do art. 149 da Lei n. 6.404/76.

As atribuições dos diretores devem ser estabelecidas no estatuto social, sendo livre a designação com base em critérios de responsabilidade territorial ou de especialidade – assim, surgem os diretores regionais e os diretores de produção, finanças etc. Se o estatuto for omisso, aplica-se a regra do *caput* do art. 144 da Lei n. 6.404/76, que diz: "No silêncio do estatuto e inexistindo deliberação do conselho de administração (art. 142, n. II e parágrafo único), competirão a qualquer diretor a representação da companhia e a prática dos atos necessários ao seu funcionamento regular". Em suma, se os estatutos não especificam os poderes atribuídos a cada um dos diretores, todos podem intervir em atos em nome da sociedade.

O art. 1.060 do Código Civil afirma que a sociedade limitada é administrada por uma ou mais pessoas designadas no contrato social ou em ato separado. A administração atribuída no contrato a todos os sócios não se estende de pleno direito aos que posteriormente adquiram essa qualidade. Enfim, nas sociedades limitadas, a diretoria pode ser exercida pelos próprios sócios ou terceiros nomeados e indicados no contrato social. O art. 1.172 do Código Civil faz menção à figura do gerente, que é uma espécie de preposto (representante) permanente no exercício da empresa, na sede desta, ou em sucursal, filial ou agência. O texto do Código fala em "exercício da empresa" e, com isso, indica que os gerentes são pessoas que praticam, efetivamente, atos de gestão circunscritos a setores, departamentos ou unidades da empresa, ainda que não tenham poderes próprios de administradores. Os gerentes não são diretores e não respondem como tais, salvo se usurparem funções típicas de diretor.

O preceito do art. 158 da Lei n. 6.404/76 afirma que os administradores não serão responsáveis por atos regulares de gestão, mas respondem pessoalmente por eventuais danos causados a terceiros (acionistas, clientes, empregados, fornecedores etc.) decorrentes de atos ilícitos praticados com culpa ou dolo, dentro das suas atribuições ou poderes; ou com violação da lei ou do estatuto. Na forma do art. 1.016 do Código Civil, os administradores respondem solidariamente perante a sociedade e os terceiros prejudicados, por culpa no desempenho de suas funções. As normas sobre a responsabilidade societária dos administradores não impedem a aplicação de outras normas sobre responsabilidade, como as previstas nas leis tributárias, trabalhistas etc.

Conselho fiscal

De acordo com o art. 163 da Lei n. 6.404/76, ao conselho fiscal cabe, entre outras tarefas, fiscalizar, por qualquer de seus membros, os atos dos administradores e verificar o cumprimento dos seus deveres legais e estatutários. Eles são eleitos pela assembleia geral e têm competência legal para impor penalidades se constatarem a prática de atos considerados ilegais, que contrariem a lei e/ou o estatuto social; assim, se vierem a se deparar com atos dessa natureza que sejam graves, devem relatar o ocorrido aos órgãos da administração ou à assembleia geral. A instalação do conselho fiscal é facultativa nas sociedades limitadas, na forma que dispuser o contrato (art. 1.066). No art. 1.011 do Código Civil, existem regras que impedem a eleição de uma pessoa para ser membro do conselho fiscal.

Auditores independentes

São prestadores de serviços, e, por isso, não integram as sociedades. São profissionais que executam serviços de verificação do cumprimento de leis sobre o levantamento de demonstrações financeiras e emitem opinião técnica (parecer) sobre estas e também sobre a adequação dos sistemas de controle internos que geram informações que irão compor as referidas demonstrações. Por lei, há a obrigação de publicação de parecer de auditores por parte das companhias abertas, das instituições financeiras; nas demais empresas, a exigência decorre de norma específica estabelecida por órgãos reguladores, como são as agências reguladoras. Nas demais sociedades, a contratação é facultativa.

13.4.6 DEMONSTRAÇÕES FINANCEIRAS

Na Lei n. 6.404/76, o enunciado do *caput* do art. 176 é claro, ao determinar que, ao fim de cada exercício social, a diretoria fará elaborar, com base na escrituração mercantil da companhia, as seguintes **demonstrações financeiras**: (a) balanço patrimonial; (b) demonstração dos lucros ou prejuízos acumulados; (c) demonstração do resultado do exercício; (d) demonstração dos fluxos de caixa; e (e) demonstração do valor adicionado, se companhia aberta.

O art. 1.020 do Código Civil afirma que os administradores ficam obrigados a prestar contas justificadas de sua administração aos sócios e a apresentar-lhes o inventário anualmente, bem como o balanço patrimonial e o de resultado econômico. Em razão do art. 1.078, a assembleia dos sócios deve realizar-se ao menos uma vez por ano, nos quatro meses seguintes ao término do exercício social, com o objetivo de tomar as contas dos administradores e deliberar sobre o balanço patrimonial e o de resultado econômico (a demonstração do resultado do exercício). Igual preceito existe no art. 132 da Lei n. 6.404/76, segundo o qual a assembleia geral deverá, em relação a essa matéria: (a) tomar as contas dos administradores, examinar, discutir e votar as demonstrações financeiras; e (b) deliberar sobre a destinação do lucro líquido do exercício e a distribuição de dividendos. A deliberação sobre o balanço e demais peças contábeis implica o julgamento da administração da sociedade e constitui forma de prestação de contas a todos os acionistas. Com base nas demonstrações financeiras é que os lucros eventualmente apurados serão distribuídos integral ou parcialmente, ou, ainda, retidos em razão da formação de reservas previstas em lei ou nos documentos de constituição. Sem balanço regularmente levantado e aprovado pelos sócios ou acionistas, nenhuma sociedade pode distribuir lucros ou dividendos.

Nas sociedades por ações, as publicações das demonstrações financeiras serão feitas na forma e locais estabelecidos pelo art. 289 da Lei n. 6.404/76. As sociedades limitadas de grande porte são obrigadas a publicar demonstrações financeiras. Conforme o parágrafo único do art. 3º da Lei n. 11.638/2007, são sociedades de grande porte as que, no exercício social anterior, tenham ativos no valor superior a R$ 240.000.000,00 ou receita bruta anual superior a R$ 300.000.000,00.

13.5 DIREITOS FUNDAMENTAIS DOS ACIONISTAS E SÓCIOS

O art. 109 da Lei n. 6.404/76 trata dos **direitos essenciais dos acionistas** e diz, categoricamente, que nem o estatuto social nem a assembleia geral poderão privar o acionista dos direitos de: (a) participar dos lucros sociais; (b) participar do acervo da companhia, em caso de liquidação; (c) fiscalizar a gestão dos negócios sociais; (d) preferência para a subscrição de ações, partes beneficiárias conversíveis em ações, debêntures conversíveis em ações e bônus de subscrição, observados os preceitos dos arts. 171 e 172; e (e) retirar-se da sociedade nos casos previstos em lei. Esses direitos, com as devidas adaptações, são atribuídos aos sócios nas sociedades limitadas.

13.5.1 DIREITO DE PARTICIPAR DOS LUCROS SOCIAIS

Nenhum sócio ou acionista pode ser privado do **direito de participar dos lucros sociais**. O lucro, assim como a perda, é sempre algo aleatório ou incerto, porquanto depende dos rumos da economia e do modo de administração. Todavia, se houver apuração de lucro que seja superior aos eventuais prejuízos anteriores registrados no balanço, todo sócio ou acionista tem direito a um "pedaço" dessa riqueza, depois de feitas as retenções sob a forma de reservas determinadas por lei. Além dos sócios ou acionistas, é possível que o contrato ou estatuto, ou, ainda, a decisão dos administradores, estabeleça a atribuição de participação a empregados, diretores e terceiros, como são os adquirentes de debêntures da sociedade.

A distribuição de lucros aos sócios ou acionistas será feita de acordo com as normas da lei, do contrato ou estatutos. Nas sociedades limitadas, o art. 1.007 do Código Civil afirma que, salvo estipulação em contrário, o sócio participa dos lucros e das perdas, na proporção das respectivas quotas, mas aquele cuja contribuição consiste em serviços somente participa dos lucros na proporção da média do valor das quotas. A proporção, portanto, é definida pelos sócios; todavia, na ausência de regra, prevalece o critério de distribuição proporcional ao percentual das ações ou quotas no capital social. Nas sociedades por ações, o art. 202 da Lei n. 6.404 diz que os acionistas têm direito de receber como dividendo obrigatório, em cada exercício, a parcela dos lucros estabelecida no estatuto ou, se este for omisso, o montante do referido dividendo obrigatório corresponderá ao valor da metade do lucro líquido do exercício, diminuído ou acrescido da: (a) importância destinada à constituição da reserva legal (art. 193); e (b) importância destinada à formação da reserva para contingências (art. 195) e reversão da mesma reserva formada em exercícios anteriores. A apuração dos lucros é feita no fim do exercício social, que corresponde ao ano civil ou outro período previsto no contrato social ou estatuto. Lucros podem ser pagos com base em balanços semestrais, quadrimestrais, trimestrais, bimestrais ou mensais, quando houver autorização no contrato ou estatuto.

13.5.2 PARTICIPAÇÃO NO ACERVO

A **participação no acervo** ocorre no momento em que a sociedade é liquidada e é feita a distribuição dos ativos partilháveis remanescentes, se houver. Na forma do art. 208 da Lei n. 6.404/76, a liquidação será feita com base nas regras constantes do estatuto; em caso de silêncio, compete à assembleia geral determinar o modo de liquidação e nomear o liquidante e o conselho fiscal que devam funcionar durante o período de liquidação. Na sociedade limitada, a matéria é tratada no inciso IV do art. 1.103, que comete ao liquidante os mesmíssimos deveres previstos na Lei n. 6.404/76.

13.5.3 FISCALIZAÇÃO DOS NEGÓCIOS SOCIAIS

Fiscalizar, em sentido amplo, consiste na prática de atos de confronto de fatos com normas jurídicas, de modo a aquilatar o cumprimento ou descumprimento destas. A fiscalização de atos e negócios da sociedade tendo em vista o atendimento (ou o não atendimento) do interesse social requer análise de caráter substancial e formal. A fiscalização dos atos sob o aspecto material ou substancial exige que as pessoas dotadas de poderes de fiscalização atentem para a pertinência destes com o objeto social e com as necessidades da empresa ou da sociedade; afinal, não são admissíveis desvios de finalidades, tendo em vista que os recursos aportados na sociedade estão vinculados à realização da atividade da empresa, que foi informada aos subscritores de capital ou aos adquirentes de títulos de participação. O direito de fiscalização por parte do sócio ou acionista não deixa de existir nem é suspenso se a sociedade mantiver conselho fiscal em permanente funcionamento.

13.5.4 DIREITO À INFORMAÇÃO

Os acionistas têm **direito à informação**. Esse direito visa dar aos acionistas condições de avaliar as perspectivas de retorno sobre o investimento que fez ao adquirir as ações. De outra parte, permite – ainda que de modo remoto e incipiente – que o acionista se inteire acerca do andamento dos negócios da empresa e possa fazer juízo sobre a qualidade da gestão realizada pelos administradores. A importância do direito à informação é perceptível também quando do exercício do direito de voto; afinal, para votar, o acionista deve ter conhecimento sobre as matérias levadas para discussão e votação para julgar como, a seu juízo, elas se afinam ou se distanciam do interesse da sociedade. Esse direito existe para evitar que os administradores escondam fatos e resultados dos sócios que puseram dinheiro no negócio; ademais, esse direito é um antídoto contra sócios controladores e administradores, que agem como tiranos e que se locupletam, em prejuízo da sociedade e dos demais sócios. A despeito disso, tal como todos os demais direitos outorgados pela ordem jurídica, não é absoluto ou ilimitado. Assim, por exemplo, o acionista não pode se valer desse direito para perturbar a administração, com pedidos de informações sem necessidade ou justificação.

13.5.5 DIREITO DE VOTO

O **direito de votar**, nas assembleias gerais ou reuniões de sócios, não está catalogado entre os direitos essenciais dos acionistas, e isto é compreensível, porque a lei permite ações sem direito a voto nas sociedades por ações. A norma do *caput* do art. 115 da Lei n. 6.404/76 estabelece que "o acionista deve exercer o direito a voto no interesse da companhia". O dever do votante, no entanto, é mais amplo, porquanto ele deve votar de acordo com a lei e com o estatuto, e não prejudicar nem a sociedade nem outros sócios. Para exercer o voto, o acionista deve participar da assembleia geral, pessoalmente ou por intermédio de representante. As mesmas regras e princípios devem ser observados pelos sócios de sociedades limitadas que adotam o modelo de assembleia geral periódica.

13.5.6 DIREITO DE RETIRADA OU RECESSO

Direito de retirada (ou de recesso) é o que permite ao acionista dissidente deixar o quadro social mediante reembolso do valor de suas ações pela sociedade, que fica obrigada a adquirir as ações e a pagar o preço fixado, determinado com base em critérios previstos em lei ou no estatuto social. O art. 137 da Lei n. 6.404/76 estabelece que: "a aprovação das matérias previstas nos incisos I a VI e IX do art. 136 dá ao acionista dissidente o direito de retirar-se da companhia, mediante reembolso do valor das suas ações". Esse direito pode ser exercido independentemente de juízo sobre a validade ou não das deliberações; assim, para que o acionista decida deixar a sociedade, basta que a assembleia delibere sobre:

a) criação de ações preferenciais ou aumento de classe de ações preferenciais existentes, sem guardar proporção com as demais classes de ações preferenciais, salvo se já previstos ou autorizados pelo estatuto;

b) alteração nas preferências, vantagens e condições de resgate ou amortização de uma ou mais classes de ações preferenciais, ou criação de nova classe mais favorecida;

c) redução do dividendo obrigatório;

d) fusão da companhia, ou sua incorporação em outra;

e) participação em grupo de sociedades;

f) mudança do objeto da companhia; e

g) cisão da companhia.

O exercício desse direito é um meio de saída do quadro social de especial relevância para os acionistas que são titulares de ações de companhias fechadas, e que, por isso, não podem vender suas ações no mercado de capitais. As decisões suscetíveis de determinar o nascimento do direito de retirada são tomadas pela assembleia geral, mas o reembolso deve ser feito pela sociedade, que é obrigada a cumprir as decisões dos seus órgãos. Nas sociedades limitadas, não há norma com igual conteúdo; por isso, o quotista só pode deixar a sociedade nas hipóteses previstas no contrato social.

13.5.7 DIREITO DE EXCLUSÃO DE SÓCIO

Nas sociedades em geral, impera o princípio da igualdade dos sócios, e, por isso, nenhum sócio (ou grupo de sócio) pode "mandar embora" outro sócio, salvo exceções legais.

O art. 1.030 do Código Civil afirma que pode o sócio ser excluído judicialmente por falta grave no cumprimento de suas obrigações, ou, ainda, por incapacidade superveniente. O art. 1.085 dispõe que:

> quando a maioria dos sócios, representativa de mais da metade do capital social, entender que um ou mais sócios estão pondo em risco a continuidade da empresa, em virtude de atos de inegável gravidade, poderá excluí-los da sociedade, mediante alteração do contrato social, desde que prevista neste a exclusão por justa causa.

Nesse último caso, a eventual **exclusão** somente poderá ser determinada em reunião ou assembleia especialmente convocada para esse fim, ciente o acusado em tempo hábil para permitir seu comparecimento e o exercício do direito de defesa.

Na lei que rege as sociedades por ações, não há norma permitindo a exclusão de acionista. A despeito disso, o STJ julgou válida a exclusão de um acionista que gerava prejuízo grave ao exercício da empresa (Recurso Especial 917.531, julgado em 1º de fevereiro de 2012). No caso, se tratava de companhia fechada de pequeno porte, em que as relações entre os acionistas eram baseadas na noção de *affectio societatis*.

13.6 FUSÃO, INCORPORAÇÃO, CISÃO E TRANSFORMAÇÃO

Segundo o texto do *caput* do art. 223 da Lei n. 6.404/76, a **incorporação**, **fusão** ou **cisão** podem ser operadas entre sociedades de tipos iguais ou diferentes e deverão ser deliberadas na forma prevista para a alteração dos respectivos estatutos ou contratos sociais. Nas operações em que houver criação de sociedade (fusão ou cisão), serão observadas as normas reguladoras da constituição das sociedades do seu tipo. Os sócios ou acionistas das sociedades incorporadas, fundidas ou cindidas receberão, diretamente da companhia emissora, as ações que lhes couberem em substituição às que forem extintas. Essas operações serão formalizadas num documento denominado "Protocolo", acompanhado de Justificação (que podem ser redigidos em um só documento), que são as razões pelas quais os administradores das sociedades envolvidas recomendam a realização da operação. Além disso, pode ser necessário alterar os contratos sociais e estatutos e a criação de novas sociedades.

13.6.1 FUSÃO

Há **fusão**, na forma do art. 228 da Lei n. 6.404/76, quando pelo menos duas sociedades (de quaisquer tipos) se unem para formar uma nova sociedade que as sucederá em todos os direitos e obrigações. As sociedades fundidas são extintas para constituir uma nova, mediante aglutinação de patrimônios, e os sócios ou acionistas das sociedades extintas se tornam sócios ou acionistas na nova sociedade. Em princípio, o valor do capital social da nova sociedade corresponderá à soma dos capitais das sociedades extintas, exceto se as partes utilizarem reservas porventura existentes para integração ao capital social, ou se existirem prejuízos acumulados em um ou em ambos os balanços.

13.6.2 INCORPORAÇÃO

Incorporação, segundo o texto do art. 227 da Lei n. 6.404/76, é a operação pela qual uma ou mais sociedades são absorvidas por outra, que lhes sucede em todos os direitos e obrigações.

Duas figuras surgem nesse negócio jurídico: incorporadora e incorporada; a primeira absorve a segunda, que é extinta. Os sócios ou acionistas da sociedade incorporada migram para o quadro social da incorporadora, e o patrimônio (direitos e obrigações) é transferido, na mesma data e em decorrência do mesmo ato, para a incorporadora. Na grande maioria das operações dessa natureza, o valor do capital social da sociedade incorporadora terá de ser aumentado, bem como as ações ou quotas atribuídas aos antigos sócios da incorporada.

13.6.3 CISÃO

O art. 229 da Lei n. 6.404/76 afirma que a **cisão** é a operação pela qual a companhia transfere parcelas do seu patrimônio para uma ou mais sociedades, constituídas para esse fim ou já existentes, extinguindo-se a companhia cindida, se houver versão de todo o seu patrimônio, ou dividindo-se seu capital, se parcial a versão. Todas as demais sociedades podem ser objeto de cisão. A cisão pode ser parcial ou total; no primeiro caso, há destaque de parcela do patrimônio de uma sociedade existente, que será utilizado: (a) para ser incorporado em uma ou mais sociedades já existentes; ou (b) para formar o capital inicial de uma ou mais sociedades novas. Na cisão total, a sociedade cindida é extinta, e seu patrimônio é dividido para ser incorporado por uma ou mais sociedades ou para a criação de uma ou mais sociedades novas.

Os sócios da sociedade cindida permanecem e passam a ter ações ou quotas das sociedades receptoras das parcelas patrimoniais destacadas e transferidas. Como se vê, na cisão há sempre mudança de titular de parcela do patrimônio cindido.

13.6.4 TRANSFORMAÇÃO

Em razão do disposto no art. 220 da Lei n. 6.404/76, **transformação** é a operação pela qual a sociedade, independentemente de dissolução e liquidação, passa de um tipo para outro, isto é, uma sociedade limitada pode ser transformada em companhia e vice-versa. Fenômeno semelhante ocorre quando uma sociedade é convertida em EIRELI ou vice-versa. Em virtude de transformação, há alteração do contrato ou estatuto, mas nada muda no patrimônio da sociedade nem no quadro social.

13.7 DISSOLUÇÃO E LIQUIDAÇÃO

Dissolução é o ato que determina o fim da sociedade. O art. 207 da Lei n. 6.404/76 afirma que a companhia dissolvida conserva a personalidade jurídica, até a extinção, com o fim de proceder à liquidação. De acordo com o art. 206, a dissolução ocorre: (a) pelo término do prazo de duração; (b) nas hipóteses previstas no estatuto; (c) por deliberação da assembleia geral; (d) pela existência de um único acionista, verificada em assembleia geral ordinária, se o mínimo de dois não for reconstituído até a assembleia do ano seguinte, ressalvado o disposto no art. 251; (e) pela extinção, na forma da lei, da autorização para funcionar. A dissolução pode ser decretada por decisão judicial, nos casos em que é anulada sua constituição; quando provado que não pode preencher seu fim, em ação proposta por acionistas que representem 5% ou mais do capital social; em caso de falência; e, por decisão de autoridade administrativa competente, nos casos e na forma previstos em lei especial. A jurisprudência tem acolhido a chamada "dissolução parcial", que não está prevista em lei. Essa figura equivale, em termos práticos, ao direito de retirada fora das hipóteses previstas em lei. Ela ocorre quando há a saída ou morte de algum sócio, e a sociedade se vê obrigada a levantar um balanço especial para calcular o valor a ser pago.

Após a dissolução, deve ocorrer a **liquidação**, que é um conjunto de atos que visam à alienação de ativos e ao pagamento de dívidas e eventual partilha do ativo remanescente entre os sócios ou acionistas. Para que isso ocorra, será nomeado um liquidante, que tem os deveres, dentre outros, de: (a) fazer levantar de imediato, em prazo não superior ao fixado pela assembleia geral ou pelo juiz, o balanço patrimonial da companhia; (b) ultimar os negócios da companhia, realizar o ativo, pagar o passivo, e partilhar o remanescente entre os acionistas; e (c) finda a liquidação, submeter à assembleia geral relatório dos atos e operações da liquidação e suas contas finais (art. 210). Se for o caso, o liquidante confessará a falência da sociedade.

13.8 RECUPERAÇÃO JUDICIAL E FALÊNCIA

Empresas em dificuldades econômicas podem ser extintas por falência, mas a lei permite que, antes dessa medida, seja tentada a **recuperação**, por decisão dos credores, que assumem, de fato e de direito, a direção da empresa. As ações visando à recuperação podem ser tomadas em processo judicial ou não. O art. 51 da Lei n. 11.101/2005 afirma que o pedido de recuperação judicial será instruído com o "plano de recuperação" e com outros documentos, que serão submetidos à assembleia dos credores. Portanto, a lei permite que os credores decidam pela continuidade da empresa, caso existam indicadores que possam levar a isso, ou se haverá falência.

13.9 GOVERNANÇA CORPORATIVA E *COMPLIANCE*

A expressão **governança corporativa** designa um conjunto de decisões políticas empresariais baseadas na ideia de transparência. As organizações que adotam medidas de governança procuram aprimorar os mecanismos de transparência nas relações internas e externas. Assim, os princípios da governança corporativa visam, mal comparando, a criar bloqueios contra práticas empresariais oportunistas. As decisões em prol da governança corporativa se baseiam em mecanismos de monitoramento das ações por parte de órgãos da administração, com a finalidade coibir práticas abusivas das pessoas que integram a organização e das que com elas se relacionam em nível profissional, e, ainda, visam evitar a prática de fraudes e erros de grande magnitude, que possam afetar a imagem da organização e das pessoas que nela trabalham.

Compliance é um subproduto da governança corporativa. São pautas de comportamento constantes de documentos internos das organizações, que visam estabelecer um marco civilizatório para rechaçar práticas que possam ser consideradas deliberadamente ilegais ou desleais, por parte de acionistas, administradores e colaboradores, e a evitar que práticas dessa mesma natureza sejam adotadas por organizações ou pessoas externas, como fornecedores, clientes etc. Enfim, as ações típicas de *compliance* visam à probidade e lisura e, em geral, têm efeitos externos, por atingir fornecedores, de modo que as aquisições de bens e serviços passem a ser feitas apenas junto àqueles que também adotem práticas de *compliance*. Com decisões dessa natureza, as empresas buscam estabelecer regras de *fair-play* dos negócios.

Medidas de *compliance* devem ser adotadas mesmo antes da constituição de uma empresa. Quem pretende se associar a outrem deve conhecer o histórico e a origem dos recursos que serão aportados, que podem provir de práticas ilícitas, como tráfico de drogas, roubo, lavagem de dinheiro etc. A partir de 2019, a Receita Federal do Brasil passou a exigir a identificação do beneficiário final dos investimentos em algumas operações realizadas no território brasileiro, e essa medida tende a lançar luz sobre os negócios em geral e que envolvam pessoas localizadas no exterior, brasileiros ou estrangeiros.

Resumo esquemático

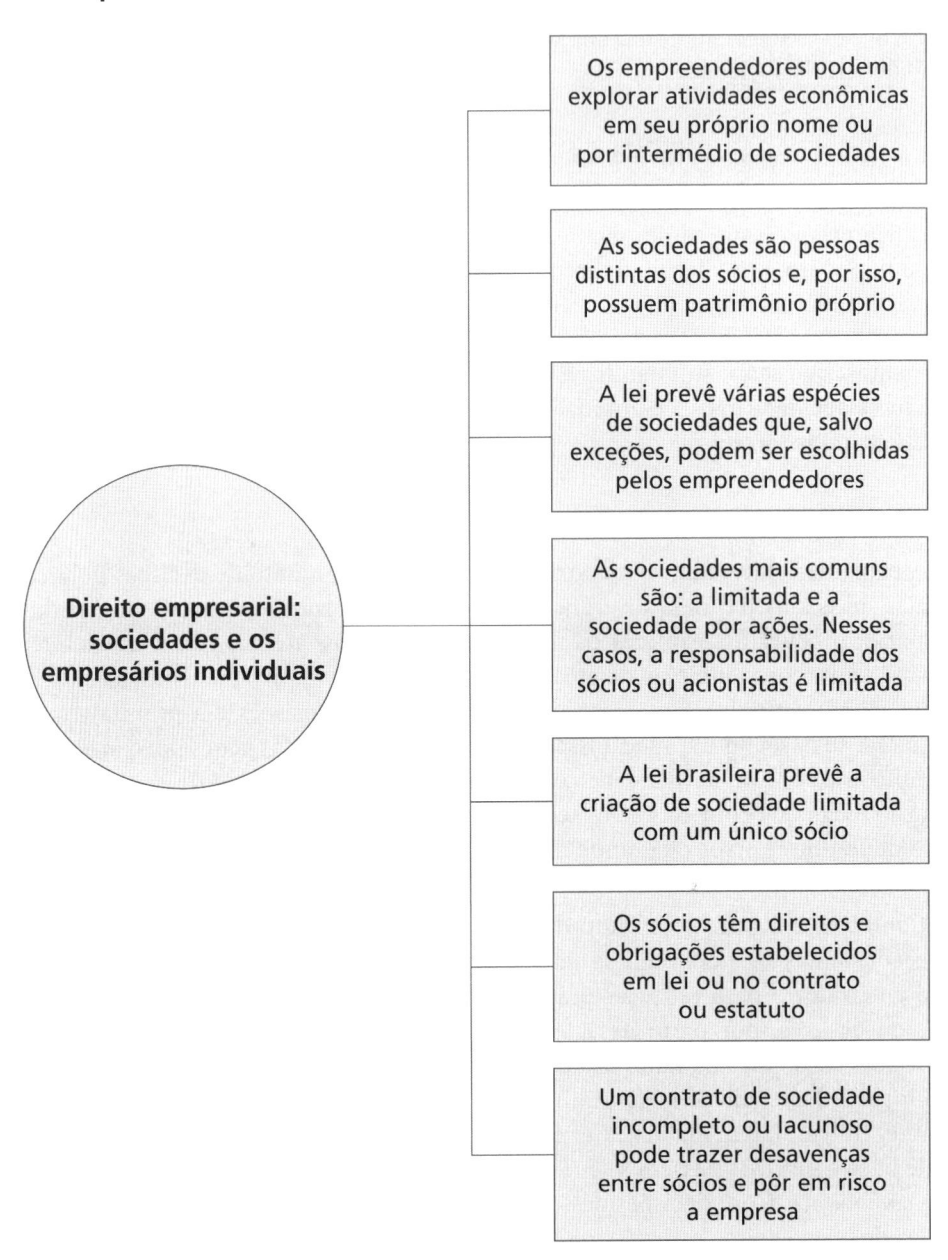

Direito empresarial: sociedades e os empresários individuais

- Os empreendedores podem explorar atividades econômicas em seu próprio nome ou por intermédio de sociedades
- As sociedades são pessoas distintas dos sócios e, por isso, possuem patrimônio próprio
- A lei prevê várias espécies de sociedades que, salvo exceções, podem ser escolhidas pelos empreendedores
- As sociedades mais comuns são: a limitada e a sociedade por ações. Nesses casos, a responsabilidade dos sócios ou acionistas é limitada
- A lei brasileira prevê a criação de sociedade limitada com um único sócio
- Os sócios têm direitos e obrigações estabelecidos em lei ou no contrato ou estatuto
- Um contrato de sociedade incompleto ou lacunoso pode trazer desavenças entre sócios e pôr em risco a empresa

Minicaso

Cinco alunos de uma universidade brasileira foram convidados para constituir uma sociedade, que seria controlada por um investidor estrangeiro, o qual seria responsável por aportar os recursos necessários à criação da Cervejaria Brasil S.A. O investidor, representado por um advogado brasileiro, tem negócios similares na Colômbia e nos Estados Unidos, e se compromete a fornecer a principal matéria-prima para a fabricação da cerveja artesanal "La Rubia". Os brasileiros assumiriam a operação no Brasil, mas as exportações e importações ficariam sob o comando de uma pessoa de confiança do principal acionista.

Com base nesses fatos, pergunta-se: você aceitaria ser acionista da Cervejaria Brasil? Quais são os riscos envolvidos num quadro fático como esse?

Exercício

Assinale Falso ou Verdadeiro:

a) Todo sócio ou acionista tem direito de participar dos lucros. ( )
b) Nas sociedades por responsabilidade limitada, os sócios ou acionistas nunca respondem por dívidas da sociedade. ( )
c) O credor da sociedade de responsabilidade ilimitada pode cobrar dívida diretamente do sócio sem antes exigir que a sociedade faça o pagamento. ( )
d) No aumento de capital com entrada de novos sócios e acionistas, os antigos têm preferência para aquisição das ações ou quotas. ( )
e) A ação preferencial confere vantagens políticas ou econômicas ao seu titular. ( )
f) A redução do capital social é proibida, exceto se prevista no contrato social. ( )
g) Os administradores agem para que a sociedade manifeste sua vontade nas relações com terceiros. ( )
h) Os prepostos são nomeados no contrato social ou estatuto social. ( )
i) Os administradores estão obrigados a cumprir as leis e o contrato ou estatuto social. ( )
j) A cláusula do objeto social é facultativa nos contratos ou estatutos sociais. ( )
k) A assembleia geral é o órgão máximo das sociedades por ações. ( )
l) As sociedades limitadas não podem ter conselho de administração. ( )
m) A instalação do conselho fiscal é uma faculdade em qualquer sociedade. ( )
n) A sociedade empresária é aquela que explora atividade econômica com estrutura organizada. ( )
o) O direito à informação pode ser exercido sem limites pelos sócios ou acionistas. ( )
p) A falta de balanço impede a distribuição de lucros ou dividendos. ( )
q) Todas as sociedades devem ter departamentos que gerenciam ações de governança corporativa. ( )

r) Na incorporação, a sociedade incorporada se extingue, enquanto a incorporadora absorve o patrimônio da sociedade extinta. ( )

s) Os acionistas de uma sociedade incorporada se tornam acionistas da incorporadora e da incorporada ao mesmo tempo. ( )

t) Na cisão parcial, a sociedade cindida permanece e parte de seu patrimônio é destinado à formação de sociedade nova ou à incorporação por sociedade já existente. ( )

u) A dissolução é ato que antecede a liquidação de uma sociedade. ( )

14 DIREITO PENAL DOS NEGÓCIOS

Assista ao vídeo do autor sobre este Capítulo.

Após ler este capítulo, você estará apto a:
- ✓ Conhecer as principais normas de direito penal sobre ilícitos ligados à exploração de atividades empresariais.
- ✓ Compreender os principais aspectos sobre conceito de crime, responsabilidade penal, ilicitude e culpabilidade.
- ✓ Conhecer os elementos principais das normas sobre crime de lavagem de dinheiro, sobre crimes tributários, contra o consumidor, contra o sistema financeiro nacional e contra o direito do trabalho e contra a administração pública.

14.1 FINALIDADE DAS NORMAS DO DIREITO PENAL

Direito penal é a porção do sistema jurídico global que é formada pelas normas que dispõem sobre crimes e contravenções. A fonte formal natural das normas penais é a lei. Não é por outra razão que o inciso XXXIX do art. 5º da Constituição afirma que: "não há crime sem lei anterior que o defina, nem pena sem prévia cominação legal". O inciso XL do art. 5º afirma que: "a lei penal não retroagirá, salvo para beneficiar o réu". O art. 2º do Código Penal dispõe que: "Ninguém pode ser punido por fato que lei posterior deixa de considerar crime, cessando em virtude dela a execução e os efeitos penais da sentença condenatória". Em seguida, o parágrafo único dispõe que: "A lei posterior, que de qualquer modo favorecer o agente, aplica-se aos fatos anteriores, ainda que decididos por sentença condenatória transitada em julgado". Somente a União, por intermédio do Congresso Nacional, tem poderes para legislar sobre matéria criminal. É proibida a utilização de medida provisória em matéria criminal, em razão do disposto na alínea *b* do parágrafo 1º do art. 62 da Constituição Federal.

As normas penais visam proteger bens jurídicos, e estatuem penalidades para infrações de natureza grave estipuladas em lei, ou seja, no Código Penal e em outras leis federais. As penalidades em decorrência da violação de normas de direito criminal são as privativas de liberdade, as de natureza pecuniária e as restritivas de direito.

14.1.1 ELEMENTOS DA NORMA PENAL OU DO CRIME

Para que uma norma de direito penal seja aplicada, é necessária prova da ocorrência do fato típico nela previsto. A tipificação visa prover segurança jurídica e afastar o arbítrio do aplicador da norma (o Ministério Público, o juiz, o Tribunal) em prol da sociedade. O legislador tem certa liberdade de escolher condutas que serão reprimidas; todavia, ele não pode pretender punir resultados de condutas que ofendam bens jurídicos; logo, lhe é proibido, por exemplo, punir a feiura.

Crime é definido como sendo toda a ação ou omissão típica, antijurídica e culpável. Vejamos uma ilustração na Figura 14.1.

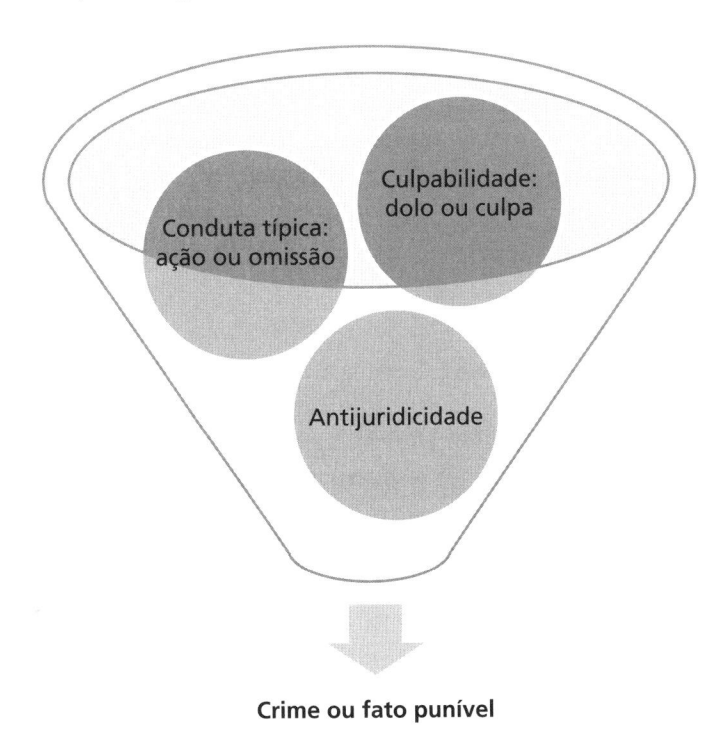

Figura 14.1 Elementos fundamentais do crime.

Esses elementos (tipicidade, antijuridicidade e culpabilidade) são indissociáveis do conceito de crime; logo, só são considerados como tais os fatos que estejam previstos abstratamente na lei penal e que possam ser imputados a alguém (o responsável penal ou agente) que tenha agido com culpa e se não houver a incidência de norma excludente da antijuridicidade, como é, por exemplo, a legítima defesa.

14.1.2 FATO PUNÍVEL E ILICITUDE

Fatos puníveis são unicamente aqueles que foram cogitados abstratamente nas normas e que sejam capazes de produzir resultados que possam ser caracterizados como: (a) crime tentado ou consumado; (b) contravenção; e (c) atos infracionais. São puníveis apenas os fatos que sejam considerados ilícitos segundo normas vigentes – os denominados "fatos típicos" –, de modo que não é admissível a interpretação por analogia ou qualquer forma de interpretação ampliativa, salvo em caso de lei mais benéfica. Interessam para o direito penal apenas os fatos ou acontecimentos que derivam de ação ou omissão que possam ser imputados (atribuídos) a alguém; assim, não há repercussão penal da morte de alguém em virtude de um raio que cai num campo aberto. Por outro lado, se um cão raivoso causa lesões corporais em uma pessoa, o dono pode responder pelo crime, porquanto tinha o dever de mantê-lo sob sua guarda.

Ilícito é todo fato contrário ao direito; a ilicitude é a consequência da violação de um dever jurídico de agir de uma determinada maneira, isto é, quando alguém deixa de fazer o que deve ser feito – o que é obrigatório –, ou quando alguém faz o que não pode ser feito, o que é proibido, e disto resulta dano ou atentado a direitos individuais e coletivos ou difusos.

14.1.3 CONDUTA E RESULTADO

Conduta é toda ação ou omissão de um ser humano. Para fins penais, somente são relevantes as condutas que ofendam bens jurídicos tutelados, isto é, que lhes causem danos ou os exponham a perigo. Enfim, a conduta relevante para configuração do crime é sempre uma ação ou omissão que produz um resultado proibido segundo os preceitos e condições da lei. O parágrafo 2º do art. 13 do Código Penal afirma que a omissão é penalmente relevante quando o agente devia e podia agir para evitar o resultado.

Resultado, em termos simplórios, é o fato punível provado acima de dúvida razoável. Há crimes em que há corpo de delito, e, em outros, não há algo visível; por isso, há crime de dano e há crime de perigo. É considerado crime de dano aquele em que a hipótese normativa (o tipo penal abstratamente considerado) prevê a ocorrência de um evento que cause prejuízo efetivo ao bem jurídico tutelado pela norma. Um exemplo é o crime de furto, em que a norma penal só incide (e, por isso, deve ser aplicada) se houver o desfalque do patrimônio.

14.1.4 DOLO E CULPA

Não há crime sem culpa atribuída a alguém. Da noção de culpabilidade derivam os conceitos normativos de **crime doloso** e **crime culposo**. Há crime doloso, de acordo com o texto do inciso I do art. 18 do Código Penal, "quando o agente quis o resultado ou assumiu o risco de produzi-lo". Por outro lado, há crime culposo quando o agente deu causa ao resultado por imprudência, negligência ou imperícia (inciso II). Na prática do crime doloso, o agente compreende perfeitamente o caráter ilícito de sua conduta e age com propósito deliberado de causar o resultado proibido e socialmente reprovável; há dolo, também, quando o agente não quer praticar o fato delituoso, mas assume o risco de praticá-lo (dolo eventual). No crime culposo, o resultado decorre da falta de cuidado sem que se cogite de intenção de perpetrar o fato punível. Nem sempre a norma penal prevê punição para os crimes culposos; assim, à lei cabe estabelecer se há ou não punição em crimes dessa natureza. Se a lei não prevê a punição dos crimes culposos, é porque ela pretende atingir apenas os fatos perpetrados com dolo; é o que diz o texto do parágrafo único do art. 18 do Código Penal, que tem a seguinte redação: "Salvo os casos expressos em lei, ninguém pode ser punido por fato previsto como crime, senão quando o pratica dolosamente".

14.1.5 RESPONSABILIDADE PENAL

Para configuração de um crime, é imprescindível que o resultado do ilícito seja imputado a alguém – o agente. Logo, é necessário haver um nexo causal ou uma ligação entre uma conduta e um resultado, de modo que daquela (conduta) decorra este (o resultado). A existência ou inexistência desse liame ou nexo causal é matéria de prova que deve ser produzida por quem acusa o agente.

A **determinação da autoria nos crimes** cometidos no âmbito de uma sociedade simples ou empresária é envolta em inegáveis dificuldades, porquanto pelo menos três grupos de pessoas exteriorizam a vontade da pessoa jurídica (a sociedade personalizada), a saber: (a) os dirigentes ou administradores; (b) os prepostos, que incluem os gerentes e os contabilistas, na forma dos arts. 1.169 a 1.178 do Código Civil; e (c) os representantes. Os administradores são, em princípio, os responsáveis por gerir o negócio, de modo que são os executores do contrato ou estatuto social. Nas sociedades por ações, de acordo com o *caput* do art. 138 da Lei n. 6.404/76, é considerado administrador tanto o diretor quanto o membro do conselho de administração. Os diretores são os executivos e designados por assembleia ou em cláusula contratual e podem ou não ser sócios ou acionistas. Eles são, em tese, os responsáveis pela eventual prática de crimes se e quando agem de modo deliberado para cometê-los ou determinam que outras pessoas (empregados ou terceiros) os cometam. O administrador pode ser uma pessoa que não é designada em nenhum documento societário, mas pratica atos de gestão ou administração; são os diretores de fato ou, ainda, os "testas de ferro" ou "laranjas". O STJ, quando do julgamento do *Habeas Corpus* 185.599, ocorrido em 17 de março de 2011, negou o pedido do autor para trancar a ação penal, diante de evidências de que o autor, na qualidade de empregado, "atuava como sócio fictício em empresa de fachada, agindo como 'testa de ferro', recebendo remuneração para isso, além de prestar auxílio ao patrão e corréu cumprindo ordens e alertando-o contra fiscalizações".

Para responder pelas consequências dos fatos puníveis, é imprescindível que o autor seja considerado imputável. Imputável, no contexto do Código Penal, é qualquer pessoa maior de 18 anos que tenha praticado a conduta criminosa. Os menores de 18 anos são penalmente inimputáveis, ficando sujeitos às normas estabelecidas na legislação especial (art. 27), constantes do Estatuto da Criança e do Adolescente. O referido estatuto reafirma a regra do Código Penal, quando estabelece que: "são penalmente inimputáveis os menores de 18 anos, sujeitos às medidas previstas nesta lei" (art. 104), e as pessoas com doenças mentais de qualquer espécie podem ou não ser responsáveis.

14.1.6 APLICAÇÃO DA PENA

A **aplicação da pena**, em qualquer circunstância, deve ser feita pela autoridade competente, de acordo com os parâmetros da lei, e desde que sejam observadas as regras e princípios do devido processo legal. Na fixação em abstrato das penas, o legislador é obrigado a observar, dentre outras, as regras do inciso XLVII do art. 5º da Constituição, que proíbe a imposição de penas: (a) de morte, salvo em caso de guerra declarada, nos termos do art. 84, XIX; (b) de caráter perpétuo; (c) de trabalhos forçados; (d) de banimento; e (e) cruéis. Na aplicação em concreto da pena, o juiz da causa percorre um processo de três etapas. Em primeiro lugar, há a fixação da pena-base, de acordo com as regras do art. 59 do Código Penal. Em seguida, identificará e valorizará os fatos justificativos de circunstâncias atenuantes ou agravantes. Depois disso, considerará as causas legais de diminuição e de aumento de pena. Esse é o processo básico da dosimetria da pena. O processo de aplicação das penalidades criminais é ilustrado na Figura 14.2.

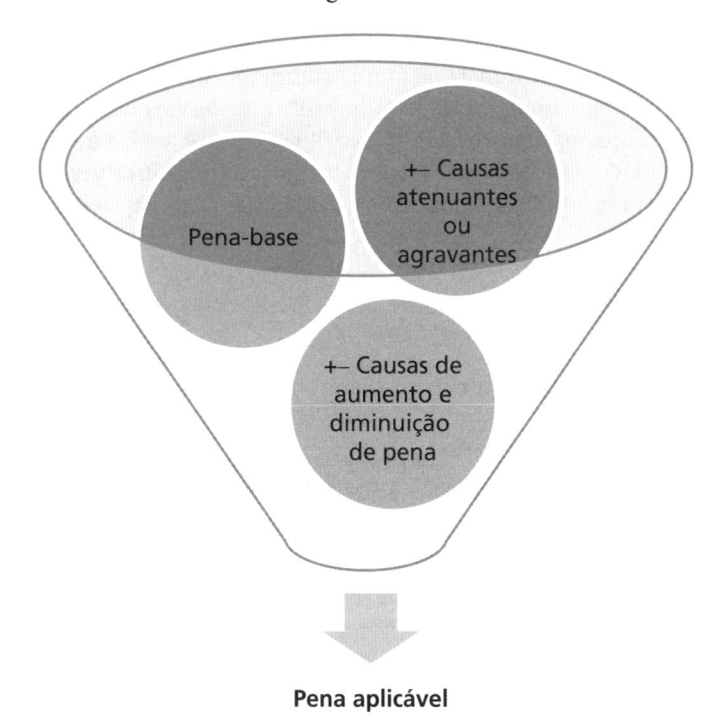

Pena aplicável

Figura 14.2 Aplicação de penalidade.

A Constituição Federal, no inciso XLV do art. 5º, determina que "nenhuma pena passará da pessoa do condenado". Esse mandamento tem o claro propósito de evitar que as penas aplicadas a uma pessoa sejam transferidas a outrem por sucessão; assim sendo, os crimes cometidos por um pai que morre não são imputados aos herdeiros ou à meeira.

14.1.7 EXCLUSÃO DA ILICITUDE

Tal como ocorre no direito civil, em situações excepcionais previstas em lei, a prática de infrações não determina a incidência automática da norma sancionatória respectiva (a que prevê a punição para a infração ou resultado ilícito); assim, há casos em que bens jurídicos possam vir a sofrer danos ou ser expostos a perigo sem que ninguém seja responsabilizado ou punido. De acordo com o art. 23 do Código Penal, não há crime quando o agente pratica o fato: (a) em estado de necessidade (inciso I); (b) em legítima defesa (inciso II); (c) em estrito cumprimento de dever legal (inciso III, primeira parte); e (d) no exercício regular de direito (inciso III, parte final). Em qualquer desses casos, o agente responderá pelo excesso doloso ou culposo (parágrafo único). A norma que dispõe sobre a **exclusão da ilicitude** impede a aplicação da norma penal, de modo que o campo normativo desta é recortado pelas condutas abstratamente típicas, mas não puníveis.

Em certas circunstâncias, a lei penal pode deixar de ser aplicada, em razão do "princípio da insignificância". Por esse princípio, há a exclusão da ilicitude se a lesão ao bem jurídico for mínima e se parca a periculosidade social agente. Todavia, não há um direito subjetivo de praticar pequenos delitos de modo reiterado, consoante disse o STF, ao julgar o *Habeas Corpus* 102.088, em 21 de maio de 2010:

> O princípio da insignificância não foi estruturado para resguardar e legitimar constantes condutas desvirtuadas, mas para impedir que desvios de condutas ínfimos, isolados, sejam sancionados pelo direito penal, fazendo-se justiça no caso concreto. Comportamentos contrários à lei penal, mesmo que insignificantes, quando constantes, devido a sua reprovabilidade, perdem a característica de bagatela e devem se submeter ao direito penal.

14.1.8 EXTINÇÃO DA PUNIBILIDADE

Há **extinção da punibilidade** (ou, como diz a doutrina, da pretensão punitiva) quando o Estado deixa de ter direito de processar e julgar alguém acusado da prática de um crime. Esse efeito jurídico difere da pretensão executória, que é a perda do direito de levar a efeito as consequências da condenação. De acordo com o art. 107 do Código Penal, extingue-se a punibilidade: (a) pela morte do agente; (b) pela anistia, graça ou indulto; (c) pela retroatividade de lei que não mais considera o fato como criminoso; (d) pela prescrição, decadência ou perempção; (e) pela renúncia do direito de queixa ou pelo perdão aceito, nos crimes de ação privada; (f) pela retratação do agente, nos casos em que a lei a admite; e (g) pelo perdão judicial, nos casos previstos em lei. Outras hipóteses estão previstas em normas que não constam do Código Penal, como é o caso da lei que trata dos crimes contra a ordem tributária e prevê a extinção da pretensão punitiva pelo pagamento do tributo reclamado.

O inciso IX do art. 107 do Código Penal afirma que a punibilidade é extinta "pelo perdão judicial, nos casos previstos em lei". Essa figura aparece no texto do parágrafo 5º do art. 121 do Código Penal brasileiro, que afirma: "Na hipótese de homicídio culposo, o juiz poderá deixar de aplicar a pena, se as consequências da infração atingirem o próprio agente de forma tão grave que a sanção penal se torne desnecessária". Esse último preceito outorga ao juiz o dever de conceder perdão judicial ao infrator nos casos em que as circunstâncias fáticas demonstrarem que o fato a ele imputado lhe trouxe consequências indesejáveis a ponto de converter em cruel ou excessiva a pena pelo homicídio culposo.

14.1.9 EFEITOS CIVIS DA CONDENAÇÃO POR CRIME

Em certas circunstâncias, aquele que pratica crime pode sofrer consequências civis, como é a obrigação de reparar danos materiais ou morais. O inciso I do art. 91 do Código Penal dispõe que um dos efeitos jurídicos da condenação é "tornar certa a obrigação de indenizar o dano causado pelo crime". Em tese, é possível que os **efeitos civis** existam mesmo nos casos de eventual absolvição, em razão do disposto no art. 66 do Código de Processo Penal, segundo o qual: "Não obstante a sentença absolutória no juízo criminal, a ação civil poderá ser proposta quando não tiver sido, categoricamente, reconhecida a inexistência material do fato". Por fim, o inciso IV do art. 387 do Código de Processo Penal afirma que o juiz, ao proferir sentença condenatória, "fixará valor mínimo para reparação dos danos causados pela infração, considerando os prejuízos sofridos pelo ofendido". A norma não faz distinção entre danos morais e materiais, de modo que o juiz pode decidir sobre a fixação de indenização para qualquer uma das modalidades de dano ou de ambas.

14.2 REPRESSÃO AOS CRIMES ECONÔMICOS

O ordenamento jurídico brasileiro contém diversas leis para **reprimir os delitos econômicos** praticados por empresas – os conhecidos crimes do "colarinho branco". As diversas normas devem ser aplicadas em consonância com as normas constitucionais que limitam o poder punitivo atribuído ao Estado e com as regras básicas do Código Penal.

14.2.1 LAVAGEM DE CAPITAIS

A Lei n. 9.613/98, modificada pela Lei n. 12.683/2012, dispõe sobre os crimes de "lavagem" ou ocultação de bens, direitos e valores. De acordo com o art. 1º, constitui crime a ação de ocultar ou dissimular a natureza, origem, localização, disposição, movimentação ou propriedade de bens, direitos ou valores provenientes, direta ou indiretamente, de infração penal. O fato punível, de um modo geral, envolve a prática de falsidade ideológica e a criação de "empresas de fachada", nacionais e estrangeiras, em nome de pessoas interpostas, usualmente denominadas "testas de ferro" e "laranjas" (pessoas que emprestam o nome para a realização de operações) das atividades desenvolvidas, bem como a adoção de manobras contratuais e contábeis, com a finalidade de obscurecer ou "maquiar" o patrimônio dos efetivos sócios das empresas.

A prática do **crime de lavagem de capitais** ocorre, normalmente, em três etapas: colocação, ocultação e integração. A colocação ocorre com o ingresso dos recursos ilícitos no sistema econômico formal, mediante operações de depósitos em contas correntes bancárias; compra de produtos e serviços financeiros, como são os títulos de capitalização, de previdência privada e de seguros; e, ainda, de aplicações em depósito a prazo, poupança, fundos de investimento; compra de bens, como imóveis, ouro, automóveis, pedras preciosas, obras de arte etc. Por outro lado, a ocultação ocorre quando os criminosos agem com o objetivo de suprimir ou mascarar as evidências sobre a origem do dinheiro para dificultar o rastreamento dos recursos ilícitos. Nessa etapa, são feitas transferências de recursos entre contas correntes bancárias ou entre empresas que se utilizam de "contas-fantasma" (conta em nome de pessoas que não existem) e de "laranjas"; transferência de recursos para paraísos fiscais etc. A derradeira etapa consiste na integração ou incorporação formal dos recursos no sistema econômico, sob a forma de investimentos ou compra de ativos, com a documentação legal. A integração envolve, por isso, a realização de investimentos em negócios lícitos.

14.2.2 CRIMES FISCAIS

A lei prevê certas hipóteses de ocorrência de **crime contra a ordem tributária**, crimes contra a Previdência Social e crime de descaminho, consoante previsto nas Leis n. 8.137/90 e n. 9.983/2000, e no art. 334 do Código Penal. Em quaisquer casos, as normas citadas não cominam pena para as condutas culposas; logo, as condutas puníveis são apenas aquelas que sejam praticadas com dolo, em razão do disposto no parágrafo único do art. 18 do Código Penal, segundo o qual: "salvo os casos expressos em lei, ninguém pode ser punido por fato previsto como crime, senão quando o pratica dolosamente". A lei penal, nesses casos, pretende punir a fraude ou a sonegação fiscal; no primeiro caso, o sujeito (ou alguém que o faz agir, como os diretores das sociedades) pratica atos que visem a desnaturar ou adulterar os fatos tributáveis, enquanto no segundo caso, o agente se omite dolosamente e esconde fatos tributáveis. O dolo é elemento nuclear nos tipos penais de crimes contra a ordem tributária, de modo que a lei deve ser interpretada com esse componente significativo. Logo, parece claro que a lei não pune a simples falta de recolhimento de tributo; pune, sim, a falta que decorre da adoção de meios fraudulentos (definidos em lei) para supressão ou redução de tributo devido.

A responsabilidade penal é pessoal, e, portanto, não é transferível a terceiros, como ocorre nos casos dos tributos devidos e respectivas multas porventura aplicadas. Respondem por crimes fiscais os contribuintes e todas as pessoas que oferecem meios para facilitar a sonegação de tributos ou para embaraçar as fiscalizações.

14.2.3 CRIMES CONTRA OS CONSUMIDORES

O Código de Defesa do Consumidor (CDC) contém diversas regras sobre **crimes contra as relações de consumo**, dentre as quais, destacamos três. Em primeiro lugar, há preceito do art. 66, que considera crime fazer afirmação falsa ou enganosa, ou omitir informação relevante sobre a natureza, característica, qualidade, quantidade, segurança, desempenho, durabilidade, preço ou garantia de produtos ou serviços; em seguida, o art. 67 diz que comete crime o fornecedor que vier a fazer ou promover publicidade que sabe ou deveria saber ser enganosa ou abusiva. Esses dois preceitos não exigem, para que haja a configuração de crime, que o consumidor seja lesado ou sofra algum dano material ou moral. Para a incidência das normas, basta haver divulgação de informação falsa, enganosa ou incompleta, ou, ainda, a divulgação de publicidade notoriamente enganosa ou abusiva. Há também a regra do art. 71, que considera haver crime se o fornecedor vier a utilizar, na cobrança de dívidas, ameaça, coação, constrangimento físico ou moral, afirmações falsas incorretas ou enganosas ou qualquer outro procedimento que exponha o consumidor, injustificadamente, ao ridículo ou interfira em seu trabalho, descanso ou lazer. Nesse caso, a lei exige a prova do tratamento vexatório ou da indevida perturbação na vida do consumidor, mesmo que ele seja um inadimplente contumaz.

O art. 76 do CDC considera que constituem circunstâncias agravantes dos crimes, dentre outras, o fato de eles terem sido cometidos: (a) por servidor público, ou por pessoa cuja condição econômico-social seja manifestamente superior à da vítima; e (b) em detrimento de operário ou rurícola; de menor de 18 ou maior de 60 anos ou de pessoas portadoras de deficiência mental. Essa norma, que prevê aumento de pena para os infratores, visa dar efetividade ao princípio da proteção ao hipossuficiente.

Em razão do disposto no art. 75 do CDC, responderá por crimes todo aquele que, de qualquer forma, concorrer para prática destes na medida de sua culpabilidade, bem como o diretor, administrador ou gerente da pessoa jurídica que vier a promover, permitir, ou por qualquer modo aprovar, o fornecimento, oferta, exposição à venda ou manutenção em depósito de produtos, ou a oferta e prestação de serviços nas condições por ele proibidas.

14.2.4 CRIMES CONTRA O MEIO AMBIENTE

Em linhas gerais, **tipos penais contra o meio ambiente** estão definidos nos arts. 29 a 36 da Lei n. 9.605/98, que trata de diversos aspectos da proteção jurídica do meio ambiente, como a fauna, a flora, o ordenamento urbano, o patrimônio cultural, e, ainda, dos crimes contra a administração ambiental. O art. 2º da Lei n. 9.605/98 afirma que comete crime aquele que, de qualquer forma, concorre para a prática dos crimes ambientais. O acusado é sujeito às penas legalmente estabelecidas e responderá na medida da sua culpabilidade, e assim também ocorrerá com o diretor, o administrador, o membro de conselho e de órgão técnico, o auditor, o gerente, o preposto ou mandatário de pessoa jurídica, que, sabendo da conduta criminosa de outrem, deixar de impedir sua prática, quando podia agir para evitá-la. De acordo com preceito do art. 3º, as pessoas jurídicas serão responsabilizadas na esfera administrativa, civil e penal, nos casos em que a infração seja cometida por decisão de seu representante legal ou contratual, ou de seu órgão colegiado, no interesse ou benefício da sua entidade. A responsabilidade das pessoas jurídicas não exclui a das pessoas físicas, autoras, coautoras ou partícipes do mesmo fato. Poderá ser desconsiderada a pessoa jurídica sempre que sua personalidade for obstáculo ao ressarcimento de prejuízos causados à qualidade do meio ambiente (art. 4º).

14.2.5 CRIMES NO DIREITO DO TRABALHO

Os **crimes contra as relações trabalhistas** estão catalogados nos arts. 197 a 207 do Código Penal, sem prejuízo da aplicação de outras normas que regem, por exemplo, o meio ambiente. De acordo com o Código Penal, é crime a prática de: (a) atentado contra a liberdade de trabalho (art. 197); (b) atentado contra a liberdade de contrato de trabalho e boicotagem violenta (art. 198); (c) atentado contra a liberdade de associação (art. 199); (d) paralisação de trabalho, seguida de violência ou perturbação da ordem (art. 200); (e) paralisação de trabalho de interesse coletivo (art. 201); (f) sabotagem ou invasão de estabelecimento industrial, comercial ou agrícola (art. 202); (g) frustração de direito assegurado por lei trabalhista (art. 203); (h) frustração de lei sobre a nacionalização do trabalho (art. 204); (i) exercício de atividade com infração de decisão administrativa (art. 205); (j) aliciamento para o fim de emigração (art. 206); (k) aliciamento de trabalhadores de um local para outro do território nacional (art. 207). O art. 149 do Código Penal trata do crime de redução de alguém a condição análoga à de escravo.

14.2.6 CRIMES CONTRA A ADMINISTRAÇÃO PÚBLICA

A **violação de regras e princípios de direito administrativo** pode acarretar a incidência de normas penais sobre crimes contra a administração pública (peculato, concussão, prevaricação, corrupção etc.), previstos nos arts. 312 a 326 do Código Penal e nos arts. 89 a 98 da Lei n. 8.666/93. Neste último caso, é necessário cumprir o preceito do art. 83 da referida lei, segundo o qual: "Os crimes definidos nesta lei, ainda que simplesmente tentados, sujeitam os seus autores, quando servidores públicos, além das sanções penais, à perda do cargo, emprego, função ou mandato eletivo".

Desses crimes, os mais comuns são: (a) corrupção; e (b) concussão. Em razão do disposto no art. 317 do Código Penal, corrupção passiva é caracterizada pelo ato de solicitar ou receber, para si ou para outrem, direta ou indiretamente, ainda que fora da função ou mesmo antes de assumi-la, mas em razão dela, vantagem indevida, ou aceitar promessa de tal vantagem. Corrupção ativa, na forma do art. 333 do Código Penal, consiste em oferecer ou prometer vantagem indevida a funcionário público, para determiná-lo a praticar, omitir ou retardar ato de ofício. Na forma do art. 316 do Código Penal, crime de concussão é o praticado por funcionário público que exige, para si ou para outrem, vantagem indevida, direta ou indiretamente, ainda que fora da função ou mesmo antes de vir a assumi-la, mas em razão dela. Uma modalidade de concussão é o excesso de exação, que ocorre quando o funcionário exige tributo ou contribuição social que sabe ou deveria saber indevido, ou, quando devido, emprega meio vexatório ou gravoso de cobrança, que a lei não autoriza.

14.2.7 CRIMES CONTRA O SISTEMA FINANCEIRO E MERCADO DE CAPITAIS

A Lei n. 7.492/86 contém um catálogo de condutas – ações ou omissões – que caracterizam **crime contra o sistema financeiro nacional**. Assim, por exemplo, os arts. 6º e 7º da referida lei preveem pena de reclusão para aquele que vier a: (a) induzir ou manter em erro sócio, investidor ou repartição pública competente, relativamente a operação ou situação financeira, sonegando-lhe informação ou prestando-a falsamente; e (b) emitir, oferecer ou negociar, de qualquer modo, títulos ou valores mobiliários que sejam: (i) falsos ou falsificados; (ii) sem registro prévio de emissão junto à autoridade competente, em condições divergentes das constantes do registro ou irregularmente registrados; (iii) sem lastro ou garantia suficientes; e (iv) sem autorização prévia da autoridade competente, quando legalmente exigida. O art. 9º, por outro lado, considera crime o ato de fraudar a fiscalização ou o investidor, inserindo ou fazendo inserir, em documento comprobatório de investimento em títulos ou valores mobiliários, declaração falsa ou diversa da que dele deveria constar. Essas normas, e outras constantes da referida lei, tutelam o funcionamento do sistema financeiro nacional e protegem o direito de investidores e demais pessoas que firmam relações com instituições financeiras.

As normas criminais para tutela do mercado de capitais constam da Lei n. 6.385/76. Essa lei considera crime, por exemplo:

a) realizar operações simuladas ou executar outras manobras fraudulentas destinadas a elevar, manter ou baixar a cotação, o preço ou o volume negociado de um valor mobiliário, com o fim de obter vantagem indevida ou lucro, para si ou para outrem, ou causar dano a terceiros (art. 27-C);

b) utilizar informação relevante de que tenha conhecimento, ainda não divulgada ao mercado, que seja capaz de propiciar, para si ou para outrem, vantagem indevida, mediante negociação, em nome próprio ou de terceiros, de valores mobiliários, ou, ainda, o ato de repassar informação sigilosa relativa a fato relevante a que tenha tido acesso em razão de cargo ou posição que ocupe em emissor de valores mobiliários ou em razão de relação comercial, profissional ou de confiança com o emissor (art. 27-D); e

c) exercer, ainda que a título gratuito, no mercado de valores mobiliários, a atividade de administrador de carteira, agente autônomo de investimento, auditor independente, analista de valores mobiliários, agente fiduciário ou qualquer outro cargo, profissão, atividade ou função, sem estar, para esse fim, autorizado ou registrado na autoridade administrativa competente, quando exigido por lei ou regulamento (art. 27-E).

Essas normas e outras que constam da Lei n. 6.385/76 visam tutelar os direitos dos investidores que negociam títulos emitidos por sociedades de capital aberto, bem como manter a confiabilidade no mercado em que há captação de poupança popular.

Resumo esquemático

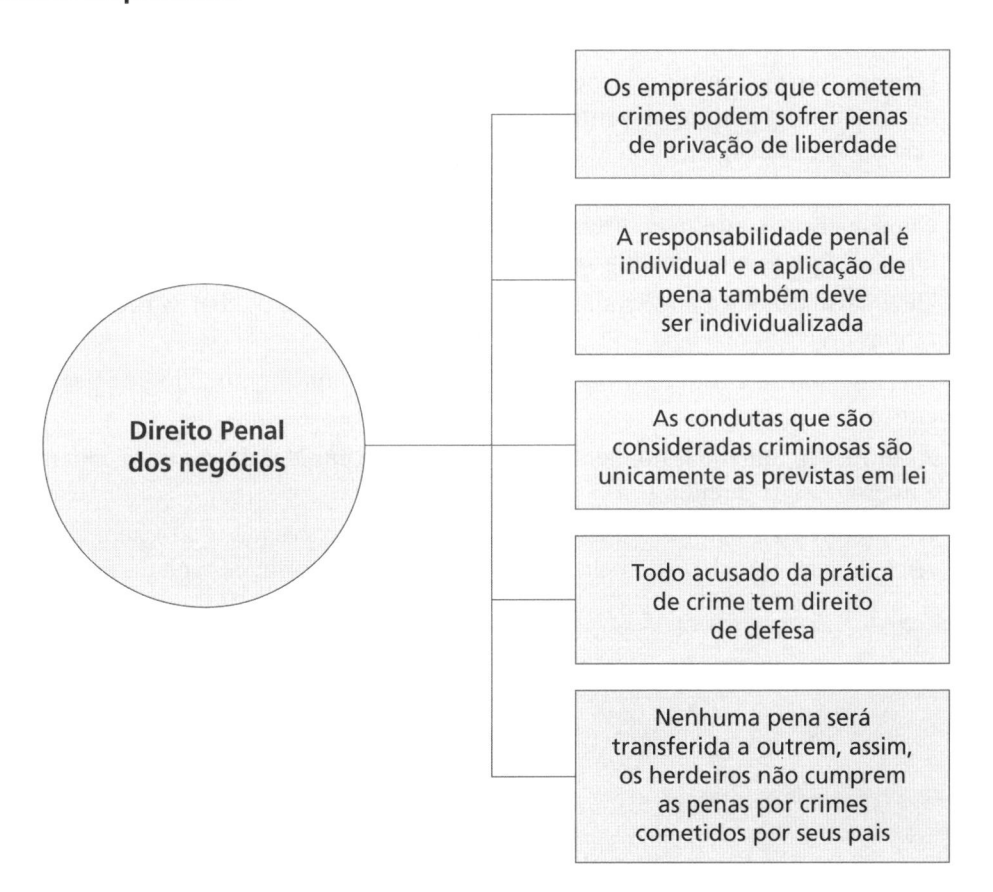

Direito Penal dos negócios
- Os empresários que cometem crimes podem sofrer penas de privação de liberdade
- A responsabilidade penal é individual e a aplicação de pena também deve ser individualizada
- As condutas que são consideradas criminosas são unicamente as previstas em lei
- Todo acusado da prática de crime tem direito de defesa
- Nenhuma pena será transferida a outrem, assim, os herdeiros não cumprem as penas por crimes cometidos por seus pais

> **Minicaso**
>
> Uma financeira digital (*fintech*) está oferecendo um sistema de venda por cartão de crédito, em que o vendedor tem a possibilidade de receber parte do preço de suas vendas em moedas virtuais (criptomoedas), que nunca são convertidas em moeda brasileira, mas que podem ser utilizadas para pagamento de importações de mercadorias. Nos registros fiscais, aparecem apenas os valores em moeda nacional e, com base neles, são pagos os tributos.
>
> Diante desses fatos, pergunta-se: essa prática constitui crime contra a ordem tributária? Em caso de resposta afirmativa, quantos são e quem são os responsáveis penais?

Exercícios

Assinale Falso ou Verdadeiro:

a) A condenação, no processo penal, levará em conta apenas a periculosidade do acusado. ( )

b) Crime doloso é aquele em que não há manifesta intenção de produzir o resultado punível. ( )

c) Não há crime se o fato é cometido em legítima defesa. ( )

d) Constitui crime contra relações de consumo fazer afirmação falsa ou enganosa, ou omitir informação relevante sobre a natureza, característica, qualidade, quantidade, segurança, desempenho, durabilidade, preço ou garantia de produtos ou serviços. ( )

e) Comete crime contra o consumidor o fornecedor que vier a fazer ou promover publicidade que sabe ou deveria saber ser enganosa ou abusiva. ( )

f) Uma pessoa jurídica pode ser considerada consumidora e receber as proteções e garantias previstas no CDC. ( )

g) O crime contra a ordem tributária só é punível quando praticado por pessoa jurídica. ( )

h) As infrações cometidas no mercado de capitais são punidas unicamente com multas e interdições de direitos. ( )

i) Os diretores das empresas que recebem recursos sem pesquisar a origem correm o risco de sofrer condenação pela prática de crime de lavagem de capitais. ( )

GLOSSÁRIO

A

- » **Abuso de direito**. Ato ilícito que se configura quando o titular de um direito excede manifestamente os limites impostos pelo seu fim econômico ou social, pela boa-fé ou pelos bons costumes.
- » **Abuso de poder**. Ocorre quando a autoridade pública age além do que lhe é permitido por lei ou pratica ato sem atender ao interesse público.
- » **Ação**. Título patrimonial de participação no capital emitido por sociedade por ações.
- » **Ação cautelar**. Espécie de ação judicial em que o requerente pleiteia medida urgente e necessária antes do julgamento final da lide.
- » **Ação civil pública**. Ação judicial para contestação de atos estatais que violam direitos coletivos.
- » **Ação Declaratória de Constitucionalidade (ADC)**. Tem por finalidade obter pronunciamento do STF sobre a constitucionalidade de lei ou ato normativo federal.
- » **Ação Direta de Inconstitucionalidade (ADI)**. Tem por objeto a declaração de inconstitucionalidade de lei ou ato normativo pelo STF ou por Tribunal de Justiça estadual, quando se tratar de norma ou ato normativo estadual ou municipal perante as Constituições Estaduais.
- » **Ação judicial**. O mesmo que processo judicial; instrumento pelo qual alguém acessa os órgãos do Poder Judiciário para pleitear reparação por qualquer espécie de violação ou ameaça de violação de direito, pelo Estado ou por particulares.
- » **Ação rescisória**. Espécie de ação judicial que visa desconstituir sentença ou acórdão que já transitou em julgado.
- » **Acórdão**. Decisão proferida por órgão colegiado de um Tribunal.
- » **Administração pública**. É formada pelos órgãos estatais (ministérios, secretarias, agências, inspetoria etc.) que exercem poderes e atribuições necessárias a fazer o Estado funcionar de acordo com o interesse público.
- » **Anulação**. Ato de declarar nulo um ato administrativo em caso de ilegalidade e também o ato de decretar a invalidade de uma lei posta no ordenamento jurídico sem observância das normas constitucionais aplicáveis.

- » **Arbitragem**. Modo alternativo e extrajudicial de solução de conflitos sem a intervenção do Poder Judiciário.
- » **Atividade econômica**. Todo negócio em sentido econômico que visa propiciar a produção e circulação de bens e serviços.
- » **Ato administrativo**. Meio de exercícios e poderes exercidos aos órgãos administrativos e seus agentes.
- » **Ato jurídico**. Toda ação ou omissão que produz um fato relevante para o direito por todo aquele que age em nome próprio ou como representante, isto é, por conta de terceiro.
- » **Auto de infração**. Documento em que um órgão estatal emite quando constata a prática de atos ilícitos e impõe as penalidades previstas em lei.
- » **Aviso prévio**. No direito do trabalho, é a comunicação feita pelo empregado ou empregador para extinção do contrato de trabalho.

B

- » **Balanço patrimonial**. Demonstrativo contábil que espelha a situação patrimonial de uma entidade em determinada data. O levantamento de balanço anual ou em menor prazo é uma obrigação legal.
- » **Bem**. Toda coisa que recebe tutela do ordenamento jurídico. No direito de propriedade, é toda coisa que tem valor econômico.
- » **Bens públicos**. Bens de uso comum cujo domínio pertence à União, aos Estados, ao Distrito Federal e aos municípios. São, em geral, bens de uso do povo, como ruas, pontes, prédios públicos etc.
- » **Boa-fé**. Comportamento baseado na confiança e na transparência.

C

- » **Capacidade civil**. A aptidão de uma pessoa jurídica para contrair obrigações e adquirir, defender e exercer direitos.
- » **Capacidade processual**. Aptidão que toda pessoa tem para ajuizar ou responder ação judicial. Por vezes, entes sem personalidade jurídica têm capacidade processual, como é o caso do espólio.
- » **Casamento**. Efeito jurídico do pacto entre duas pessoas que se apresentam perante autoridade civil e declaram a vontade de constituir unidade familiar.
- » **CIPA**. Sigla para Comissão Interna de Prevenção de Acidentes. É formada por representantes dos empregados e dos empregadores e é responsável por fiscalizar e propor medidas corretivas e preventivas para evitar acidentes nos ambientes de trabalho.
- » **Cláusula pétrea**. Preceito imutável da Constituição Federal, de modo que o poder constituinte derivado (o Congresso Nacional) não pode propor emenda à Constituição sobre as matérias imutáveis.

- » **Coisa julgada**. Matéria decidida em decisão judicial irrecorrível.
- » **Consumidor**. Toda pessoa natural ou jurídica que adquire produto ou serviço como destinatário final. A coletividade é considerada como consumidor, por equiparação legal.
- » **Contrato**. Acordo de vontades pelo qual duas ou mais pessoas assumem direitos e obrigações umas em face das outras.
- » **Contraditório**. Direito fundamental de contradizer ou refutar uma acusação ou imputação, e que inclui a faculdade de falar, interrogar testemunhas de acusação, de recorrer e de tomar todas as medidas admitidas para preservação de um direito.
- » **Contravenção**. Espécie de ilícito penal de pequeno potencial lesivo, de acordo com critérios estabelecidos em lei.
- » **Contribuição**. Espécie de tributo cobrado pela União, Estados, Distrito Federal e municípios ou por entidades sindicais patronais e profissionais.
- » **Contribuição de melhoria**. Espécie de tributo devido em razão de obra pública que beneficie de modo particular os proprietários de imóveis circunvizinhos.
- » **Crime culposo**. Quando o fato ilícito deriva de imprudência, negligência ou imperícia do agente, e só é punível nos casos previstos em lei, na forma do art. 18 do Código Penal.
- » **Crime doloso**. O cometido com vontade deliberada de produzir o resultado punível.
- » **Custas**. Despesas necessárias para ajuizamento e tramitação de processos judiciais.

D

- » **Dano material**. Perda ou prejuízo em razão de lesão contra bem material que lhe diminui o valor, o torna imprestável ou reduz sua utilidade.
- » **Dano moral**. Dano contra direitos personalíssimos de uma pessoa natural ou jurídica, como são a liberdade ou a honra.
- » **Decadência**. Perda do direito material que não for exercido no prazo legal.
- » **Décimo terceiro salário**. Gratificação natalina que é paga em até duas parcelas, a primeira entre os meses de fevereiro e novembro e a segunda em dezembro, e que corresponde ao valor da remuneração mensal do empregado.
- » **Denúncia**. Petição de acusação apresentada em juízo pelo Ministério Público contra pessoas acusadas da prática de crime.
- » **Desvio de poder**. O mesmo que "abuso de poder".
- » **Direito de informação**. Direito atribuído ao consumidor ou ao sócio de obter informações completas e verdadeiras sobre o contrato ou andamento dos negócios.
- » **Direitos difusos**. Aqueles atribuídos pela ordem jurídica a uma coletividade ou grupo determinado de pessoas, como é o direito ao meio ambiente.
- » **Dolo**. O direito penal e o direito civil têm a mesma noção, isto é, a prática deliberada de atos ilícitos.

E

- » **Ementa.** Exposição abreviada dos fundamentos adotados nas decisões proferidas por Tribunais por intermédio de acórdãos.
- » **Empregado.** Trabalhador que presta serviços de caráter subordinado, oneroso e de natureza não eventual a empregador.
- » **Empregador.** Pessoa natural ou jurídica que contrata e assalaria o empregado.
- » **Empresa.** Empreendimento econômico em que há organização ou estrutura para exploração de atividade econômica.
- » **Empresa de responsabilidade limitada.** A famosa EIRELI, que é de titularidade de um empresário que explora atividade econômica em regime de responsabilidade limitada.
- » **Espólio.** Conjunto de bens deixados pela pessoa falecida, designado *de cujus*, que serão partilhados entre os herdeiros e legatários.
- » **Estado de direito.** Aquele em que todos são sujeitos ao direito (à Constituição e à lei), de modo que ninguém está "acima da lei".
- » **Estatuto.** Documento que rege a constituição e o funcionamento de uma sociedade por ações, associações, partidos políticos ou fundações.
- » **Execução.** Etapa do processo judicial que visa dar cumprimento a uma decisão judicial ou o processo de excussão de bens para pagamento do credor.

F

- » **Fato jurídico.** Todo acontecimento, derivado ou não de comportamento humano, que tenha relevância para o direito.
- » **Fato típico.** Acontecimento previsto na norma penal como necessário e suficiente para a incidência da norma e aplicação das penalidades previstas.
- » **Férias.** Período de descanso a que tem direito o empregado após 12 meses de trabalho. Por ocasião da concessão, os empregados recebem a remuneração normal e habitual, acrescida de 1/3.
- » **FGTS.** A contribuição ao Fundo de Garantia por Tempo de Serviço é devida mensalmente pelo empregador, que deve fazer o depósito em conta individualizada em nome do empregado em agência bancária oficial. O empregado pode sacar os valores, nas hipóteses da Lei n. 8.036/90, sendo que a causa mais comum é a demissão sem justa causa por decisão do empregador.

G

- » **Gorjeta.** Importância dada espontaneamente pelo cliente ao empregado do estabelecimento, ou o valor que é cobrado do cliente e destinado exclusivamente ao rateio entre os empregados.

H

» **Habeas Corpus**. Ação judicial que visa assegurar a liberdade de locomoção em caso de prisão ou restrição da liberdade por ato ilegal ou em casos de abuso de poder.

I

» **Imposto**. Espécie de tributo exigido por todos os entes da federação e que é devido independentemente de qualquer atividade estatal específica em favor do contribuinte.
» **Imunidade**. No direito tributário, é a impossibilidade de cobrança de tributos de algumas pessoas. O poder de tributar, portanto, não tem eficácia.
» **Inconstitucionalidade**. Contrariedade da lei ou de ato normativo ao que dispõe a Constituição ou quando são editados sem observância das normas sobre processo legislativo ou das normas sobre distribuição de competências da Constituição.
» **Infração**. Todo ato ilícito e toda transgressão a norma proibitiva ou que estabelece um dever.
» **Inventário**. Processo judicial ou procedimento adotado perante autoridade cartorária, que consiste na identificação de bens, direitos e obrigações do *de cujus*, para fins de repartição.

J

» **Justa causa**. No direito do trabalho, é qualquer motivo, dentre os previstos em lei, que dá ao empregador o direito de demitir o empregado sem qualquer penalidade.

L

» **Licença**. Ato final do processo de licenciamento que é emitido por órgão público para autorizar que o licenciado faça alguma coisa, como uma obra civil etc.
» **Licitação**. Procedimento administrativo por meio do qual a administração pública escolhe, dentre várias propostas apresentadas, a mais vantajosa para si, quando da aquisição de bens e serviços, alienação de bens públicos e concessão ou permissão de serviços públicos.
» **Locação**. O mesmo que aluguel e arrendamento. Contrato em que há cessão de direito de uso de bem móvel ou imóvel mediante remuneração.
» **Lucro**. Resultado da exploração de atividade econômica por sociedade simples ou empresária. Corresponde à remuneração do capital aportado na sociedade e está sujeito à álea econômica.

M

» **Mandado de segurança**. Ação judicial que visa resguardar lesão de direito líquido e certo em caso de ilícito cometido por autoridade pública ou alguém que lhe faça as vezes.

- » **Meação**. Parcela do patrimônio de um casal (em decorrência de casamento ou união estável) que pertence exclusivamente ao cônjuge sobrevivente, e, por isso, não integra o inventário nem é partilhada entre herdeiros e legatários.
- » **Ministério Público**. Órgão permanente, essencial à função jurisdicional do Estado, a quem compete defender a ordem jurídica, do regime democrático e dos interesses sociais e individuais indisponíveis.

N

- » **Negócio jurídico**. Espécie de ato jurídico pelo qual duas ou mais pessoas assumem direitos e obrigações mútuas.
- » **Nexo causal**. A prova da existência de relação de causalidade (causa e efeito) entre a conduta de alguém e a prática de atos ou fatos sobre os quais incidem normas penais (criminais) ou normas sobre responsabilidade civil.
- » **Norma**. No plano jurídico, é qualquer regra ou princípio que proíbe, obriga ou permite e que prevê a inflição de penalidade aos infratores.
- » **Nulidade**. Atributo negativo de um ato ou negócio jurídico que impede que este produza os efeitos desejados pelo emissor do ato ou da parte em negócio jurídico.

O

- » **Obrigação**. Prestação devida a alguém decorrente da prática de ato lícito ou ilícito.

P

- » **Penalidade**. O mesmo que pena ou sanção. Consequência da prática de ato ilícito de qualquer natureza.
- » **Petição**. Todo documento escrito apresentado em juízo que é idôneo para iniciar um processo judicial ou para apresentação de recursos e pedidos como a execução etc.
- » **Prescrição**. Extinção do direito de pleitear ou exercer um direito após transcorrido determinado período. Sanção por inércia.
- » **Propriedade**. Propriedade é um direito, e não um bem. O direito do proprietário lhe dá poderes de dispor, usar e fruir de um bem móvel ou imóvel.
- » **Provas**. Elementos (documentos, depoimentos etc.) que demonstram a veracidade ou não de um fato alegado em juízo ou em processo de arbitragem.

Q

- » **Queixa-crime**. Documento escrito com a exposição de fato criminoso, feita pela parte ofendida ou por seu representante legal, imputado a alguém devidamente identificado. Só cabe em ação de caráter privado, e, sob o aspecto funcional, corresponde à denúncia na ação penal pública.
- » **Quórum**. Número mínimo de desembargadores ou ministros necessário para os julgamentos nos Tribunais. No direito civil e empresarial, é o número mínimo de sócios necessários para instalação de deliberação em assembleia geral ou reunião.

R

- **Responsabilidade civil**. Consequência da prática de ato ilícito que impõe ao ofensor a obrigação reparar os danos materiais ou morais causados a outrem.
- **Responsabilidade ilimitada**. Regime jurídico de sociedade em que os sócios se responsabilizam por dívidas não pagas pela sociedade, mas o credor deve executar em primeiro lugar a sociedade e, se não encontrar bens, pode cobrar dos sócios.
- **Responsabilidade limitada**. Regime jurídico de sociedades em que os sócios respondem apenas pelo valor do capital perante a sociedade e perante terceiros, de modo que não são responsáveis pelas dívidas da sociedade, salvo em caso de abuso de direito ou imposição legal.
- **Responsável**. A pessoa natural ou jurídica que, de acordo com o ordenamento jurídico, é capaz de suportar as consequências de atos danosos que vier a praticar, e, ainda, aquela pessoa que é obrigada a pagar dívida de outra em razão de ato voluntário ou por imposição legal.
- **Responsável solidário**. A pessoa física ou jurídica que se torna devedora junto com outras que não cumprem as obrigações a que estão sujeitas, de modo que todos se responsabilizam pelo valor integral do débito.
- **Responsável tributário**. Espécie de sujeito passivo da obrigação tributária. Pessoa a quem a lei atribui o dever de pagar tributo por intervenção no fato gerador praticado por outra pessoa.
- **Revisão criminal**. Ação ajuizada por condenado para reexame da sentença condenatória que o requerente considere ilegal ou contrária aos fatos.

S

- **Salário**. Contraprestação devida ao empregado e paga diretamente pelo empregador.
- **Sanção**. No direito constitucional, é o ato de aprovação de uma lei por parte da autoridade competente do Poder Executivo. Na teoria geral do direito, sanção é toda espécie de pena e as recompensas atribuídas a quem adota uma conduta encorajada pela lei (sanção premial).
- **Seguro-desemprego**. Prestação de caráter temporário devida pelo Estado às pessoas que ficam desempregadas por demissão sem justa causa e que é paga em até seis parcelas.
- **Sentença**. Decisão proferida por juízes e que concede ou nega – integral ou parcialmente – os pedidos formulados pelas partes e condena o vencido a cumprir as obrigações que vier a estabelecer e a pagar as custas e honorários do processo.
- **Sentença absolutória**. Decisão do juiz que absolve um acusado por ausência ou insuficiência de provas, ou, ainda, por ausência de tipicidade dos fatos delituosos que são imputados a alguém, ou porque os fatos não foram praticados pelo acusado.
- **Sentença condenatória**. No direito processual penal, é toda decisão de juiz que, com base nos fatos provados (fato típico e autoria determinada), condena alguém pela prática de crimes ou contravenções.
- **Sonegação**. Ato de ocultar ou deixar de declarar a existência de fato que deva ser declarado à autoridade pública. Ocultação de bens em processo de inventário.

T

- **Taxa**. Espécie de tributo cobrado por todos os entes da federação em razão da prestação de serviço público ou exercício do poder de polícia.
- **Termo de Ajustamento de Conduta**. Documento pelo qual infratores se obrigam a cessar a prática de delitos e compensar danos.
- **Testamento**. Documento firmado por uma pessoa na qual dispõe sobre seus bens, exceto os que constituem a herança legítima, como ato de última vontade.
- **Trabalhador autônomo**. Aquele que presta serviços eventuais sem subordinação ao contratante.
- **Trabalhador avulso**. Aquele que presta serviços a vários tomadores com a intermediação do sindicato da categoria ou por meio do Órgão Gestor de Mão de Obra (OGMO).
- **Tributo**. Prestação pecuniária compulsória exigida pelo Estado de acordo com a autorização contida na Constituição Federal e cujos recursos são destinados à manutenção do Estado.

U

- **União estável**. Relacionamento contínuo de duas pessoas que convivem e formam unidade familiar. Tem efeitos jurídicos equivalentes ao do casamento.

V

- **Vício da vontade**. São circunstâncias que interferem na prática de atos ou negócios jurídicos que podem causar prejuízo ao sujeito ou a terceiros. Também conhecido como vício do consentimento.
- **Vício social**. Ato ilícito firmado por duas ou mais pessoas com a finalidade de causar prejuízos a terceiros.
- **Vigência**. Atributo de uma lei enquanto ela estiver integrada a um ordenamento jurídico.
- **Vigor**. Atributo de uma lei cujo cumprimento já se tornou obrigatório, de modo que fica permitida a aplicação de sanções aos que deixam de cumpri-la. O mesmo que eficácia normativa.

GABARITO

Capítulo 1

Assinale Falso ou Verdadeiro:

- a) Falso
- b) Verdadeiro
- c) Falso
- d) Falso
- e) Falso
- f) Verdadeiro
- g) Falso
- h) Falso
- i) Falso
- j) Falso
- k) Falso
- l) Verdadeiro
- m) Verdadeiro
- n) Falso
- o) Falso
- p) Verdadeiro
- q) Verdadeiro
- r) Verdadeiro

Capítulo 2

Assinale Falso ou Verdadeiro:

- a) Falso
- b) Falso
- c) Falso
- d) Verdadeiro
- e) Falso
- f) Falso
- g) Verdadeiro

Capítulo 3

Assinale Falso ou Verdadeiro:

- a) Verdadeiro
- b) Falso
- c) Falso
- d) Falso
- e) Verdadeiro
- f) Falso
- g) Falso
- h) Falso
- i) Verdadeiro
- j) Falso
- k) Verdadeiro
- l) Falso
- m) Falso
- n) Verdadeiro
- o) Falso
- p) Verdadeiro
- q) Falso

Capítulo 4

Assinale Falso ou Verdadeiro:

- a) Verdadeiro
- b) Falso
- c) Falso
- d) Verdadeiro
- e) Verdadeiro
- f) Verdadeiro
- g) Falso
- h) Falso

Capítulo 5

Assinale Falso ou Verdadeiro:

- a) Falso
- b) Falso
- c) Falso
- d) Falso
- e) Verdadeiro
- f) Falso
- g) Verdadeiro

Capítulo 6

Assinale Falso ou Verdadeiro:

- a) Falso
- b) Verdadeiro
- c) Falso
- d) Falso
- e) Falso
- f) Verdadeiro

Capítulo 7

Assinale Falso ou Verdadeiro:

- a) Falso
- b) Falso
- c) Verdadeiro
- d) Falso
- e) Falso
- f) Verdadeiro
- g) Falso
- h) Verdadeiro
- i) Verdadeiro
- j) Verdadeiro
- k) Falso
- l) Verdadeiro
- m) Falso

Capítulo 8

Assinale Falso ou Verdadeiro:

- a) Verdadeiro
- b) Verdadeiro
- c) Verdadeiro
- d) Verdadeiro
- e) Falso
- f) Falso
- g) Falso
- h) Verdadeiro
- i) Falso
- j) Verdadeiro
- k) Verdadeiro
- l) Verdadeiro
- m) Verdadeiro

Capítulo 9

Assinale Falso ou Verdadeiro:

- a) Verdadeiro
- b) Verdadeiro
- c) Verdadeiro
- d) Verdadeiro
- e) Falso
- f) Falso
- g) Verdadeiro
- h) Verdadeiro
- i) Falso

Capítulo 10

Assinale Falso ou Verdadeiro:

- a) Falso
- b) Verdadeiro
- c) Verdadeiro
- d) Verdadeiro
- e) Verdadeiro
- f) Falso
- g) Falso
- h) Verdadeiro

Capítulo 11

Assinale Falso ou Verdadeiro:

- a) Falso
- b) Verdadeiro
- c) Verdadeiro
- d) Falso
- e) Verdadeiro
- f) Falso
- g) Falso
- h) Verdadeiro
- i) Verdadeiro
- j) Verdadeiro
- k) Falso
- l) Falso
- m) Verdadeiro
- n) Verdadeiro
- o) Verdadeiro
- p) Verdadeiro
- q) Verdadeiro
- r) Verdadeiro

Capítulo 12

Assinale Falso ou Verdadeiro:

- a) Verdadeiro
- b) Falso
- c) Falso
- d) Falso
- e) Verdadeiro
- f) Verdadeiro
- g) Falso

Capítulo 13

Assinale Falso ou Verdadeiro:

- a) Verdadeiro
- b) Falso
- c) Falso
- d) Verdadeiro
- e) Verdadeiro
- f) Falso
- g) Verdadeiro
- h) Falso
- i) Verdadeiro
- j) Falso
- k) Verdadeiro
- l) Falso
- m) Falso
- n) Verdadeiro
- o) Falso
- p) Verdadeiro
- q) Falso
- r) Verdadeiro
- s) Falso
- t) Verdadeiro
- u) Verdadeiro

Capítulo 14

Assinale Falso ou Verdadeiro:

- a) Falso
- b) Verdadeiro
- c) Verdadeiro
- d) Verdadeiro
- e) Verdadeiro
- f) Verdadeiro
- g) Falso
- h) Falso
- i) Verdadeiro

BIBLIOGRAFIA

ANDRADE FILHO, Edmar Oliveira. *Imposto de renda das empresas*. 13. ed. São Paulo: Atlas, 2018.

BANDEIRA DE MELLO, Celso Antônio. *Curso de direito administrativo*. 31. ed. São Paulo: Malheiros, 2014.

BANDEIRA DE MELLO, Celso Antônio. Serviço público e poder de polícia: concessão e delegação. *Revista Trimestral de Direito Público*, n. 20, São Paulo: Malheiros, 1997.

BOBBIO, Norberto. *Igualdade e liberdade*. Trad. Carlos Nelson Coutinho. 8. ed. São Paulo: Ediouro, 1999.

DI PIETRO, Maria Sylvia Zanella. *Direito administrativo*. 30. ed. Rio de Janeiro: Forense, 2017.

FERRARA, Francesco. *Interpretação e aplicação das leis*. Trad. Manuel A. Domingues de Andrade. 4. ed. Coimbra: Arménio Amado, 1987.

FERRAZ JÚNIOR, Tercio Sampaio. *Interpretação e estudos da Constituição de 1988*. São Paulo: Atlas, 1990.

FIGUEIREDO, Marcelo. *O controle da moralidade na Constituição*. São Paulo: Malheiros, 1999.

GASPARINI, Diógenes. *Direito administrativo*. São Paulo: Saraiva, 1989.

GOMES, Orlando. *Introdução ao direito civil*. 7. ed. Rio de Janeiro: Forense, 1983.

GOMES, Orlando. *Novos temas de direito civil*. Rio de Janeiro: Forense, 1983.

KELSEN, Hans. *Teoria geral do direito e do Estado*. Trad. Luís Carlos Borges. 3. ed. São Paulo: Martins Fontes, 1998.

KELSEN, Hans. *Teoria pura do direito*. Trad. João Baptista Machado. 4. ed. São Paulo: Martins Fontes, 1994.

LÉVY-BRUHL, Henri. *Sociologia do direito*. São Paulo: Martins Fontes, 1988.

LIMA, Alvino. *A responsabilidade civil pelo fato de outrem*. 2. ed. São Paulo: RT, 2000.

LOCKE, John. *Segundo tratado sobre o governo*. Trad. Jacy Monteiro. São Paulo: Ibrasa, 1963.

LOPES, Miguel Maria de Serpa. *Curso de direito civil*. 3. ed. Rio de Janeiro: Freitas Bastos, 1960. v. 1.

LORENZETTI, Ricardo Luis. *Fundamentos do direito privado*. São Paulo: RT, 1998.

MAXIMILIANO, Carlos. *Hermenêutica e aplicação do direito*. 9. ed. Rio de Janeiro: Forense, 1981.

MEIRELLES, Hely Lopes. *Direito administrativo brasileiro*. 16. ed. São Paulo: RT, 1991.

NOGUEIRA, Ruy Barbosa. *Curso de direito tributário*. 7. ed. São Paulo: Saraiva, 1986.

NOGUEIRA, Ruy Barbosa. *Da interpretação e da aplicação das leis tributárias*. 2. ed. São Paulo: RT, 1965.

OLIVEIRA, Regis Fernandes. *Curso de direito financeiro*. São Paulo: RT, 2006.

REALE, Miguel. *Direito natural/direito positivo*. São Paulo: Saraiva, 1984.

REALE, Miguel. *Lições preliminares de direito*. 22. ed. São Paulo: Saraiva, 1995.

REALE, Miguel. *Questões de direito*. São Paulo: Sugestões Literárias, 1981.

ROCHA, Cármen Lúcia Antunes. *Princípios constitucionais da administração pública*. Belo Horizonte: Del Rey, 1994.

RODRIGUES, Silvio. *Direito civil*. 16. ed. São Paulo: Saraiva, 1998. v. 4.

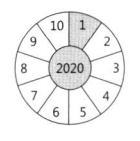